BLACKOUT

ブラックアウト

アメリカ黒人による、
“民主党の新たな奴隷農場”
からの独立宣言

CANDACE OWENS
キャンディス・オーウェンズ

訳 我那覇真子　監訳 ジェイソン・モーガン
共同翻訳 福島朋子

HOW BLACK AMERICA
CAN MAKE ITS SECOND ESCAPE FROM
THE DEMOCRAT PLANTATION

方丈社

BLACKOUT

HOW BLACK AMERICA CAN MAKE ITS SECOND
ESCAPE FROM THE DEMOCRAT PLANTATION

by

Candace Owens

Published by arrangement with the original publisher,
Threshold Editions, an imprint of
Simon & Schuster, Inc.
through Japan UNI Agency, Inc.

著者・キャンディス・オーウェンズ女史へのインタビューについて

我那覇《がなは》 真子《まさこ》

本書『ブラックアウト』は、キャンディスさんの魂《たましい》の呼びかけだ。

アメリカの黒人たちよ、一刻も早く目覚めて「現代版の《セカンド》」「奴隷農場《プランテーション》」から「脱却せよ《ブラックアウト》」。

彼女の呼びかけは、きわめてシンプルで本質的だ。

内戦間近ともいわれる祖国アメリカを護《まも》るために、彼女は必死に闘っている。

キャンディス・オーウェンズという人は、２０２４年の米国大統領選挙で、副大統領候補として立候補してほしい人リストの最上位にも名前が上がるほどの、注目度ナンバー・ワンの女性だ。

原著は、２０２０年9月の大統領選挙前に発刊された。その後、時局はバイデン政権に移行するが、そのことで本書の価値がいささかでも下がったとお思いだろうか？

とんでもない。

読むほどに、今こそ読まれるべき重要な内容、米国のみならず、日本の将来を構想するうえで必要な、極めて本質的な問題に迫るもの、むしろ恒久的《パーペチュアル》な内容ばかりであることに気づかされる。

単なるニュースを解説しただけの、流行り廃《すた》りのある本とは、次元が違う。

従来の米国史や黒人史を縦横《じゅうおう》に検証しつつ、客観的なデータをもとに「アメリカ黒人を飼いならし、票田《ひょうでん》とするための新たな奴隷にしている」のが民主党政権であることを、反論の余地のない事実と論理で語る。

南北戦争の時代から「黒人の敵は民主党」であったことは、歴史的事実として今もまったく変わっていないのだが、現代におけるイメージは、180度反対に宣伝されている。民主党の長期戦略に基づく主流メディアと諜報機関とのタッグにより、米国民のほとんどが洗脳されて久しい。

「民主党は黒人の味方、共和党は白人至上主義」だから、黒人たるもの民主党に投票するのは当然だ。黒人は黒人であるかぎり、民主党への投票を継続すべきだという嘘《ナラティブ》だ。

いつから、誰が、そのように歴史を作り替えたのかを、キャンディスさんは、明確に詳細に語る。虚構は本書ですべて明らかにされている。

本書は大部だが、キャンディスさんの文体はきわめて読みやすい。シャープでリズムよく、自分の失敗体験や家族の話、黒人カルチャーの話題まで含まれ、時折まぶされるシニカルな言い回しもスパイスとして効いている。

だからこそ、この日本語版のみならず、すでに発行された韓国語版やブラジルポルトガル語版を始め、世界各国で翻訳出版の企画が続々と進んでいるのであろう。

そして、「自助論（self-help）」についてさまざまな角度から触れられていることも、日本人が自らのこととして本書を読むべき理由の一つであると私は思う。

日米関係はもちろん最重要だが、日本は決して自らの生殺与奪《せいさつよだつ》の権《けん》を他人に委《ゆだ》ねてはならない。

「自分で何ができるのか、何をすべきなのか」を徹底的に考え抜かなくてはいけない。

私は、2020年10月に渡米した。11月の米国大統領選を控え、反米リベラリズム運動から国を護ろうと奮闘する米国保守の動きを、実際にこの目で見てみたいと思ったからだ。今にして思えば、米国保守の動きについて関心を持ったのは、ジェイソン・モーガン先生のご著書を拝読したことがきっかけだった。

実は、渡米前からキャンディス・オーウェンズさんの動向には、いつも注目していた。インターネットでその奮闘ぶりを知り、凄い人だと思っていた。

「今頃、アメリカのどこにいるのだろう」などと思いを馳《は》せながら、初めて訪れたワシントンDCに到着したその晩のこと。慣れない道でタクシーを待っていたとき、奇跡は起きた。

ふと振り返ると、当のその彼女が、夫のジョージさんと目の前の建物から出てくるではないか。

私は雷に打たれたような感動を受け、心臓のドキドキが相まって、一緒に写真を撮ってくれるようお願いするのがやっとだった。ジャーナリストとしては失格だが、正式にインタビューを依頼するのを忘れてしまった。

ただ、当時第一子《ファースト・ベイビー》をお腹に宿した彼女を、寒い外でいつまでも立ちっぱなしにさせてはいけないと思い、「赤ちゃん、おめでとうございます」とだけ言い、さよならした。

写真の履歴を今確認してみると、2020年11月1日、20時30分のことだった。

時が過ぎ、帰国後に出版社から『ブラックアウト』の翻訳をする気はないか？　とのオファーを受けた時は、心の中で快哉《かいさい》を叫んだ。ただ、自らの経験不足をフォローアップしてくれる人として、かねて私淑《ししゅく》するジェイソン・モーガン先生に監訳をお願いし、お受けいただけるならという条件を出した。先生が、深い教養に裏付けられた方で、英語はもちろん日本語も完璧であることを知っていたからだ。が、先生は、さらに強力な切り札を用意していた。共同翻訳者として福島朋子《ふくしまともこ》氏の起用を提案されたのだ。

福島氏はベルリン在住の研究者だが、遠隔ミーティングで打診し、すぐに協力をお願いした。実力も人間性も想像を超えていた。仕事が始まってからはそれ以上で、個人的にも何度もいろいろなことで励まされ、力を得た。

今回、このチームの一員でいられたことは本当に名誉なことで、全員に心から感謝を申し上げたい。

翻訳作業が進むなか、プロモーションのための著者インタビューを企図した私は、コロナ禍で日本からの渡米がいつ禁止されるかわからない状況になったため、2021年10月に米国入りした。多忙を極めるキャンディスさんだったが、11月30日、ついにその夢はかなった。テネシー州・ナッシュビルの大きなスタジオに招かれ、インタビューをさせていただいた。

彼女は、1年前に偶然ワシントンDCで出会ったことをはっきりと覚えていてくれた。

1時間を超えるインタビューに関しては、ｗｅｂ上で全編を公開している。紙幅の関係で全てはご紹介できないが、これに続くページは、その日のインタビューの内容の一部である。その活気が伝わっていってくれればと思う。

インタビューの際、２０２１年9月に、キャンディスさんをキャンディスさんたらしめた、ロバート・オーウェンズおじいさんが他界されたことを知った。

心より、そのご冥福をお祈りする。

本書は、キャンディス・オーウェンズさんからアメリカ黒人社会に投げ入れられた、革命の書である。保守の側からの革命の書。

それは、自分が黒人であるからというだけの理由で〝盲目的に〟民主党に投票すべきだという既成観念を完全に破壊する。アメリカ黒人たちよ、民主党による「補助金漬けの政策」で骨抜きにされている現状から、今すぐ抜け出せと語る。それが、ブラックアウトだ。

その後《のち》、アメリカ社会は正しい方向に動き出すはずだ。

ブラックアウトは、まさに今、進行中なのだ。

最後に、読者の皆様にお考えいただきたいのは、私たち日本人は〝何からOUT〟しなければならないのかということだ。

本書を読み、じっくりとお考えいただきたい。

オーウェンズさんの健闘を祈り、我々日本人も早くその輪に加わろうではないか。

奇跡的な出会い（@ワシントンDC）

＊これは、2021年11月30日の動画インタビューの一部を抜粋、編集した抄訳です。インタビューは、テネシー州・ナッシュビルのスタジオで約1時間にわたって行われ、話題は、ポリコレや気候変動、家族や宗教が民主党の政策によって攻撃されていることなど、本書の内容に関わる内容のみならず、出版後の米国の状況や移民問題、さらには、お気に入りの日本のラーメンなど、著者のプライベートな話題にも及びました。充実したその内容は、『ブラックアウト：特設サイト』にて、日本語字幕付きでご覧いただけます。

――『ブラックアウト』を書こうと思った理由は？

我那覇真子（以下GM）　こんにちは、キャンディスさん。またお会いできたこと、そしてインタビューすることができて、たいへん嬉しく思います。

キャンディス・オーウェンズ（以下CO）　ありがとう。日本のみなさんに話を聞いてもらう機会ができて最高です。

GM　まずは自己紹介を。そして、この本をお書きになった理由をお聞きしたいです。

CO　とてもワクワクするわ。日本の皆さん、こんにちは。キャンディス・オーウェンズです。ブラックアウトという本を出版しました。アメリカの保守コメンテーターで、

「Candace」という自分の番組も持っています。

　アメリカでは、大手メディアが〝人種差別問題〟についてすごく騒ぎ立てていて、視聴者に常に嘘をついています。それも国内に向けてだけでなく、アメリカが抱える様々な問題に関する嘘を世界中に広めているんです。アメリカは人種差別の国だとか、アメリカでは黒人はいつも危険にさらされていて、生き延びるために戦っているとか、肌の色で出世ができるかどうかが決まるとか。

　こうした作り話《ナラティブ》は、アメリカの黒人たちにとっては最も有害で、逆に政府にとても大きな利益をもたらしています。一部の人々を〝敵〟とみなし、敵に対して差別主義者のレッテルを貼り、誹謗中傷《ひぼうちゅうしょう》します。そして、そのことで自らをさらなる権力の座へ導いていく。

このシナリオで勢力を拡大し、今や教育機関さえも彼らの手中に入ってしまった。彼らは、今のアメリカ社会を〝人種などによって分断された後進社会だ〟と教え込むことで、子供たちの心をひどく毒しています。

こうしたことがわかり、自分でアメリカについて正しい歴史を伝える本を書きたいと思いました。そして過去の歴史だけでなく、今現在のアメリカで起きている本当のことも。人々が、騙《だま》されている事に早く気付けるようにするためです。

――「自助論」としての生き方を説く本でもあることが魅力

GM 『ブラックアウト』は、読んでみて、色々な意味で実に素晴らしい本でした。真実の歴史を伝え、現実世界の正しい見方を伝える本であって、人々を洗脳の世界から解放するものです。同時に、嬉《うれ》しいことに私たち二人は同じ年齢ですが、その女性がこんなにも堂々と巨大なメディアや全てのものと戦っている。権力を持つ政治家に対しても全くひるまない。そして、自分の信じる通りに人生を生きている。それは感動的なほどです。人は、理想についてや〝人生はこうあるべき〟ということについて学びますが、あなたは自身の生き方でもってそれを実践して見せてくれている。そして、政治的な主張の本という枠を越え、「自助論」という生き方を読者に問い、語りかける内容になっているから、誰が読んでも自分のこととして考えながら読めるのだと思います。

――幻想の世界から抜け出せば、本当の自分の力に気づくことができる

CO この本で、私の活動を応援してくれる人に一番伝えたいことは、映画の「マトリックス」のような〝作りものの世界〟から脱出することができたら、あなた自身がいかに大きなパワーを手にできるかに気づいてほしいということです。

全世界の政府を含めたシステムは、個人を恐怖に陥れて支配しようとしています。人生の早い時期から始まっていて、なかなか気づかないけれど、決まった生き方をするように準備され、吹き込まれているのです。特に、アメリカ黒人たちは恐怖に駆り立てられて投票し、考え、行動するように仕向けられてきた。「あなたは黒人だから制度的に差別されていて、白人至上主義から身を守らなければいけない」と思い込まされている。

でも現実を見れば、これは単なる戯言《たわごと》です。

アメリカ黒人が抱えている本当の問題は〝大きな政府〟です。実は、黒人がこの国から

受けた苦しみの元凶は、すべて政府にあります。差別もそうだし、人種によって学校を分けたのも政府でした。政府はそれを無視して、悪いのは、すべて目の前で生きている白人たちだと言うわけです。でも、本当はそうではない。

私が学んだのは、恐怖に支配されて何かをすることを、すぐ止《や》めなくてはいけないということ。例えば進学についても、小さい頃から〝大学に進学しないと負け組だ〟と言われて育ち、その恐怖から、お金もないのに進学を決める。結果として、ものすごく高額なローンを負うわけです。でも、そういう人生の選び方を止めたとき、今度は初めて自信が生まれるんです。そこから人生が開けてくる。これが私の個人レベルの体験です。（中略）

――黒人の私のことを「白人至上主義者」と呼ぶ狂気

GM YouTubeで初めてキャンディスさんの動画を見たのは、議会公聴会での証言でした。委員の人たちと議論をしていて、彼らはとても意地悪でしたよね。でも、彼らの〝力〟に対してご自身のエネルギーをぶつけていました。論旨明快。委員たちはただ黙って聞いているしかなかった。

CO あれはすごく拡散されました。（中略）本当は、彼ら議員は国民のために働くべき存

在です。彼らは私たちが選んだ人たちで、私たちの税金を使い、私たちのために仕事をしているはず。だから、彼らが「有権者より自分のほうが偉い」と思っている誤解を正したかった。彼らは我々の上にいる存在ではないはずなのに、あまりにも長年汚染されてきたために、国民は、彼らのことを恐れるべき存在だと思い込んでいる。

そう、明らかに私を中傷し、名誉を傷つけようと企《くわだ》てていた。ヒトラーを信奉しているとか大量虐殺容認とか、真実を知ってほしくないから、どんな嘘でもつく。彼らは必死。嘘がエスカレートして、もう肌の色も関係なくなる。もし、黒人が本当のことを言ったら、「この黒人は白人至上主義だ」とまで言い出すのです。どれだけ彼らが愚かなのか、

わかるでしょう？（中略）

――「ポリコレ」「気候変動」――分割統治《ディバイド・アンド・コンカー》の策略に乗るな

GM　私がアメリカに来てみると、こちらで使われているプロパガンダやそれらの構造が、日本で行われているものと、まるで同じであることに驚きました。もちろん言葉や人は違いますが、本質は支配法則の基本である〝分割して統治せよ〟で、メディアがそのシナリオを強く後押ししているという図式です。

CO　私がこの本に書いたことで強調して伝えたいことの一つは、〝家族〟を攻撃するために、ポリコレが積極的に利用されているということです。目的は、家族の解体によって、政府への依存を強めることにあります。左派が攻撃しているものは様々あって、共通点が何かを明確に言うのは難しいのですが、アメリカで起きていることとして、トランスジェンダー推進の動きがあります。子供に自分の性を選ばせようとしています。

生物学は嘘であるとして、男は女になれるし、女は男になれると唆《そそのか》している。それが、この5年くらいの異様な動きの一つです。子供が手術を受け自分の身体を切断する事態まで引き起こしています。なぜそんな酷《ひど》いことになってしまったかというと、親たちがこの嘘を公認しているから。大人はテレビを見て誑《たぶら》かされているんです。この推進は、本当に行き過ぎていると思います。

私はゲイやレズビアンの存在と、政治的な主張とは分けて考えています。ゲイやレズビアン、バイセクシャルの存在を、私は別に問題だと思いません。でも、イデオロギーとして広めることは大きな問題です。例えば、子供たちに執拗にゲイやレズビアンになることを話したり、トランスジェンダーになることをクールだと吹き込んだり、漫画に入れてみたり。昔からあるセサミストリートは、「この登場人物はゲイでした」として、過去のエピソードを書き換えたりしています。

GM 本当ですか!?

CO はい。この人はゲイ、この人はレズビアンってやってますよ。これはイデオロギー思想です。子供に焦点を当てているのは、次世代をターゲットにしているからです。どうしてそんなことをするのかと思うかもしれません。狂っているとしか思えませんよね。

では、気候変動はどうでしょう？　少なくともアメリカでは、それは新たな過激派宗教になっています。〝地球が滅亡する理由〟なんて、ほぼ10年に一度は変わっている。

本当に私が小さい頃は〝地球寒冷化〟が問題と言われていたし、〝オゾン層の破壊〟が原因とか〝酸性雨〟、〝海洋酸性化〟、そして〝地球温暖化〟に続いて、今度は気候変動を問題にしている。〝気候変動〟と言っておけば、全部含んでいるから。

何で彼らはこんなことをしているのか？　あたかもこれが世界の終わりみたいなフリをしている新興宗教って一体何なのでしょう。現実には、解決すべき他の問題がたくさんあるにも関わらず、それらは全く無視している。（中略）

――『ブラックアウト』というタイトルに秘められた真意

GM　「ブラックアウト」という言葉は、一般名詞としては「停電」「失神」という意味だと理解されていると思いますが、キャンディスさんは、もっと深い意味を込められていると思います。この言葉をタイトルにした理由をお聞かせください。

CO　最終章でも書きましたが、人生を、メディアが描いたシナリオどおりに歩まされている人がとても多いのです。人生の道筋に誰かがあらかじめ灯を灯して、ああしろ、こうしろと誘導している。でも、実際には誰のためにもなっていません。だから、メディアによるシナリオを、この〝偽の灯〟をまず消して〝ボイコット〟する必要があるということ。そして、さらに二重の意味としては、「BLACK＝黒人の」「OUT＝脱出」。つまり、特に標的《ターゲット》とされているアメリカ黒人が、民主党によるこの作り話とすぐにさよならすべきだという意味を持たせているのです。それがタイトルの掛け詞の意味するところです。

GM ありがとうございます。今回、米国滞在期間中に、たくさんのアメリカの人たちと話しましたが、本当にたくさんの人があなたを尊敬し、この本を読んでいました。この本の翻訳に携われてとても誇りに思います。

CO 本当に興奮しています。最初に日本語に翻訳されることを聞いた時には嬉しくて飛び上がりましたよ。

GM 本当ですか！

CO はい、もう希望そのものです。遠く離れた日本の人々とつながっていくことができるなんて。世界中の人が意識を目覚めさせることができれば、世界は変わります。
人類は今、目覚めの時を迎えようとしているんだと感じます。

GM 我々は同じ敵と闘っているようですね。

CO その通りです。いつかぜひ、日本に行って話したいですね。

GM はい。必ず実現させましょう。（中略）最後に、日本語版の読者に向けて伝えたいことをもう一度お願いします。

――自分の人生の運転席には自分が座っているのだということ

CO　そうですね。では、アメリカで私が本の読者や、ポッドキャスト、インスタグラム等のプラットフォームのフォロワーに対していつも伝えていることを、日本の皆さんにもお話したいと思います。人生が格段に良くなると信じています。

もし、自分の人生が思ったように行っていない場合、心が満たされていないと感じる時、自分のことを「被害者」として考えていると、なかなか状況はよくなりません。自信を奪われているうちは幸せになれないんです。誰かに満足を与えてもらおうというのではなく、真逆のことを習わないと心は満たされません。

本物の力は、自己をコントロールし、そして自分の運命に責任を持ったとき、初めて得られます。人から感情を振り回されたり、操作されたりしていてはいけません。これが私がいつもの発信でみんなに一番伝えたいことです。

世界に対して受け身で生きるのではなく、自分が世界に対して能動的に関わって生きていることに早く気づいてほしいのです。

自分の人生の運転席には、自分が座っているということです！　そうするところから、自分の本当の素晴らしさがわかり、どんどん力が出てきます。

我那覇真子

キャンディス・オーウェンズ

GM 素晴らしい言葉です。今日は本当にありがとうございました。

CO 日本の皆様、感謝申し上げます。私の経験や考えを皆さんと共有できる機会をいただき、とても嬉しいです。私たちはみな変化が必要であることを認識しています。そして、世界中で手をつなぎ、統一した意識に進んでいると思います。

今日は本当にありがとうございました。

CONTENTS

著者より：いくつかの名前や個人情報の詳細は変更されています。

To Grandma and Granddad.
May my every action make you proud.

おばあちゃん、おじいちゃんへ
私の行動のすべてが、あなた方の誇りとなりますように。

凡例

- 方丈社のHP内に「BLACKOUT」特設サイトを設けました。
- 冒頭の我那覇真子によるキャンディス・オーウェンズ女史へのインタビュー動画などのリンクを備えます。原稿として収録できなかった部分を含め、ほぼフル・ヴァージョンがご覧いただける予定です。
- Simon＆Schuster社の意向により、本書内では補註・脚注がつけられないため、同特設サイト内に補注的な内容のコラムコーナーを設けました。対応表はありませんが、米国史のなかでわかりにくい用語を解説したり、本文の理解を助けると思われる関連知識や動画のURLなども適宜サイト内でご紹介します。
- ぜひ、お訪ねいただければ幸いです。

https://hojosha.co.jp/free/blackout

＊なお、この特設サイトは予告なく閉鎖される場合がありますのでご了承ください。

ラリー・エルダー（弁護士・作家）による序文
FOREWORD

ラリー・エルダー LARRY ELDER

弁護士、作家、保守派の政治評論家として知られ、ドキュメンタリー映画の製作者でもある。ラリー・エルダー・ショーという自身のラジオ番組を持つ。

白人民族主義が台頭してきていると言われるなか、米議会公聴会で、キャンディス・オーウェンズは次のように話した。

私は、実際にアメリカにとって大切なこと、アメリカへの脅威に関して公聴会が開かれてほしいと思います。例えば、黒人にとって脅威である不法移民や、全アメリカ人にとって脅威である社会主義などです。そんな日が来ることを願っています。もちろん、今日はそんな日ではありません。しかし、幸いなことに、私たちには、その日のために昼夜を問わず闘っている共和党員がいます。

民主党の皆さん、人々はあなた方の詭弁《きべん》に飽《あ》きているのです。私たち黒人はあなた方から、〝肌の色によって人を憎め〟とか、〝恐怖心を持て〟、などと言われてきました。この方法が上手くいって恐怖に陥った黒人達が民主党に投票することを、あなた方は期待しているのでしょう。しかし、私が注目している事柄にあなた方も注意を払っていれば、そんな作り話にはもうとうにヒビが入っていると気づくはずです。

私たちは成果を求めています。政策を求めているのです。

白人至上主義や白人民族主義は、アメリカの黒人にとって問題ではありません。統計でも出ています。

そんなことよりも、父親を黒人家庭に戻すことについて話しましょう。神と宗教について、そしていかに小さな政府を実現するかを話しましょう。

なぜなら、政府が黒人の家庭を破壊してきたからです。民主党のあなた方、一人ひとりがそれを知っているはずです。たくさんの人々が、私たちがやってきたこと、国会がどうなってしまったかということを恥じるべきです。

これはエピソードの中で、ありとあらゆることが起きる昼ドラマ「Days of Our Lives（私たちの人生の日々）」のような、見る価値もない茶番劇が延々と国会の中で起きているのと同じです。とても恥ずかしいことです。

これ以上言うことはない。

情熱がある。怜悧《れいり》でもある。そして何よりも、オーウェンズには勇気がある。

これらの言葉は、若くてカリスマ性のあるこの女性を表す形容詞のほんの一部に過ぎない。彼女は黒人であるが、黒人がこれまでどおり民主党への支持を一枚岩のように維持するべきだという考えに、異議を唱えている。

2008年には、黒人有権者の投票率の割合が、白人有権者の投票率を初めて上回った。これは、リベラル派の巧言に反して、黒人の投票権が人種差別によって「抑圧」されていないことを示している。実際、アメリカ合衆国第44代、そして黒人初の大統領となったバラク・オバマは、2004年の大統領選挙で民主党内の白人対立候補であったジョン・ケリーが得た白人票よりも、多くの白人票を獲得していた。投票に関する思い込みは、他にもある。

ドナルド・トランプは、有権者の中にいる、白人の人種差別主義者を奮い立たせるために「犬笛」を使ったと言われている。犬笛は犬にしか聞こえない特定の周波数を出す笛で、犬を操る時に使われる道具だ。つまりトランプ氏が特定の有権者、つまり白人有権者に向けた人種差別的な暗号のようなメッセージを送っていたと言うのだ。しかし、彼の白人票の獲得率は4年前の同じ共和党の大統領候補だったミット・ロムニー氏よりも低かった。

そして、2016年の大統領選において、ドナルド・トランプ氏は黒人票の約7%を獲得した。

黒人は、世界恐慌を受けて1933年からフランクリン・ルーズベルト大統領が実施したニューディール政策以来、民主党を支持し、投票してきた。

そこでキャンディス・オーウェンズは、あえて問いかける。

「黒人は民主党への忠誠を誓ってきたからと言って何を得たの？」と。

民主党は、黒人に自分たちを永遠の被害者のように考え、行動するよう教え諭《さと》してきた。「制度的」、「構造的」、そして「体系的」な人種差別に痛め続けられているというのだ。それが間違いであるという圧倒的な証拠があるにも関わらず。

考えてみてもほしい。アメリカは、２００８年に黒人男性を大統領に選出し、彼の政策がうまくいかない結果、経済的に低迷していたにも関わらず、２０１２年には彼を再選した国なのだ。

ケーブルテレビ局ＣＮＮの政治評論家で共産主義者を自称しているヴァン・ジョーンズは、２０１６年のトランプ氏の勝利を、白人の人種差別主義者による巻き返しだ、と解説した。

選挙の日の夜にジョーンズは、「この結果は、変化していくアメリカに対する、白人人種差別主義者たちの抵抗です。黒人大統領に対する彼らの敵意でもあります。本当に心苦しい」と言った。しかし、その証拠はどこにあるのか？

２００８年と２０１２年にオバマに投票した７００の郡のうち、２０１６年にトランプに鞍替《くらが》えしたのは200郡。これら200郡の白人有権者が、いつ人種差別主義者になったというのか？　あの映画の主人公のように、放射能に侵された毒グモに噛まれたとでも言うのか？　トランプに最も多く投票した人口10万人以上の都市に、テキサス州アビリーンがあるが、ここは白人至上主義者の都市なのか？　いや、それは違う。

1881年に設立され、白人が人口の多数を占めるこの都市は、最近、圧倒的な票を投じた結果として初の黒人市長を選んでいるのだ。

黒人社会の最大の問題は、人種差別でも、不平等でも、医療を受けられないことでも、気候変動でもない。「銃規制法の共通認識」を広めることでもなければ、黒人票の90％以上を確保するために民主党が彼らに投げかけている数多くの主張、これらのいずれでもない。黒人社会の一番の問題は、まさにオーウェンズが国会で述べたように、家庭の中に父親がいないことなのだ。

経済学者のウォルター・ウィリアムズは、1940年に婚外子として生まれた黒人の割合が約12％だったと指摘している。しかし、上院議員で駐インド大使も務めたダニエル・パトリック・モイニハンが「The Negro Family: A Case For National Action（黒人の家族：国家が行動すべき理由）」という報告書を発表した1965年には、父親がいない家庭で育ち、社会に出る黒人の子供の割合は、25%に達していた。

モイニハンは、父親不在により家庭が機能不全となることを警告している。そして、子供が学校を退学し、貧困に陥る可能性も上がり、またそのような子供は犯罪を犯し、結果として投獄されることになる可能性が高いと述べている。

2008年の父の日に行われたスピーチで、当時、上院議員であったバラク・オバマは次のように述べている。

「黒人の子どもたちの半数以上が片親と暮らしていますが、この割合は、私たちが子どもだった頃と比べて2倍になっています。父親のいない家庭で育った子どもは、貧困に陥ったり、犯罪に走る可能性が、父親のいる家庭で育った子供の5倍、学校を退学する可能性が9倍、そして最終的に刑務所に入る可能性が20倍になるという統計もあります。また、行動上の問題を抱えたり、家出をしたり、その子供自身がまた10代で親になる可能性も高くなります。その結果として、黒人社会の基盤が弱くなってしまうのです」

アメリカ疾病予防管理センター(CDC)によると、現在、約70%の黒人の子どもが父親のいない家庭で生まれている。

白人民族主義に関する国会の公聴会で、オーウェンズはこう言っている。

「白人至上主義に関する公聴会を開くということは、その最大の犠牲者が社会的少数派のアメリカ人であることを想定してのことです。そして、おそらくこの公聴会は、白人至上主義を止めさせ、社会的少数派の人々の生活を守ることを目的としたものでしょう。しかし、もしこの少数派に影響を与えているものをその大きさの順に私が100項目挙げるとしたら、白人民族主義はそのリストには入りません」

オバマ大統領の初代司法長官であったエリック・ホルダーは、「悪質な人種差別」と彼が呼ぶところのものを非難した。

ホルダーは、アフリカ系アメリカ人を対象に設立された大学群の歴史的黒人大学の一つで卒業式のスピーチを行い、「60年前の『分離すれども平等法』のような明確に差別的な法律は、もはや機会均等に対する最大の脅威とはなっていません。そして、〝人種を分離している教育機関は不平等である〟とした、1954年の『ブラウン 対 教育委員会裁判』の時代から、人種に基づいて人々を分類するような法律は、『厳格な精査』という法的基準の対象となっています。ほとんどの場合、もし立法化が検討されたとしても、憲法上問題があるとされて成立しません。しかし、人種的観点からは中立であるかのように見せかけて、簡単に精査を免《まぬか》れてしまう政策もあるのです。こうした政策の影響は人種差別以外の何物でもありません。それこそが、私たちが今日《こんにち》取り組まなければならない問題なのです。それらは、見かけはともかく、実態は機会均等を妨げる政策なのです」と言っている。

しかし、後にホルダーの上司となるオバマは、上院議員時代に、アメリカの黒人に対する人種差別の現状について、ホルダーとは違う認識を語っている。

歴史的黒人大学でのスピーチで、オバマは公民権運動の指導者だったマーティン・ルーサー・キング牧師の世代を「モーゼ世代」とし、それに敬意を表した。

イスラエルの人々をエジプトから解放した指導者モーゼの名を、キング牧師の世代につけたのだ。そして、彼は、「モーゼ世代は道のりの90％を達成してくれた。残りの10％を達成するのは、私の世代、つまりジョシュア世代にかかっている」と言ったのだ。ジョシュアとはモーゼの後継者で、オバマ世代がキング牧師世代の後継者となり、残りの10％を達成せねばならない、とそう言ったのだ。

繰り返しになるが、これは彼がアメリカ初の黒人大統領に選出され、さらにはその後再選される前の話だ。ということは、オバマ当人が後に歴史的に大きな節目となる黒人初の大統領になったことで、残りの10％は達成されたことになる。

1997年、タイム誌とCNNは共同世論調査で、黒人と白人の10代の若者に、人種差別がアメリカにおける大きな問題であるかどうかを尋ねた。そんなに驚くことではないが、両グループの10代の若者の過半数がこの質問に「はい」と答えた。しかし、次に黒人の10代の若者に、日常生活の中で人種差別が「大きな問題」、「まったく問題ではない」のうちどれに該当するかを尋ねたところ、89％が、人種差別は日常生活の中で「小さな問題」か、もしくは「まったく問題ではない」と答えたのだ。しかし、その一方で、白人の若者の回答以上に黒人の若者は、〝そこにあるチャンスをうまく生かせないこと〟のほうが、人種差別よりも大きな問題だと答えている。

今日《こんにち》、黒人がアメリカでどんなに過酷な状況に置かれていたとしても、それは2世代前の黒人が経験した、障害と偏見に満ち溢れた環境とは全く違うレベルだと言える。

そして、現代の黒人が、自分たちの抱えている問題が2世代前の人々のそれと比較できるかのように振る舞うことは、2世代前の人々の苦闘を侮辱し、矮小化《わいしょうか》することになるのである。

過去の奴隷制度の被害に対する賠償金と称するものは、黒人有権者を惹《ひ》きつけるために彼らの鼻っ面にぶら下げられた人参のようなものだ。

2020年の民主党大統領候補の何人かは、この問題を検討する委員会の設置について支持を表明した。しかし、これには明らかに問題がある。ここでいう賠償とは、奴隷を所有したことなど一度もない人々からお金を巻き上げ、それを奴隷になどなったこともない人々に与えることなのだ。

これは、全く何の関係もない人々を犠牲にした、先祖が受けたことへの復讐なのだ。

年配の黒人たちは、これまでいろいろ辛いことを経験してきた。だから当然のことなのだが、彼らには私たち後を追う世代が理解すべき、苦しみ抜いた共通の記憶がある。それは、1964年まで存在した南部での人種差別的なジム・クロウ法に耐えた黒人たちの記憶のことだ。当時の記憶を持つ人々は、今も生きている。

私が生まれた当時というのは、黒人初のプロ野球選手であったジャッキー・ロビンソンが、その数年前に近代野球における肌の色の壁を破ったばかりであった。そして、当時はまだ、異人種間の結婚はいくつかの州では違法とされていた。

ところで、公民権運動後の世界に生きる、つまりCNNやMSNBCなどのニュース番組で見かける身なりの良い大学教授タイプの黒人たちが言う〝彼らの苦闘〟とは何だ？

〝自覚なき差別〟だって？　万引きを疑われたって？　誰かが、彼または彼女を店員と間違えた？　くだらない。黒人じゃなくても、そんなことはあるだろう。何が苦闘だ！

若い白人男性の回避可能な死因の第1位は、自動車事故のようなアクシデントだ。

一方、若い黒人男性の死因の第1位は、回避可能なものもそうでないものも含めて、殺人だ。そして、そのほとんどの場合、黒人男性が黒人男性を手にかけるという形で発生している。また、近年では、殺人には至らないまでも、暴力を伴う異人種間の重罪犯罪は、毎年約50万件発生している。ＦＢＩによると、これらの犯罪の90％近くが、黒人の加害者と白人の被害者であり、白人の加害者と黒人の被害者の割合は、わずか10％程度に過ぎないとなっている。そういえば、この件に関する公聴会はどこで行われている？　大切な議題ではないのか？

ニューヨーク・タイムズ紙の編集長であるディーン・バケットは、「左翼は原則として、思慮深い反対意見を聞きたがらない」と認めている。左翼の黒人はもっとひどい。彼らは、思慮に富んだ自分たちと違った意見が存在することすらわからないようだ。例えば、信じられないかもしれないが、オーウェンズは「白人至上主義者」と呼ばれていたこともある。

以下に挙げるような話題について、意義のある議論はこれまでされてきていない。

・中絶の総件数の約3分の1が黒人女性によるものだということ。
・不法移民の流入は、技能を身につけていない黒人から仕事を奪い、不当に苦しめていること。
・福祉国家アメリカは〝黒人女性に男性と結婚するよりは連邦政府と結婚するように奨励する〟一方で、黒人男性には経済的、道徳的な責任を放棄するように仕向けていること。
・警察を悪者に仕立て上げ、警察の力を削いだため、犯罪が増加したこと。そして、それによって増えた被害者の多くは黒人であること。
・質の高い教育を受ける選択肢がないことが、特に都市部に住む黒人に悪影響を与えていること。
・人種に基づく大学への入学優遇措置で黒人を優先的に入学させることや、地域再建投資法のように簡単な条件で金融機関からお金を借りることができる仕組みは、黒人の助けになるどころか、むしろ害になっているということ。

事実でありながらも、このような話題が議論されることはないのだ。
一方で、明るい兆《きざ》しもある。オーウェンズのような人のおかげもあって、最近の世論調査を見ると、黒人は民主党への忠誠を考え直し始めているようだ。

２０１９年後半の世論調査の中には、黒人のトランプ大統領への支持率が、30%を超えるものもあった。全米黒人地位向上協会（ＮＡＡＣＰ）の世論調査でも、黒人のトランプ支持率は21%で、２０１６年の大統領選でトランプが獲得した黒人票の約3倍の割合となっていた。

今から30年以上前、ハーバード大学の社会学者であり、民主党支持者で黒人のオーランド・パターソンは、「社会学的な観点から見た真実を言えば、アメリカでは人種間の関係においてまだ欠陥がある……しかし、アメリカは今では、白人が多数を占める社会としては、最も人種差別の少ない国となっている。白人、黒人を問わず、他のどの国よりも社会的少数派を法的に保護しており、アフリカを含めた他のどの国よりも、多くの黒人にチャンスを与えている」と述べている。

戦い続けて、オーウェンズさん。

ラリー・エルダー

２０２０年1月

はじめに
何を失うというのですか?
INTRODUCTION

今日《こんにち》、アメリカの黒人であるということは何を意味するのでしょうか？

単に肌の色が黒いということや、大西洋と太平洋に挟まれた大陸に生まれたこと以上の意味があるのでしょうか？

そう言えば、なぜ、カナダやロシア、あるいはアフリカ南部に住む黒人は、同じ黒人であるのに、アメリカの黒人が背負ってきたのと同じような重荷を抱えていないのでしょうか？　なぜ、私が属しているアメリカに住む黒人グループは、世界の他のどの国の黒人グループよりも、重要な意味を持って議論されてきたのでしょうか？

現在のアメリカでは、黒人のアイデンティティーは肌の色で決まるといっても過言ではありません。このことは、１００年以上前から、ほとんど変わりません。そして、これは極めて間違った理由からきています。

アメリカの黒人であるということは、自分の人生の物語があらかじめ決められていることを意味します。つまり、それはこうです。

黒人であれば、失敗をし続けても、それでもなお、責められることはないのです。その根底には、黒人にはどうせ能力などないのだから、という決めつけがあるからです。

これは、アメリカ社会では、黒人に期待しても無駄だ、という偏見に常に晒《さら》されているということです。黒人が無能なのは生まれつきなのだから仕方がない、と彼らの欠点を受け入れつつ、それに寄り添って生きるしかない、という偏見に満ちた文化が、アメリカ社会には存在しているのです。

そして何よりも、今日《こんにち》のアメリカにおいて、黒人であるということは、私たちの国の根幹をめぐる闘争の震源地《エピセンター》に立っているということを意味します。それは、黒人社会だけの話ではなく、アメリカの命運を決める重要な戦いです。

そしてそれは、黒人が、負け犬根性を持ったまま「被害者」として生きるのか、「勝者」となることを目指すのか、このどちらを選ぶのが我々に繁栄をもたらすのか、という闘争です。

私たち黒人は、個人の責任を放棄し、国からの福祉や手当てをただ受け入れ、被害者となることを選ぶのでしょうか？　それとも、責任を自覚することで、自分たちの可能性に目覚める勝者となるのでしょうか？

アメリカの黒人が、数十年前から民主党に支配されてきたということは、否定できません。民主党は、私たちの感情を巧みに操り、私たちの票を無条件に民主党に投じるように仕向けてきました。

現在のこの状況は、過去に我々の先祖が体験したような、肉体的に奴隷にされるというのとは異なり、精神的に奴隷にされるということです。よく考えずに投票していては、民主党のリーダーたちに力を与える以外、何にもなりません。それでも私たちは、福祉主義、経済的平等主義、社会主義が、何らかの方法で私たちを自由にしてくれるという、民主党の約束を信じ続けているのです。

黒人が昔からこうだったわけではないことは、どうか理解してください。確かに黒人は、昔から一般的にまとまって一つの党に投票してきましたが、だからと言って、常に民主党に投票してきたわけではありません。

投票権を得てしばらくは、黒人は共和党を献身的に支持してきました。

1870年代に、黒人男性に選挙権が与えられたとき、彼らは偉大な解放者であるエイブラハム・リンカーン（1809〜1865）の政党である共和党に投票しました。

また、南北戦争後、南部のあちらこちらで戦後復興の動きが始まった時、黒人は自分のために耕作地を与えられ、北軍兵士の好意で連邦政府からの保護も受けました。そして、彼らは、短期間のうちにビジネスを始めたり、政治家になったりしていきました。

しかし、南北戦争の敗北を引きずる南部の民主党員たちは、かつて奴隷だった者たちが社会的地位を高めていることに憤慨し、すぐにでも自分たちの恨《うら》みを晴らしてやろうと考えたのです。

１８６５年にリンカーン大統領が暗殺され、副大統領であった民主党のアンドリュー・ジョンソン（１８０８〜１８７５）が大統領に任命されると、南部民主党は、再建派が得たものをすべて取り返そうとしはじめました。白人の自警団が、物理的な力で黒人の投票行動を阻止したため、分離主義者の議員たちが、議会に選出されることになりました。

彼らの政治的な力が確約されることになったのです。すると、ジム・クロウ法として知られるようになる、新しい規制が導入されました。黒人の投票権に制限をかけたのです。

これらの法律は、南北戦争後に黒人が手に入れた、〝自由〟という新しい概念を奪い、黒人を二流の市民として再定義しました。

さらには、１８７６年の腐敗した大統領選挙で、民主党は共和党のラザフォード・ヘイズ（１８２２〜１８９３）の当選を受け入れる見返りに、彼に南部から北軍を撤退させることを合意させました。「１８７７年の妥協」を締結したのです。

南北戦争後も、北軍が南部の各州に駐留していた理由の一つは、黒人の得た新たな権利を守るためでした。しかしこの妥協案により、北軍が去った後の南部で、黒人たちは、再び南北戦争前の生活に戻ることを望んでいる人種差別主義者の白人に翻弄されることになったのです。

当然のことながら、このように卑怯な手を使う民主党から散々な目に遭《あ》わされてきた黒人たちは、共和党に強烈な忠誠心を持っていました。

では、それがいつ頃から変わり始めたのでしょうか？

このようなことが起きてから50年後、アメリカは世界大恐慌（１９２０～１９３０年代後半）に見舞われていました。その時、〝すべての〟アメリカ人を救済するという民主党の公約が、苦境に立たされていた黒人市民の心を捉えたのです。

民主党の大統領候補だったフランクリン・デラノ・ルーズベルト（１８８２～１９４５）と共和党候補だったアルフ・ランドン（１８８７～１９８７）との間で争われた大統領選挙の８カ月前、１９３６年3月のことです。

全米で最も広く読まれている黒人新聞のひとつであるピッツバーグ・クーリアーのケリー・ミラーは、ルーズベルトをホワイトハウスに留《とど》めることを黒人が支持すべきとし、彼の考えを次のように説明しました。

「私がルーズベルトの再選に賛成なのは、すべてが非常に厳しい状況の下《もと》で、これまで彼の政権は、人々が期待しうる限りの黒人の利益のために尽くしてきたからである。彼らはこれまで、敵対的、そして非友好的な政策や、人種差別につながるような法律の作成に向かうことは、一切なかったと言える。民主党、共和党の両政権下で、我々が一世代にわたって聞き慣れてきたような、黒人に対する厳しい非難の言葉が、国会議事堂の中で聞かれることもほとんどなかったのだ。民主党、共和党を問わず、フランクリン・ルーズベルト・セオドア・ルーズベルト（1858〜1919）政権以降の誰よりも、多くの黒人を役職に任命してきたのを見ても、我々の存在を認めているのがわかる。また、大恐慌下での労働と救済のために用意された莫大な予算は、黒人に対しても必要に応じて分配されてきた」

実際には、ルーズベルトのニューディール政策（1933〜1939）は、完璧なものとは言いがたく、彼は黒人の公民権を積極的に主張するには至りませんでしたが、この記事が示すように、彼の努力は対立する共和党の候補者よりも実質的であると考えられました。そして、黒人たちはルーズベルトにかけたのです。その結果、71％もの黒人が、民主党のルーズベルトに投票しました。

非人間的な扱いを受け、さらに恐慌下で経済的にも苦境に立たされていた黒人は、失うものは何もない、と感じていたのです。民主党はこの後、さらに黒人票を取り込んで行きます。
ルーズベルトから30年後、民主党のリンドン・B・ジョンソン大統領（１９０８〜１９７３）は、「１９６４年の公民権法」と「１９６５年の投票権法」の両方に署名し、これで今後数十年にわたって彼の所属する民主党が、黒人票を独占することを決定的にしました。これは、アメリカの歴史の分岐点となる瞬間であり、黒人社会の飛躍的な発展を約束するものでした。ついに黒人は、抑圧されていた時代に別れを告《つ》げ、アメリカン・ドリームの世界に足を踏み入れることができるようになるはずでした。

本当に？

もちろん、そのようなことは起こらなかったし、本当にそうなっていれば、この本を書く必要もなかったでしょう。

現実には、何十年もの間、民主党に忠誠を尽くしてきたにもかかわらず、アメリカの黒人は白人との格差を縮めることはできなかったのです。

経済政策研究所（Economic Policy Institute）が２０１８年に行った調査は、約50年前に行われた同様の調査の追跡調査として行われたものです。前回調査が行われた１９６０年代のリンドン・ジョンソン時代の黒人が置かれていた状況と、現在の状況を比較することで、近年の黒人の現状を理解するのに役立つものです。

1. 現在の黒人は、1968年当時に比べて教育環境は格段に向上しているが、包括的に見れば、教育レベルにおいてはまだ白人に遅れをとっている。
2. 黒人の貧困率は白人の2・5倍であり、白人家庭の所有財産の中央値は黒人家庭の中央値の約10倍である。
3. 住宅所有率、失業率、または投獄された割合において、黒人の状況は白人に比べて改善されていないか、むしろ悪化している。
4. 2017年の黒人の失業率は7・5%で、1968年の6・7%より上昇しており、依然として白人の失業率の約2倍である。
5. 2015年の黒人の住宅保有率は40%強で、1968年からほとんど変化がなく、同時期に緩やかな上昇を見せた白人の住宅保有率に30ポイントも差をつけられている。
6. 刑務所や拘置所を占めるアフリカ系アメリカ人の割合は、1968年から2016年の間に約3倍増加し、現在では、白人の受刑率の6倍以上となっている。

つまり過去数十年の間、圧倒的多数の黒人が民主党の候補者に投票してきたにもかかわらず、白人と黒人の格差はいまだに存在しています。それどころか、多くの項目で悪化しているのです。

まともな人なら、1960年代以降、アメリカで人種差別がひどくなったなどとは言わないでしょう。上記の事実を考慮すれば、この調査の結果に見られる格差は、アメリカ社会の構造的抑圧からくる問題でないことは明確です。しかし、民主党には明白な真実などというものは、関係ないのです。

フランクリン・ルーズベルト大統領やリンドン・ジョンソン大統領がそうであったように、今日《こんにち》の民主党の指導者たちは、社会的少数派の抱える問題を芝居がかって強調することによって、党の基盤を確立しています。

彼らは黒人たちの置かれている不公平な状況を嘆き、「民主党に清き一票」を投じさえすれば、必ず状況は好転するという、あまりにも使い古され、美辞麗句に彩られた、希望に満ちた約束をします。もちろん、この繰り返し行われている彼らの欺瞞《ぎまん》に満ちた「約束破りの戦略」が成功しているのは、私たち黒人が、彼らの提唱する「被害者史観」を受け入れているからです。

当然ながら黒人は被害者で、被害者は同時に勝者にはなりえないということを忘れてはいけません。ですから、この物語は、最終的には矛盾にぶち当たり悪夢となるのです。

つまり、黒人は、必要な変化を起こしたいと思って投票します。しかし、「被害者史観」を勧めてくる民主党に、いつもの癖で盲目的に投票してしまいます。つまり、投票行動自体を変えないため、彼らの求めている変化を起こすことは絶対にできない、という悪循環が延々と続いていくのです。

何を失うというのですか？

２０１６年の大統領選で、共和党候補者であったドナルド・トランプの言葉は、直接的かつ的確で、２０１６年8月19日にミシガン州ダイモンデールで行われた選挙戦での彼の姿をテレビ画面で見ていた私は、思わず何度も大きく頷《うなず》いていました。

彼は、来《きた》るべき大統領選挙で自分に投票することを考えてほしい、と黒人たちに力強く訴えたのです。

「あなた方は貧困にあえぎ、学校はひどい状況になっています。仕事もなく、若者の58％が失業しています」

彼特有の遠慮のない言い方で、事実を示しながら、トランプはあまりにも長い間語られてこなかった現実に目を向けるよう、黒人たちに促《うなが》したのです。

民主党は、私たちの苦悩や、私たちに対して行われてきた犯罪を長い間知っていましたが、実際に改善策を示したり、私たち黒人が深く傷ついてきたことに囚われることなく未来を考えられるような手助けは、ほとんどしてきませんでした。

トランプは演説で、長い間維持され続けた現状を打破し、真の変化を求めようとする人々に行動を呼びかけたのです。

この瞬間、トランプのこの「何を失うというのですか？」というシンプルな問いかけは、私を永遠に変えてしまいました。私は急に焦燥感に駆られました。なぜなら、私は心の奥底で、彼のこの質問に対する答えを知っていたからです。

私だけではありません。私たちはみんな、彼の質問に対する答えを知っているのです。

その後、確かにトランプは第45代アメリカ合衆国大統領に選出されました。しかし、同時に、黒人票の大半が民主党の対立候補であったヒラリー・クリントンに流れたこともわかっています。

そして、それ以来この国では、かつてないほどに社会が分裂し、混乱が生じています。国を左右に分断する明確な線が引かれており、黒人たちは予想通り、その線の左側、つまり民主党側に立っています。

しかし、2020年の選挙に向けて、私は黒人社会、そしてこの本を読んでいる読者のあなたに、現在、黒人が置かれている経済状態、学校や地域の状況、投獄されている黒人の若者の数などの、厳しい現実を考えてほしいのです。

民主党は、さらなる法律、より大きな中央政府や国家権力の関与が答えだと教えていますが、それは間違っています。私たち自身が解決しようとしないかぎり、絶望的に非効率的なうえに、すでに国民の軛《くびき》になっている政府が解決できるはずなどないのです。

すべてのアメリカ人に対する私の呼びかけはシンプルです。

それは、左派の主張する黒人の「被害者史観」を拒否し、自力で変革をしていくことです。

なぜなら、「政府による救済」という大きな嘘に縛られ続けていては、「自由の大地と、勇者の故郷の上」であるこの素晴らしい国アメリカが、差し出している真の可能性を実現することはできないからです。

本書では、「被害者意識を持続的に醸成してきた民主党の政策が、いかに黒人社会の衰退を招いてきたか」、ということを詳しく説明したいと思います。

また、過激なフェミニズムの進展が、力強い家庭を築くために必要な男性たちをいかに委縮させ、さらには彼らを犯罪者の側へと押しやってきたか、ということを説明します。

そして、社会主義の誤りも明らかにします。社会主義とは、そもそもアメリカの黒人を苦しめてきた政府と本質的には同じ主張です。

最後には、公立学校における左翼的な教育システムが、いかに役に立たなくなっているかを明らかにし、若者を集団的に洗脳しているメディアの役割についても追求します。

それが終わったら、私は再び問いかけます。あなたが失うものは何ですか？　と。

私の考える答えは「すべて」です。

もし私たちが、無力感しかもたらさない、この有害で、非寛容で、進歩的なアジェンダからすぐにでも**立ち去らなければ《ブラックアウト》**、私たちは、すべてを失うのです。

1

保守主義について
On Conservatism

私がどのようにして今日《こんにち》の私のような人間になったのか、なぜ私が今信じているものを信じるに至ったのか、何がエネルギーとなって、私を真実に深く結びつけるのか、多くの推測がなされてきました。

その答えは、今も、そしてこれからも、私の祖父母にあります。

私が9歳のとき、父方の祖父が私の子供時代の家に現れ、私の人生をそれまで私が知っていたものとは全く違うものに変えてしまいました。それまで、3人のきょうだいと私は、週末に祖父母の家を訪れる習慣があるだけでした。

彼らは、コネチカット州スタンフォードの中流階級が多く暮らすエリアにある、手入れのよく行き届いた快適な家に住んでいました。私たちが週末に彼らの家に遊びに行くことを楽しみにしていたのは、そこには走り回って遊べる庭があり、祖父が長いドライブウェイを自転車に乗って勢いよく下ることを教えてくれたからです。

祖父母の家は、私たち家族の住んでいた家とは似ても似つかぬものでした。6人家族だった私たちは、町を挟んだ向こう側に住んでいました。それは、荒れ果てたゴキブリだらけの建物の中にある、寝室が3つの小さなアパートでした。

貧困層の住む地域に生活していると、殴り合いのケンカがあったり、警察が来たり、何かしら事件が起きるのは日常茶飯事でした。祖父母が私たち家族に、彼らの家での同居を強く求めたのは、子供たちがこのような周囲の環境に染まってしまうことを恐れたからだと聞きました。

こうして、私たちは、不安定な環境から脱け出し、将来の糧を得ることができる適切な環境に移りました。振り返ってみると、このときの、町を挟んだ祖父母の家への引っ越しは、私の人生の中で最大の恵みの一つとなったのでした。私にとって、それは何か違う人生を選ぶことができた、本当に初めての機会でした。そして、当時はまだ気がつかなかったのですが、これが私にとって保守主義と接する最初の経験となったのです。

保守の種を蒔《ま》く

私の祖父は、1941年にアメリカ南部のノースカロライナ州フェイエットビルの小作農場で生まれました。1877年に制定されたジム・クロウ法、もしくは黒人差別法と呼ばれる白人と黒人を分離する政策が布《し》かれた時代の南部に生まれた彼の子供時代は、仕事と日常の生活の繰り返しだけでした。祖父はたった5歳の時に、すでに責任のある最初の仕事を任されていました。それは、農場で収穫されたタバコの葉を屋根裏に干すことでした。祖父は、カロライナの焼け付くような太陽が昇り始める夜明け前にはこの作業を終わらせていた、ということを私に話してくれました。彼は12人きょうだいのうちの一人でしたが、その誰もが仕事を持っていたそうです。

祖父の父、つまり私の曽祖父である人は悪名高い女好きで、妻子を捨てて、長い間愛人と暮らすような人でした。曽祖父のこのような行動は、ただでさえ厳しい家の経済状況をさらに悪化させ、たくさんの息子たちに、立ち上がり、責任を持って生きるようプレッシャーをかけました。そのため、私の祖父は早くに一人前の男になることを余儀なくされました。

例えば、祖父はまだ10代の頃、思い切って彼の父の愛人宅に乗り込み、面と向かって「家に帰って責任を果たせ」と詰め寄ったこともあったそうです。

自分の父の不名誉な行動によって、母やきょうだいが苦しむ姿を見たことが、祖父の人格を形成する不変の核となりました。祖父はその時、将来、結婚した時には自分の父親のようには決してなるまい、何よりも家族を優先する男になろう、と決意したのです。

そして、祖父はその通りの男性になりました。

祖父がどのような人間だったかということを知ることは、私の性格を知るのに欠かせません。遺伝というプリズムを通してみれば、私は祖父の精神を反映した存在だということがわかります。私の性格、仕事についての思い、頑固な性格までもが、祖父の中にあるものと、とてもよく似ているのです。

祖父が幼少期に本物の人種差別を経験していたことは間違いありません。1940年代の分離主義の南部では、民主党のクー・クラックス・クラン（KKK）団員による国内テロが、アメリカ黒人の生活の一部となっていました。彼らを民主党のクー・クラックス・クラン団員、と呼ぶ理由をここで説明しておきましょう。というのも、**民主党**は自分たちの歴史を入念に書き換えることで、彼ら民主党とクー・クラックス・クランとの関係をなかったことにしようとしているからです。

南北戦争が終結してから一年経《た》つか経たないかくらいの一八六六年春、南軍の退役軍人6人がトーマス・M・ジョーンズ判事（1816〜1892）の法律事務所に集まり、クー・クラックス・クランを結成しました。

この秘密結社は、南軍の目的は英雄的正義であったとする、後に「失われた大義」と呼ばれるようになった南北戦争後の信念を体現していました。彼らは、白人至上主義を維持するために、黒人と南部の共和党員を地元で脅し始めました。

同じ年の後半には、クー・クラックス・クランを、南部だけで活動する団体から、全国で認知され、影響力を持つ組織へ発展させようと、民主党の全米代表であった彼らの友人で、「KKKの大魔術師」と呼ばれたネイサン・ベッドフォード・フォレスト（1821〜1877）を指導的地位に選出しました。作家のジャック・ハースト（1941〜）は、フォレストについて、次のように述べています。

「クラン最初の全国的指導者として、彼は『失われた大義』を掲げる復讐の天使となり、子どもっぽいちょっとした秘密の社交クラブ程度だった団体を、今日《こんにち》でも恐れられている、反動的なテロ装置へと駆り立てていった」と。

フォレストの指導の下《もと》、KKKの団員は、真夜中のパレード、鞭打《むち》ち、殺人などを含む、恐怖による支配を始めました。

1868年、発足から2年も経たないクー・クラックス・クランは、すでに民主党の大統領再選キャンペーンに影響力を及ぼすほどになっていました。彼らはこの年の春から奔走を始め、団員の数をジョージア州全体で増加させ、組織化しようと、フォレストはアトランタ中の人種差別主義者の白人たちと会合を持ちました。そしてその直後、団員たちは、白人で共和党の立役者だったジョージ・アッシュバーン（1814〜1868）を暗殺しました。アッシュバーンは、ジョージア州のKKKによる最初の犠牲者となったのです。

そして、フォレストの友人で元北軍の司令官であったフランク・ブレア・ジュニア（1821〜1875）は、彼らが大統領候補に選んだニューヨーク州知事のホレイショ・シーモア（1810〜1886）を支援するために、民主党の副大統領候補に立候補しました。

選挙運動のスローガンは「我々の政策、我々のモットー、ここは白人の国、白人男性に支配させせよう」でした。しかし、彼らの懸命の努力にもかかわらず、共和党の大統領候補で元北軍の総司令官であったユリシーズ・S・グラント（1822〜1885）がシーモアを破り、第18代アメリカ合衆国大統領に就任しました。

しかし、だからといってKKKの活動が完全に失敗したわけではありません。事実、彼らが最も多くの黒人を殺害した南部のジョージア州とルイジアナ州においては、グラントは選挙に敗北していました。このように、民主党とKKKはとても深く繋がっていたのです。

しかし今では、KKKが民主党の代議員を選挙に勝たせることを目的として活動していたのは事実だが、厳密な事実関係から言えば、KKKは民主党が設立したものではないから何の関係もないのだ、と彼らは主張するでしょう。全く馬鹿げた言い訳です。言葉のあやというか、二枚舌としか言いようがありません。

KKKは民主党の命令を実行するために創り出されたものであり、だからこそ民主党のリーダーがあんなにあくせく動いたのです。

幸いなことに、グラント大統領はその厳格な政策と改革によって、いったんはKKKを根本的に消滅させることに成功しました。

しかし、その約40年後、人々はKKKの再生を目《ま》の当たりにすることになります。

1915年、アトランタのピーチツリー通りでは、白いベッドシーツを頭からかぶった白人男性たちがライフルを乱射しながら、無声映画「国民の創生」の公開を祝っていました。この無声映画最初の長編作品は、南部を守るために南軍のKKK団員たちが勇敢に犠牲を払ったことを描いた物語でした。これは、KKKの存在した時代をロマンチックに美化して描いている『The Clansman』（『KKK団員』）という本を映画化したもので、著者は、当時の現職大統領で民主党のウッドロー・ウィルソン（1856〜1924）の親友で、同級生でもあったトーマス・ディクソン・ジュニア（1864〜1946）という人物でした。

ウィルソンは、彼自身が人種差別主義者で、連邦政府機関での人種再隔離を始めており、この映画をホワイトハウスで上映するというとんでもない決断を下しました。そしてこの「国民の創生」は、ウィルソンの後押しにより大ヒットとなったのです。

この映画は、黒人を強姦魔の悪者とし、白人を虐《しいた》げられた被害者として歪めて描いたものでしたが、商店では、KKKの帽子やローブが売られるようになりました。そうです、こうしてKKKは復活したのです。彼らが今後再び力を失うまでには、この先何十年もかかることでしょう。

私の祖父を青春時代に苦しめたのは、まさにこの「復活した」クー・クラックス・クランでした。一方で、注目すべきは、祖父が彼らとの付き合い方についてのエピソードを語ってくれたことです。

祖父の話によると、KKKの連中は祖父の父を大変に嫌っていたのだそうです。ですから、夜になると、馬に乗った団員たちが曽祖父の家まで来て、窓から銃弾を浴びせかけてきました。祖父によると、子供たちは家の裏側に面した部屋に逃げ込み、ベッドの下に隠れていたそうです。

「そして、父はショットガンを持って、この愚かなガキ《ボーイズ》どもに向かって撃ちまくったんだ」

これを聞いて、祖父がこれらの出来事をただ懐かしく振り返っていると捉えるのは間違いで、彼は誇りを持って当時を振り返っている、と思うのが正しい見方だと思います。恨みでもなく、怒りでもなく、誇りだと。祖父がKKKの団員を「ガキ《ボーイズ》ども」と呼んだのはフロイト的な無意識の表れであり、KKKが自らを偉大と思うのとは裏腹に、祖父は強烈に見下していたんだと思います。祖父の記憶の中では、曽祖父の強さを前にしたKKKは無力なのです。

祖父のように憎悪に満ちた時代を生きてきた人々が、強い立場からその時代を語ることができる一方で、そんな厳しい時代を生きたわけでもない人々が、黒人差別についてただただ臆病に嘆くことを選んでいるのは、奇妙なことではないでしょうか？

私は、「リベラリズムとは、著しい特権があることの証《あかし》です」とよく言います。本当に不法行為が行われている時は、どの性別の代名詞を使うべきかとか、日常の中に現れる何気ない見下しや侮辱《マイクロ・アグレッション》などについては、誰も議論などしません。

実際の危機となれば、政府に〝銃を取り上げろ〟などと誰も要求しません。深刻な差別は人種隔離政策の存在した時代の南部の黒人にとっては特に顕著なことで、日没後に街頭をブラブラしていたり、公共の場での飲酒、肌の色によって使用が禁止されていた施設を利用するなど、何かしら不適切と認定されていた行為を行えば、恥をかくだけでは済みませんでした。死に至ることさえあったのです。

保守主義とは、良識の維持であり、命を守るために必要なものです。そして、左翼の思想とは、暇を持て余した人々が社会の中で振り回すおもちゃなのです。

私の祖父は16歳の時、北部のコネチカット州に旅行しました。そこで祖母と出会い、彼の父親に、もう帰らない、と電話をしたのです。2人は17歳で結婚しました。それから約

40年後、彼らが自分の3人の子供の子育てを終えた後で、私と3人のきょうだいは祖父母の家に引っ越して行ったのです。

祖父母との生活は、私たちにとって、ちょっとしたカルチャーショックでした。毎週聖書の勉強会をし、食事の前には必ず祈りを捧げ、祖父母の家の中には、自分が必要と思っていた以上にたくさんのルールがありました。

すべての中心となっていたのは、尊敬の念でした。たとえ、それがなにげない行為だとしても、そこには人格が表れている、ということを教えられました。

私の祖父は毎朝4時に起きて、私たちが学校に行く前に、アメリカ南部独特の山盛りの朝食を用意してくれました。グリッツと呼ばれるとうもろこしベースのお粥《かゆ》、卵、ベーコン、アメリカ式の分厚いビスケット、そして特別な日にはパンケーキも出てきました。そんな日常の中にも教えがあったものです。

例えば、朝、目が覚めて、半分寝ぼけたまま、私やきょうだいの一人が階段を降りてきて、何も言わずにダイニングテーブルに座ったとします。そうすると、他の人たち全員のお皿は用意されているにもかかわらず、黙って座った者には、祖父がお皿を用意してくれないことに気づくのです。そして、私たちが率直に疑問を口にすると、祖父は私たちのことは見えていない、聞こえてもいないふりをしました。私たちはそのとき初めて、「おはようございます」と挨拶していなかった自分の罪を思い出すのです。

私たちが間違いを正すとすぐに、祖父はまるで私たちが今その部屋に入ってきたばかりのように、温かく私たちを見てくれます。そして、「あぁ、おはよう。よく眠れたかい？」と彼は聞いてくれました。祖父の主張は明確でした。挨拶をしないのは失礼なことなのです。これは、数ある彼のルールの中の一つでした。

祖父は、私の父と兄には庭仕事を手伝うことを求めましたが、私と妹たちに庭仕事をするように言ったことは一度もありませんでした。それは、庭仕事は男の仕事だから、ということでした。理由は、それほど単純なことなのです。

それよりも、一年ずつ歳の離れた私たち姉妹は、礼儀正しい小さなレディーのように振る舞うことに専念しなければなりませんでした。祖父はドアを開けてくれたり、椅子を引いてくれたり、日曜礼拝に行く前には上着を着せかけてくれたりしました。若いうちには、若さゆえにどうしても気づけないことがあるものだと言いますが、それは本当です。祖父母が私をいい意味でどれだけ優しく甘やかしてくれたかがわかる今こそ、当時に戻ってあの時間を大いに味わってみたいと願うのです。

もちろん、私たちが叱られなかったわけではありません。直接的には叱られなかっただけで、別の形で叱られていました。そして、それは幼い私の中では、考えうる限りで最悪の形をしていました。
祖父が私を泣かせるようなことをしたのは、この時だけだったので印象に残っていて、今でも忘れることはできません。それは、こうです。

ある夜、私は少し寒くて目が覚めました。半分眠ったまま、私はサーモスタットのところに行き、暖房の温度を思い切り上げました。目が覚めた時、家の中は煮えたぎっていました。その日の朝食の席では、いつものように祖父が料理を祝福しました。「天の父よ」と祖父は通常通りに始めました。「私たちに食事をお恵みくださりありがとうございます」そして、それからいつもの言葉とは違う、予期せぬ特別な言葉を挟み始めました。「主よ、キャンディスが真夜中に暖房をいじるべきではないことを、あの子に悟らせてください……」10歳だった私は、自分の祖父は全知全能の神と直接連絡を取ることができるのだと確信していました。そして、祖父の言葉が終わる前に、私は飛び上がるように朝食の席を立ち、自分の部屋まで走って行き、泣き崩れたのです。私は、祖父に自分の間違いを見つけられたことを恥ずかしく思うと同時に、それを神様に報告するという極端な手段を取られたことが悔しかったのです。家庭内の裁判所でうちうちに解決することはできなかったのでしょうか？　祖父は神様の最高裁判所にまで訴える必要があったのでしょうか？　私は本当に悲嘆に暮れました。そののち、祖父は私を怒らせたことを謝りました。

祖父が言いたかったことは明確で、家の中には権威の順序があるということでした。「闇の中で行われていることは、明るみに出る」という旧約聖書の創世記の言葉が、これほどはっきりと心に響いたことはありませんでした。

私が高校に入学する頃、両親と私たちは祖父母の家を出て、町の反対側に引っ越しました。それでも祖父母が私の眼の前に敷いてくれた道を歩んでいました、と言えればいいのですが、現実は違いました。他の多くの若者と同様に、私も「リベラル」な生活に魅了されたのです。オシャレでステキになりたい、友人たちに好かれたい、みんなと同じようにしたい、つまり、私は自由を謳歌したかったのです。そして、私は世俗的な生活にのめり込み、それは時間とともに、私の価値観を蝕《むしば》んでいきました。

同居していないことで、祖父母の目が気にならなくなり、私は自由を得て、自分の好きなように生きることができるようになったのです。日々の祈りも、聖書の一節を思うことも、日常生活の中から全て捨て去ってしまった私は、祖父母の家を出てからほんのわずかな時間で、彼らの教えは私を束縛するものだと考えるようになったのです。

干ばつの季節

私が高校時代に経験したヘイト・クライムについて、多くのことが囁《ささや》かれています。左翼の人たちは、この事件をもって私に対し「ざま見ろ」という感じで告発しようとします。彼らのおよそくだらない主張はこうです。

私が「人種差別で学校を訴えた」のだから、アメリカには人種差別は実際に存在しているのに、私は今、自分の利益のために人種差別がないふりをしているのだ、ということをこの事件は証明している、と言うのです。

これに関して私が気に入っているのは、この話題が常に暴露記事として示されるということです。「キャンディス・オーウェンズには知られたくない過去が！」というように、毎回センセーショナルに暴露されるのです。

私はその主張に笑ってしまいます。というのも、私のことをネットで検索してみると、『あなたの活動についての真実』というタイトルの講演会をネット上で配信しているTEDxのビデオが出てきます。YouTubeで視聴することもできます。

この講演は、私が政治の世界に入るずっと前に行ったもので、私自身が経験したヘイト・クライムについて語っています。もちろん、検索すればすぐにこの講演のビデオが出てくるほど、私はこれを隠すことに必死です！（笑）

そして、皮肉なことですが、まさにこの若い頃の体験を通して、私は、人種や政治問題、そしてその双方を存続させることで利益を得ている人々の現実の姿を目《ま》の当たりにすることになったのです。

この話は、２００７年のある夜、私がボーイフレンドの家でソファに丸まって彼と一緒に映画を見ていたときに始まります。映画を見ている間、ずっと私の携帯電話は鳴り続けていました。ですが、通信環境が不安定だったので、私は着信を無視することにして、携帯電話の呼び出し音を消しました。今にして思えば、この何気ない決断が後の私の人生を大きく変えることになったのです。

その後、帰宅して受信状態が良くなったので携帯電話を確認すると、不在着信に合わせて留守番電話に4件のメッセージが入っていました。

不思議だったのは、匿名の誰かから連続して電話がかかってきていて、その匿名の誰かが毎回メッセージを残していることでした。私は緊急事態が発生したのではないかと急に心配になり、メッセージを聞いてみました。

汚い黒人野郎……お前の家族を拷問にかけてやるぞ。お前も殺してやる。お前が貧乏だからだ。お前が黒人だからだ。

いいか？　お前はそこにいないほうがいい、後ろから頭を撃たれるかもしれないからな。お前は大した淫売だ。このクソ売女《ばいた》め……。マーティン・ルーサー・キングには夢があったんだろ。でも、あのクソッタレ野郎は死んだぞ。あのクソッタレは死んだんだ！ハリエット・タブマン……あのクソも死んだ！　ローザ・パークス、あの黒人クソ女も死んだんだぞ！

こんな事を延々と言い続ける内容だったのです。

メッセージが終わったとき、私がどんな風に感じたかを正確に説明するのは難しいのですが、体の反応は正直でした。ショックで息さえできなくなった感じで、予想外の強い力が私の周辺の酸素をアッという間に奪ってしまったかのようでした。見えない力に圧倒され、本当に息苦しさを感じました。

おかしいと思われるかも知れませんが、今でもその感覚は残っています。２００７年のあの瞬間のことは、細部までありありと思い出すことができ、胸が痛くなります。

かわいそうな高校生のキャンディスは、一人ぼっちで泣くしかなく、次の日の朝に何が起こるのか想像もつきませんでした。高校生のキャンディスは知る由もありませんでしたが、この時感じた醜《みにく》さや、心に受けた傷は、〝気づき〟へと続く険しい道のりの入り口となったのです。

しかし、誰も過去へは戻れません。注意深くあの夜のことを思い出す時、私がいつも自分に驚かされるのは、その日私が何もせず、誰にも何も言わなかったという事実です。私はメッセージを聞いた瞬間、愕然《がくぜん》としてしまい、何もすることができなくなってしまったのです。それは、恐怖に満ち、ショッキングで、恥ずかしい出来事でした。そして、その時私は驚くほど孤独だったのです。

これは私の意見ですが、高校時代は人生の中で、最もトラウマを抱えることになりやすい時期だと思います。誰もが10代特有の悩みと不安を抱え、人生の決断を迫られる場面の連続の中で葛藤《かっとう》します。ほとんどの学生は、自分が社会の中のどこでうまくやっていけるのかをいつも考えています。

例えば、どのような服を着ればいいのか、誰と一緒に昼食を取るのか、そして、気になる相手が自分に好意を持ってくれているかどうか、などです。

もし、私が高校時代に戻れるタイムマシンを持っていたら、そのマシンに火をつけて燃やしてしまいます。本当です。あの頃の私を支えていたのはエゴだけでした。私は常に、考えうる自分の全ての弱点を隠すため、鎧《よろい》のようにエゴを身にまとっていました。

ですから、この留守番電話のメッセージを受け取った翌朝、私の心は死んでしまったような感じでしたが、10代の幼い見栄《みえ》に取りつかれた私にとっては、そんな内面のことは重要ではありませんでした。そして、外面的には、私はいつもの自信過剰な自分を演じ続けていたのです。

一晩中泣いていた様子も全く見せませんでした。その日の1時間目の授業は、「上級生のクラス」でした。哲学のコースで、このクラスは公開討論方式のスタイルを採っていました。先生は政治や時事問題、そして社会で起こり得る様々な誤ちなどについて、生徒がオープンに議論することを奨励していました。私たち多くの生徒にとって、このコースは高校時代を生き抜くのに必要なセラピーのようなものであり、私たちを押しつぶそうとする外部からの重圧から救ってくれるものだったろうと思います。

その日の議論のテーマが何だったのか、そして、何がきっかけで私は手を挙げて答えようと思ったのかは覚えていないのですが、私は手を挙げました。

その時、生徒たちでいっぱいの教室の中で、私が彼らのどのような反応を求めていたのかはうまく言えないのですが、私は前夜に起こったことをすべて話しました。もしかしたら、私は自分がかわいそうだと思っていたのかもしれません。もしかしたら、私がショックを受けたように、そこにいる生徒たちにもショックを与えたかったのかもしれません。同情を求めていたのかもしれないし、世界が取り返しのつかないことになっている、ということに対して、教室にいるみんなの同意を求めていたのかもしれません。

とにかく、私はすべてをクラスのみんなに打ち明けたのです。それによって引き起こされた一連の出来事は、自分でも全く予想できないものでした。

担任の先生は、有無を言わせぬ態度で、私に「立ちなさい。校長室までついて来なさい」と命じました。私の留守番電話に残されたメッセージを聞いた校長先生は、すぐに警察に電話をかけました。そこから、私の人生は大きく変わっていったのです。

その後、元々は私の友人だったザックが率《ひき》いる少年グループが、私の留守番電話にメッセージを残した犯人であるということが判明しました。ザックは、私がボーイフレンドとの交際を始めてから、彼と過ごす時間が減ったことに腹を立てていました。ザックと彼の友人3人（私は1度も会ったことがなかったけれども）にとって、彼らが退屈し酔っ払っていたあの夜、私にイタズラ電話をかけることは、時間をつぶしにはもってこいの方法だと思えたのでしょう。

偶然にも、ザックのこの3人の友人のうちの1人は、当時は市長で、後に民主党のコネチカット州知事になるダネル・マロイ（1955〜）の、14歳の息子でした。マスコミにとって、この出来事とダネル・マロイがらみの政治的なつながりが無視しがたいものだったことは、すぐにわかりました。

数日後、私の顔写真は州内のすべての新聞の一面に掲載され、夕方のニュースでも事件の内容とともに繰り返し報道されました。

ザックと彼の友人たちが私の留守番電話に残したメッセージも何度も繰り返し流されました。少年たちは誰も自分のしたことを正式に認めておらず、政治家の息子が関わっていたこともあって、警察はＦＢＩを投入して留守番電話メッセージの分析を行いました。

私の町は、センセーショナルな報道によって引き裂かれました。先生も生徒も親たちも、誰も彼もが一人残らずこの件に関して各々《おのおの》の判決を下しているようでした。中には、私が嘘をついている、と確信している人もいました。

また、ザックがクラスメートに「自分は何もしていない」とはっきり断言していたので、私が、目的のためなら手段を選ばないマキャベリストだから、自分で自分に電話をかけたのだろうという説を持ち出す人までいました。他には、私が単純に間違った相手を告発しただけだと信じる人もいました。

アメリカで最も古い公民権運動組織で、進歩主義と公民権の砦《とりで》とされる全米黒人地位向上協会（NAACP）は、この事件に喜んで首を突っ込んできました。

彼らは、私が通っていた高校へと一目散に駆けつけました。そこにはニュースカメラが居並び、メディアは彼らから捜査の不当性に関する声明を受け取ろうと待ち構えていました。

NAACPの名誉のために言っておくと、彼らはこの事件に関する異常なまでの司法の対応の遅れは政治的な側面と結びついている可能性が高い、と正しく指摘はしたのです。私の学校の理事たちは、加害者のうちの一人が市長の息子であるために、容疑者の少年たちを保護しており、NAACPはそれを非難したのです。

しかし、彼らの誰一人として、私と実際に話をすることはありませんでした。私は、自分の味方と呼ばれる人たちの誰とも会ったり、話を聞かれたりしたことはなかったのです。彼らは、人種差別について語ることを切望していましたが、この人種差別に関する話題の中心にいる私自身には全く興味がなかったのです。

FBIの捜査が終了し、この事件に関わる記事が書かれなくなり、全ての新聞に事件に関しての読者の意見が掲載されなくなり、そして、私自身の名前が正式に事件の共犯者のリストから消されるまでに、6週間かかりました。

その後、ザックたちは逮捕され、起訴されました。そして、捜査結果が示すように、私は自分に電話などかけておらず、私は公式に被害者と認定されました。そして、誰もが姿を消してしまいました。もちろん、私以外の全員です。私は、たった一人取り残されました。

望んでもいない汚名と疑惑、そして、激しい論争に巻き込まれるという感情のジェットコースターに突然対処しなければならなくなった後で、私は完全に遺棄されたのです。

もし、ほかにもこのような話を聞いたことがあるなぁ、とお思いなら、それは主要メディアのやり方の一つとなっているからかもしれません。

例えば、学校で銃乱射事件が発生し、感情的になっている生存者が、自分たちの政策を押し通そうとしている銃規制活動家に利用されてしまうなどということや、黒人男性が警察官に殺害されたりすると、その写真は白人警官が遊び半分で黒人男性を殺害したという作り話をでっち上げるために使用されてしまう、というようなことです。

これまでに幾度となく、誰かにとっての耐え難い痛みや恐ろしい悲劇が、政治的な議題を推進するためのメディアの材料にされてきました。そして、より大きな話題が出現し、それにメディアの関心が移るまでは、人々は感情を煽られ、世の中全ての人がその直近の話題に関心があるように装われるのです。

こうしたことから、人生の早い段階において、私の世の中に対する考え方は、ひねくれたものになりました。根本的には、世界が自分にのしかかってきていて、自分は子供時代の不幸な環境のせいで、いずれにせよ失敗する運命にあるシェークスピア悲劇の登場人物のようだ、と考えるようになったのです。

その結果、ごく自然に、個人が担うべき責任という概念から解放される道を歩むことになりました。私はしょっちゅう酔っ払い、パーティーに行きまくり、喧嘩もしました。

自分の人生の様々な場面で、私は自ら大混乱を生み出していました。これらの混乱は自由という偽りの仮面をつけており、私は、ルールや規制、そしてあらゆる責任から解放されて自由になったと感じていました。

そして、自分の人生のシナリオは誰かに決められたものだと思い込み、それに対抗して自分の人生におけるコントロールを取り戻すために、今度は拒食症になってしまったのです。

4年の間、私は摂取カロリーを制限しました。肉体的に軽くなればなるほど、精神的にも軽くなっていくのを感じました。私は、過去の重荷から解放された気分でした。

しかし、時間の経過とともに、自由であるはずのものが束縛と感じられるようになったのです。表面上はルールなどない生活で自由を得たようでいて、実際には不安でグラグラしていました。

私が失ったのは体重だけではありませんでした。自分自身をも失っていたのです。

そして、私の中で左翼主義が解き放たれていきました。

保守の種の収穫

「歩むべき道に応じて若者を訓練せよ、そうすれば年老いてからも、それることがない」

という聖書の箴言があります（箴言　22：06）。

2013年の初め、私は祖母が病気だという連絡を受けました。

その頃、祖父母はノースカロライナ州のフェイエットビルに戻っていました。定年後に祖父は、かつて自分が働き育ったよく知る土地を購入して、夢のマイホームを建てていたのです。

祖母はその週のうちには退院することができるだろうと言われていましたが、私は荷造りをし、ニューヨークからフェイエットビルまで祖母を訪ねました。そうしたのは、私だけではありませんでした。

母系社会では、祖母のような女性が家族の要であることを象徴するように、私のいとこ、兄弟、姉妹、叔母など、家族の誰もが飛行機に飛び乗り、祖母の元へ駆けつけました。私たちにすべてを与えてくれた彼女のために、私たちは彼女に会いに行かなければならないと思ったのです。医師は、祖母が2日後には退院できると断言していました。しかし、実際にはそうはなりませんでした。祖母はこの2週間後に亡くなったのです。

祖母と会うのはこれが最後になるなどと思っていなかった私は、彼女と過ごすほとんどの時間を、ニューヨークでの新しい素敵な仕事の自慢話に費やしてしまいました。今にして思えば、祖母は医師が重大な何かを見逃していて、自分がもう家には帰れないことを何となく気づいていたのではないかと思います。

祖母は、この時彼女のために集まった私たち一人ひとりに、今までにないような言葉をかけてくれました。

この時、私が祖母に見せようとしたのは、自信満々の姿でした。買ったばかりの高価な有名ブランドのバッグを見せたり、未公開株ファンド《プライベート・エクイティ》を扱う新しい仕事のことを話したりしました。そうすることで、祖母は私がどれだけ成功しているかを知り、それを誇りに思ってくれるだろうと思ったのです。しかし、私は間違っていました。

祖母はいつものように、私の表向きの顔を見抜いていました。「キャンディス、ニューヨークにいるあなたのことが心配なの。自分を見失っているような気がするのよ」と祖母は私に言いました。

私は「大丈夫、心配しないで」と返事をしました。そして、彼女が48時間後には本当に退院できると信じて、2、3日したらまた電話をする、と彼女に言って別れたのです。

これが、私と祖母との最後の会話となってしまいました。祖母はそれからたった10日後に亡くなったのです。このような形で祖母と突然別れることになってしまったという事実は、家族全員にとって、今でもショックな出来事となっています。

悲しみが、そして罪悪感が私を蝕《むしば》みました。私にとって、悲しみは馴染みのない感覚でしたが、罪悪感のことはよく知っていました。というのも、高校時代にあのヘイト・クライムを経験し、被害者認定を受けた時から、私のそばには静かな声があり、それは罪悪感といつも深く結びついていたからです。

私は何度も何度も、心の奥底から響いてくるその声を消し去ろうとしました。しかし、声は、忍耐強く、優しく、同時に、容赦なく、同じ質問を投げかけてきました。

お前は被害者意識という重荷を下ろす準備ができているか？　人生というレースを本当に自由に走る準備はできているのか？

そして、突然、私は心の用意ができたことがわかりました。祖父母が育ててくれたような人間になる準備ができたのです。

私は、祖母の最後の言葉を頭の中で再生しました。彼女の言うとおり、私は自分を見失っていました。私は、当時の自分の世界観が自分のためになっていないことに気がついたのです。視点を変える必要がありました。まず私は、自分にシンプルな質問を投げかけました。

もし、キャンディス・オーウェンズが世界に対して受け身で生きるのではないとしたら？

もし、キャンディス・オーウェンズが世界に対して能動的に生きるとしたら？

答えを見つけるのは、気が遠くなるような質問でした。それは、仮に私に問題があるわけでなく、また私のせいでそうなったわけではない状況でも、最後には確実に私の問題、私自身が取り組むべき問題になることを意味していました。そして、私は自分の人生を振り返り、祖父母の払った犠牲について深く考えるようになりました。

祖父がタバコの葉を乾燥させる仕事をし、小作農場で育っている間、祖母はカリブ海にあるヴァージン諸島に住んでいました。祖母は足が不自由だったため、不必要な人間とされていました。腰の手術をした後で、丸一年入院した時、彼女はまだわずか10歳でした。私は祖母が足を引きずらずに歩いているところを見たことがありませんでした。

祖母は、常に体の痛みを感じながら生活していたのです。それでも、祖母もそして祖父も、何かについて一度たりと文句を言ったのを聞いたことはありませんでした。子供の頃のことはもちろん、大人になってからも、自分たちに関係のあることだけでなく、世間のことも含めて、文句を言ったことなどなかったのです。

それなのに、私は被害者意識丸出しで、自分の人生が「公平」ではなかったことに腹を立てていました。この時の私は、本当に哀れなものでした。

私は時が来たと思いました。私を本当に満たされていると感じさせてくれた、唯一の価値観と原理原則に立ち返る時が来たのです。

第一の原則は、被害者意識を捨て去ることでした。

祖父がKKK団員を「ガキども《ボーイズ》」に変えることができたのなら、きっと私にだって自分の被害者意識を見直すことができるのではないか？　そうして、私は高校時代に私の身に起きたヘイト・クライムのことを、自分なりにもう一度思い起こしてみることにしました。

振り返ってみると、興味深いことに、今日《こんにち》の社会では、善人である被害者と悪者である加害者をいったん決めたら、もうそれ以上の分析をしないようにするという強迫観念のようなものが生まれているのではないかと思い始めました。

それは、もしかしたらディズニー映画のせいかもしれません。私たちが子どもの頃、最初に教え込まれたのは、すべてのお話にはヒーローと悪者が存在するのだということでした。ヒーローは必ず勝利し、悪者は惨《みじ》めに敗北して、その後に出演者やスポンサーの名前のエンドロールが流され、お話は終わり、というパターンです。

現実社会では、ジャーナリストが絶対的な善か悪かの枠内でのみ判断を下す責任を勝手に負っています。ジャーナリストの立場から包括的に見れば、このような勧善懲悪《かんぜんちょうあく》の物語は、センセーショナルで大げさな表現が用いられるため、人気を得やすく、ゆえに収益性の高いモデルであることが証明されています。ですが、人間は私たちが思っているよりはるかに複雑な生き物です。私の高校時代の経験も、もしメディアに「差別主義者の白人少年」と「被害者の黒人少女」という2つの決められた枠を超えて掘り下げる勇気があれば、ちょっとしたきっかけで、もっと人間的な側面にたどり着くことができたかもしれません。

先に述べたように、メディアによって人種差別攻撃の「首謀者」とされたザックは、もともとは私の友人でした。この事実だけで、たとえ素人による分析であっても、あの夜の彼の行動が、彼自身の根深い人種差別意識に基づいたものではなかったはずだとわかります。

彼が友人たちとあの留守番電話のメッセージを残す前の1年間、ザックと私は、高校生らしく一緒にジャンクフードを食べたり、夢を語ったり、不安を解消するのを助け合ったりと、ほぼ毎日一緒に過ごしていました。

しかし、私にボーイフレンドができて、これらの全ては突然に終わってしまいました。私は、典型的な恋する10代の女の子になりました。友だちと遊ぶのをやめ、新しい恋愛のことで頭の中がいっぱいになったのです。

もし、これらのことが驚くほど未熟に聞こえるとしたら、それは実際にそうだったので仕方がありません。それは、取り返しのつかないあの一連の出来事につながってしまった、全く無意味な、しかし、高校生活ではよくある話でした。

信頼して毎日のように共に時間を共有し、心を打ち明けていた人間を失って、ザックは傷ついていたのです。そして、アルコールの影響で、その傷が怒りに変わり、幼稚さと、衝動と、愚かさで、「何を言えば、キャンディスが自分と同じくらい傷つくだろうか？」と考えたのではないでしょうか。

おそらく、私を傷つけるために、私が最も深く傷つくと思われる憎しみに満ちた仕打ちを考えた結果、人種的な中傷を選んだのだと思います。

しかし、このような見方はあまりにもあたりまえすぎて、人々は耳を貸したがりません。このような説明をしても、野獣のようなメディアは、食いつきなどしないのです。

素早く悪を見つけ出し、悪人を社会的に抹殺してしまいたい、という私たちの飽くなき欲求を満たすこともかないません。人はいつも他人の醜さを指摘しようとしますが、それは、自分が善良であることを周囲に納得させるための手っ取り早い手段だからではないか、と思うことがあります。

「あの人がした悪いことを見てください。私はそんなことはしません。だから、私はいい人なんです」

その結果、あの夜に起きたことに対するメディアによる全く表面的な分析が、5つの人生を破壊したのは事実です。4人の少年たちは、彼らが大人としての人生を始める前に、公《おおやけ》に人種差別主義者の汚名を着せられてしまいましたし、私のほうはと言えば、人生を始める前に、公式に被害者のレッテルを貼られたのです。

あの夜、ザックがしたことは間違っています。彼の行動が処罰に値することも疑いはありません。しかし、今、私は保守的な原則に立ち返り、彼の不当な行為や、私への被害者認定は、永久なものであるべきなのかどうかを考えています。

傷ついた私は前へ進めるのでしょうか？　ザックはどうでしょう？

それにしても、私たちに対して、〝永久に今いる場所に留まり、前進するべきではない〟と主張している人たちは、何者なのでしょうか？

保守的なルーツへの回帰

左翼はもっぱら、犠牲者であることは素晴らしいことだと強調します。

ところで、この本の中で「左翼」や「リベラル」という言葉を使うとき、それらが何を意味していて、そしてなぜ私がこの二つの言葉を使い分けているのかを、ここで定義しておく必要があります。

リベラリズムとは、自由と法の下《もと》の平等に基づく政治哲学と定義されます。定められた原則への忠誠を誓い、それらの原則に従う者には、より多くの個人の自由が社会的に保証されるのです。真のリベラリズムは、例えば生存権、投票権、言論の自由などの原則に重きを置いています。アメリカ建国に関わった先人たちが、「Right to life, liberty, the pursuit of happiness（生命、自由、そして幸福の追求の権利）」と書いた時には、文字通り、生きる権利を守ることを意味していました。

私はアメリカの黒人を代表して、アメリカにおけるリベラリズムは、保守派によってのみ実践されてきたと確信しています。

これに対して、左翼主義とは、より崇高な道徳的な意味における善を求めて、個人の自由を制限しようとする政治哲学と定義されます。

左翼は、原理原則ではなく、達成すべきより大きな道徳に関心があるのです。

この左翼主義の大きな問題点は、道徳的な善というものは、当然ながら主観的なものであるということです。つい最近までは、白人至上主義が最も崇高な道徳的善であると考えられていました。そして、これを追求するために、左翼主義者たちは黒人の権利を大きく侵害していました。

今日《こんにち》では、経済的な平等が左翼の求める崇高な道徳的善として確立されています。そして、それを追求するために、どれだけ多くの自由が侵害されてきたかは、これから説明します。

なぜ西洋社会では保守主義が復活してきているのでしょうか？

それは、自称「リベラル」でも実際は中道である人々が、聖地であるべき政治の中道の領域が左翼に飲み込まれてしまったことに気づいたからです。

左翼は、リベラリズムの名の下に、「ある種」の平等を求めていると言いながら活動することができました。しかし、経済的平等を求めることは、個人の自由を侵害することでしか達成できないのです。

ここで、リベラル派と左翼の微妙な違いが重要になってきます。リベラル派も左翼も、平等という概念で結ばれているように思っていますが、自分たちの目標が根本的に対立していることを、実は認識していないのです。

要するに、左翼主義ほど自由主義を否定しているものはないのです。多くのリベラル派は、このような左翼とパートナーになるのは不可能であると目覚めましたが、いまだ覚醒せぬリベラルは、こんなに明快なことがわからないままでいます。

あぁ、悲しいことに、覚醒せぬままのリベラル派と左翼の破滅的な連合の残りは、自由を奪う左翼の解決策を支持し、黒人に永久なる不利益をもたらす政治グループである民主党の下《もと》に存在しています。

民主党のすべての方針は、「被害者」対「弾圧者」という止《とど》まることのない流れの上に築かれており、彼らの政策を押し通すために、黒人を利用することが、彼らの常套手段となっているのです。

左翼が考える非常に単純化されたアメリカ史においては、黒人は下層階級に留《とど》まる永遠の被害者であり、民主党の政治家に救いを求めて投票しなければならないのです。

民主党は、ほとんどすべてのものに本能的な人種差別と闘争を見出し、それによってこれまでに達成されてきた人種差別を乗り越えるためのほとんどすべての努力を破壊し続けています。

悲しい事実ですが、彼らが推進するほぼすべての政策が、必ずアメリカの黒人に「害」を与えます。実際、ほとんどの進歩的な政策は、黒人にとって進歩とは正反対の結果をもたらしているのです。

しかし、もし黒人が民主党からの申し出を単に拒否したらどうでしょう？

黒人は永遠の犠牲者だとする説をわれわれが正式にはねのけ、そして、黒人をゆっくり毒漬けしていく左翼の政策を拒否したら？

もし、アメリカ黒人が一斉に「左翼の人種差別による脅しだ」と声を挙げ、それによって民主党の「黒人は永遠の被害者だ」とする彼らの主張を全く効果のない感情的な戦略だとして消滅させたら、いったいどうなるのでしょうか？

私たち黒人は一丸となって、我々の保守的なルーツに立ち返ることができるのでしょうか？

2

家族について
On Family

ここ数年、西洋では予想以上に保守主義が広がっています。

例えばイギリスです。2016年に、イギリスが欧州連合（EU）から離脱「BREXIT（ブレクジット）」するのかどうかを決める投票が行われました。世界中の専門家の分析や主要な世論調査では、イギリス人はBREXITに投票しないであろうという意見が主流でした。しかし、投票の結果は「BREXITする」でした。

イギリスはそれまで43年間にわたって、主権をブリュッセルにいる欧州連合の官僚たちに委《ゆだ》ねていましたが、イギリス国民はそれは〝もう剝奪《はくだつ》すべき〟だと思ったのです。もし、欧州連合から離脱すれば、経済的に破滅すると警告されていたにもかかわらず、英国民は離脱するほうに投票したのです。

同じようなことが、大西洋の反対側でも起こりました。共和党候補のドナルド・トランプが、ヒラリー・クリントン（1947～）を破ったことです。民主党の有望な大統領候補であり、マスコミが称賛し続けていたヒラリーは、言うまでもなくビル・クリントン第42代大統領（1946～）の妻で、オバマ政権下では国務長官を務め、ワシントン事情にも通じた人です。

その彼女を撃破し、政治的には無名だったトランプが第45代アメリカ大統領になったことは、世界中に大きな衝撃を与えました。実際に「起こりうる」ことではなく、「起こさせたい」ことを報道することに慣れていた主流メディアの中の人々にとって、これら二つの現象が意味するものはただ一つ、それまでの秩序への反抗が世界に広まっているということでした。

有権者が主流メディアのシナリオに「背《そむ》いた」のです。

この現実に対して、自分たちの権威を疑われることに慣れていない左派のジャーナリストたちは、人々が「インターネットによって過激化している」、だからこのような結果を招いたのだ、と主張する記事を掲載し始めました。これはもちろん、人々の独立した声に自分たちの影響力を奪われているという彼らの不安から生まれた、大笑い『LoL (Laugh out Loud)』な主張です。

確かに、彼らは焦《あせ》っています。

CNNは、アメリカ最大の左派ケーブルニュース局で、1日の平均視聴者数は、70万6000人とされています。世界中の人々がテレビを主な情報源としていた時代には、これは大きな数字だったかもしれませんが、テクノロジーの進歩によって状況は変わっています。今日《こんにち》では、人々はオンラインでのコミュニケーションを好んでいます。そして、テレビ市場では左派が優勢ですが、インターネット上では保守派が勝っています。

例えば、ツイッターの分析結果によると、私が1回つぶやくだけで、平均250万人の人にリーチする（届く）そうです。つまり、私はＣＮＮの１日のすべての視聴者数を一回のツイートで凌駕することができるのです。そして私以外にも、それくらいのリーチ数を持っている人は、たくさんいます。

保守派は、自分たちの考えが伝統的メディアでは全く紹介されていないことに気づき、無法地帯のようだった初期のソーシャルメディア時代に開拓を始め、成功を収めました。

彼らはソーシャルメディアの存在自体が左翼の支配層にとって大きな脅威だと知っています。だからこそ、ソーシャルメディア企業に対して、保守的なアカウントを停止させたり、リーチ数を制限して人々の目に触れにくくしたりするように圧力をかけ始めたのです。

ニューヨーク・タイムズ紙が２０１８年の意見記事で、「イスラム過激派と右翼過激派は、驚くほど似たソーシャルメディア戦略を取っている」というとんでもない主張をしたのも、このためです。そして、同じ年の12月には、オンライン・ニュースサイトのデイリー・ビーストが、『いかにしてYouTubeが右翼のための過激化マシンを製造したか（"How YouTube Built a Radicalization Machine for the Right"）』という記事を掲載しました。

このように「インターネットは問題だ」と突然言い出し、同様な記事を何千と書いたのです。しかし実際の問題は、左派メディアが情報発信において右派との競争の場に立たされたことでした。

もちろん左派民主党を支持するジャーナリストの数は、共和党を支持するジャーナリストの4倍という多数派です。それでも独立系メディアの発言力が高まる中、大手メディアには、自分たちのシナリオに異議を唱えられることへの準備が全然できていなかったのです。

当然のことながら、アメリカがドナルド・トランプを大統領に選ぶまでは、インターネット世界が過激化しているという激しい主張はありませんでした。

主流メディアが、いついかなる時もドナルド・トランプを人種差別主義者《レイシスト》、そして性差別主義者《セクシスト》の怪物《モンスター》として描いていたにもかかわらず、いざ投票となると、アメリカはこれらの中傷を無視して、彼を、国のリーダーに選んだのです。

たくさんのジャーナリストたちが、「アメリカ国民がわれわれの思惑通りに動かなかったのはインターネットのせいだ」と非難したのは、実は正しかったと思います。

主流メディアはトランプのイメージを操作し、それによって選挙結果を歪《ゆが》めようとしていました。だからこそ「人種差別」という伝家の宝刀を抜いて、彼を攻撃したのです。

しかし、私たちは真実をインターネットを通じて知り、誰に投票すべきかを自分たちで判断できたというわけです。

私もこの時期にインターネットで「過激化」したうちの一人で、主要メディアは事実を歪曲し、嘘をつくという真実を知ってしまいました。

私は、彼らが人種差別に異常にこだわるのは怪しいと直感し、ドナルド・トランプが大統領になれば、白人至上主義者を鼓舞することになるという主要メディアの主張について、インターネットを使ってさまざまな意見を調べました。

私の〝過激化〟

保守的な視点に興味を持ち始めた私は、それまで「アンクル・トム」つまり白人に媚《こ》びを売る黒人や、「自分の属する人種に背《そむ》く奴」と見下していた黒人保守派を、YouTubeで検索し始めました。

当時は、警察の黒人に対する残虐行為をテーマにした主要メディアの作り話が続いていました。そこで、私はこのテーマから始めることにしました。

調べているうちに見つけたのが、黒人でラジオ番組の司会者であり、作家であり、自称リバタリアンであるラリー・エルダー（1952〜）の映像でした。

エルダーは、左派の偽善を暴くことに、既に数十年も費《つい》やしていました。また、彼は2009年に出版された『What's Race Got to Do With It?（人種は関係ないでしょ?）』などの著書の中で、今日《こんにち》のアメリカの黒人を苦しめる問題について専門的な分析を行っています。

私の見た映像では、エルダーが、リベラル派で今では私の大切な友人であるデイブ・ルービン（1976～）が司会を務めるネット番組『The Rubin Report（ザ・ルービン・レポート）』のインタビューに応じていました。

この中でルービンは、アメリカの黒人がシステム化した抑圧に直面しているとの主張を好意的に認めるつもりで、警察の黒人に対する残虐行為は、人種差別が存在するという明確な例であると示唆しました。が、これは彼の致命的なミスでした。エルダーは、ルービンの問いかけに統計を使い、スナイパーのような精度と無慈悲さをもって、リベラルが作り上げた物語を完全に論破することで応えました。

「去年、965人が警官に撃たれた。そのうち4％は、白人警官が武装していない黒人を撃ったものだ。2011年のシカゴでは、21人が警官に射殺された。2015年は7人だった。シカゴは、黒人、白人、そしてヒスパニック系がそれぞれ人口の約3分の1ずつを占めており、これらの人種グループの人口割合がほぼ同じという場所だ。

なんと、そこでは、殺人事件の70％が黒人同士の殺し合いで、毎月約40件、昨年は年間の合計で約500件の殺人事件が発生し、そのうち約75％が未解決になっている。

この件に関して、いつも〝黒人の命は大切だ〟と騒いでいるBLM＝ブラック・ライブズ・マター（Black Lives Matter）はどこに行ったんだ？　人種差別主義者の白人警官が丸腰の黒人を射殺する事態は、黒人にとって危険である、という発想は完全に間違っている」

私は、エルダーが知性によって人を打ちのめす場面を目撃したのです。

そして、この犠牲者は、デイブ・ルービンだけではありません。エルダーは、わずか15秒の間に、メディアで過剰に報道されていることを根拠に、その内容には意味があると私が信じ込んでいた問題の多くが、ほとんど実体のないものであるという事実に気付かせてくれたのです。

続いてルービンは謙虚に、アメリカの黒人が直面している問題についての〝彼の〟意見を聞きました。

「私は、黒人が抱える最大の重荷は、彼らの75％が父親不在で育っていることだと思う。この事実は、低所得に陥る可能性や、犯罪率や検挙率の高さなど、あらゆる面で黒人社会に悪影響をもたらしている」

エルダーのこの答えに、急速に光明が見え始めたルービンは、その問題に取り組むために何ができるかを尋ねました。するとエルダーは、大胆にも、それは「国の福祉政策を止めることだ」と言い切ったのです。

「信じられないかもしれないが、1890年から1900年にかけての国勢調査報告書を見ると、子供が、核家族としてきちんと機能している家に生まれる確率は、わずかながら黒人家庭のほうが白人家庭よりも高かった。黒人の子供は、現在よりも奴隷制の時代のほうが、一つ屋根の下で実の父母の元に生まれる可能性が高かったのだ」

奴隷制度や隔離政策の影響を受けていた黒人にとって、大きな心の傷となっている時代においてでさえも、黒人の家族は現在の家族の形よりもしっかりしていた、というエルダーの言葉に、私は驚きました。そして、これについてもっと知りたいと思いました。

一つの集団を構成する家族を破壊することは、かつては道徳的に忌《い》むべきこととされ、奴隷制廃止運動の礎《いしずえ》となりました。

ハリエット・ビーチャー・ストウ（ストウ夫人：1811〜1896）の小説『アンクル・トムの小屋（Uncle Tom's Cabin）』は、北部白人が奴隷制に反対するようになるのに、最も大きな影響があったものの一つとして広く知られています。

この本は、奴隷制が黒人の家族に及ぼす影響について、250ページ以上にわたって嘆いています。そこには、妻子と引き離されて売られることを知った父親の苦悩や、たった一人だけ生き残った子供と引き離されることを知った母親の慟哭《どうこく》など、悲劇に満ちた物語が描かれているのです。

この本がアメリカの歴史にもたらした文化的影響は、計り知れないものがあります。アメリカにおいて最も凶悪な制度であった奴隷制度の真実の姿を露わにしたこの問題作を、当時の白人家族は、夕食後に集まって一緒に読みました。アメリカ北部やヨーロッパに住んでいた読者は、ストウ夫人の描いた「奴隷制度が家族を離散させるという残虐行為」に憤慨すると同時に、主人公の黒人家族に、心から共感したのです。

もちろん、1863年に奴隷制度が正式に廃止されたことは、アメリカ国内の黒人家族の正統性を示すうえで重要な意味を持ちました。

プリンストン大学のテラ・ハンター歴史学教授は、2010年に公共ラジオ・ネットワーク（NPR：National Public Radio）のインタビューで、この革命的な出来事について語っています。

「南北戦争後、結婚はアフリカ系アメリカ人が行使することのできる最初の公民権の一つとなりました。彼らは、この公民権を非常に熱心に行使しました。結婚しようとする人々のあまりの多さは、北軍をすら圧倒し、対応することが困難になるほどでした。さらには、戦争によって売り飛ばされたり、居場所を失ったりした家族と再会するために、何百万人もの元奴隷たちが、広範囲に渡って必死になって家族の捜索を行いました。その結果、何百万もの黒人家族が形成され、家族関係は大切に保たれることになったのです」

多くの場合、家族を維持していくことは、自己のそれよりも重要なものとなりました。これは黒人だけの特別な感情ではなく、歴史上すべての人種の男女に共通する感情だと思います。

では、なぜ奴隷制の時代から約100年も経った後の時代に、黒人家族の大きな断絶が始まったのでしょうか？

奴隷制度や、黒人を隔離するジム・クロウ法でさえ黒人家族を壊すことができなかったのに。一人前の人間の5分の3の価値しかないとみなされたり、白人と比べてほんのわずかな権利しか与えられないという非人間的な扱いを受けるような状況の中ですら黒人家族を引き裂くことができなかったのに、最終的に何が黒人家族を引き裂いたのでしょうか？

リンドン・ジョンソンの大失態

民主党には長い人種差別の歴史がありますが、故リンドン・B・ジョンソン大統領ほど黒人社会にダメージを与えた人物はいないでしょう。

ピューリッツァ賞を受賞したジャーナリストのロバート・キャロ（1935〜）が、20

02年に出版したリンドン・ジョンソンの決定的な伝記『Master of the Senate』（上院の主人）では、彼が黒人の蔑称で、現在では禁句である「ニガー」という言葉を一度ならず、日常的に繰り返し使っていたことが語られています。

ジョンソンは、議員時代「南部ブロック」の、極めて積極的なメンバーでした。これは民主党がコントロールする投票団体で公民権の進展を阻むことで悪名高いものでした。事実、彼は上院議員になってからの最初の20年間、公民権関連の法案が提出される度に、ことごとく否決していたのです。

このような過去があるにもかかわらず、ジョンソンが公民権運動の歴史において英雄視されているのは、黒人が白人と法の下《もと》で同等の地位を得ることができるという1964年の公民権法に大統領として署名したからです。

それにしても、この黒人の自由のための法案に署名したジョンソンは、彼のそれまでの議会での投票記録や、日常的な人種差別用語の使用、さらには記録としても残っている彼の周囲の黒人に対する差別的な扱いと、どのように折り合いをつけたのでしょうか？

何十年にもわたって、政治家として黒人に不利な行いをしてきたジョンソンは、突然、天の啓示でも受けたのでしょうか？

この質問に対する答えのヒントが、ジャーナリストのロナルド・ケスラー（1943〜）

の1995年の著書『Inside the White House』（ホワイトハウス・スキャンダル）の中にあります。実際に録音されたものではないので、確証はありませんが、ジョンソンが語ったとされている内容について言及されています。

これによると、ジョンソンは2人の知事に、「私は今後200年間、クロンボたちに民主党へ投票させる」と言ったといいます。

ケスラーによれば、これは1964年の公民権法のことでも、1965年の投票権法のことでもありません。これは、黒人が福祉を受けることで、政府なしには生きていくことができなくなるようにさせる手段である、民主党の「偉大なる社会」計画の開始を意味していました。

リンドン・ジョンソンの偉大なる社会計画は、一つの集団としての黒人家族に対する意図的な攻撃でした。それは、政府が福祉を通じて貧しい黒人女性を力づけることで、黒人男性を弱体化させ、究極的には彼らを排除するというものでした。

しかし、全米から貧困を撲滅するというジョンソンの約束は、もがきながら生きていた黒人たちから、何の疑問もなく受け入れられました。一例を挙げるなら、例え貧困層に属する母親でも、健常な男性が一緒にいる場合には給付金を受け取ることができない、という不自然な規則にも反対しなかったほどでした。

民主党政府は黒人女性に対して援助を与えることで、男性の存在なしで子供を育てることを奨励したのです。

奴隷制廃止後に黒人社会が進めてきた、家族を守るための運動の多くは、政府から無料配布される資金の魅力に押し流され、すぐに後退してしまいました。

政府が家族を養ってくれることを知った一部の黒人女性は、黒人男性に父親として子供への責任を負わせることを怠《おこた》るようになりました。その結果、彼女らは、結婚相手や子供の父親としてはふさわしくない相手を選んでしまうことになったのです。

また、政府からの援助は、黒人男性がより良い生活をしようという気持ちになるための助けにもなっていません。家庭における父親の不在という問題が、政府が黒人文化にもたらした最初の大きな傷となりました。

今では、黒人のヒップホップ・アーティストたちが、さまざまな「ベイビー・ママ」と呼ばれる、子供の父親と結婚しない女性たちについて、ラップしたり歌ったりするのは、黒人文化の一部として当たり前のこととなってしまっています。

偉大なる社会計画が開始されてから現在までの黒人社会の衰退については、多くのデータを自由に入手することができます。その中でも、ある統計には驚かされます。

アメリカ合衆国の統計的概要（Statistical Abstract of the United States）によると、１９６３には非白人の72％の家族が、結婚して一緒に暮らしていました。これが２０１７年になると、その数字がほぼ逆転して、結婚している黒人世帯の割合は、わずか27％になっています。

54年の間に、結婚している黒人家族の割合は45ポイントも落ち込んだのです。驚異的です。

一方、白人家庭ではどうだったかというと、１９６３年には結婚している白人家庭の割合が89％だったのに対し、２０１７年には51％と、こちらも38ポイント減少しています。

つまり、黒人に「力を与える」とされた政策は、実際には人種に関係なく、アメリカ社会において非常に大きな家族の崩壊をもたらしたのです。

もう一つの驚くべき統計は、黒人の未婚男性の数です。

１９６０年の国勢調査では、15歳以上の未婚の白人男性は約24・４％で、黒人男性では29・６％と、その差は５・２ポイントでした。これと比較すると、２０１７年の白人男性の未婚率は33・１％で、黒人男性の未婚率は51・９％となり、そこには18・８ポイントもの差が生まれていました。つまり、白人男性と黒人男性の未婚率の差は、１９６０年から

2017年の間に、3・6倍以上に開いてしまったのです。

そしてもちろん、このような独身男性の全員が高潔な貞操観念を持って生活しているわけではないと考えるほうがよいでしょう。現在では、大多数の男性にとって、未婚のまま性的関係を持つのは普通のことであり、それによって父親になることもあります。しかし、だからといって全ての男性がそれを理由に結婚して家庭を築こうとするとは限りません。

黒人家庭の父親不在率の高さは、アメリカ社会における人種間の格差を説明するうえで大きな意味を持っています。黒人家庭を父親不在へと導いた〝偉大なる社会計画〟が証明したのは、家庭の中に父親がいない場合、子供たちは失われた父性を別の場所で求めるということでした。別の場所というのは、悪のはびこる場所、犯罪へと続く場所、そして、そこから行き着く先は刑務所なのです。

ラリー・エルダーは、家庭における父親の不在が、人生での失敗を予測する最大の指標であると指摘しました。

彼のこの指摘は正しいものでした。超党派の独立したシンクタンクであるブルッキングス研究所は、こう報告しています。

シングルマザーに育てられた子供は、学校での成績、社会性や情緒の発達、健康、そして仕事での成功など、人生における様々な場面で、悪い結果を出す傾向にある。

特に、子供の実の父親ではないボーイフレンドと同棲中の母親の家庭では、虐待や育児放棄に遭《あ》う危険性、子供自身が10代の親になる可能性、そして高校や大学を卒業できない可能性が高い。

さらに、父親のいない家庭で育った黒人の子供たちは、自身が成長した時に、自分が生まれ育った環境をそのまま再現する傾向があります。そのため、政府は将来的に何世代にも渡って、父親のいない黒人の子供たちを支援する必要性に迫られています。

リンドン・ジョンソンの偉大なる社会計画が導入されてから数世代の間に、黒人社会は20世紀初頭の黒人が抱いていた理想とは似ても似つかない、近代化された黒人家族のあり方を生み出しました。それは、父親のいない家庭の蔓延《まんえん》でした。ジョンソンとその取り巻きの民主党員たちが夢見ていた通りの、ドラマチックな結果となったのです。

〝偉大なる社会計画〟が始まる前と、現在の黒人の状況を比較することで、ジョンソンが人種差別主義者だったことが、とても簡単に納得できます。

ある民族を騙して自分たちの味方だと思わせるために、なんていい方法なんでしょうか。立法活動をせずに、今後「200年」の間、彼らの票を獲得し続けられるのです。

20世紀のアメリカで最も偉大な「政治家」の一人とされるジョンソンは、自分が黒人の最大の救世主であることを彼らに確信させ、彼らが永遠に救われる必要があることを信じ込ませました。

黒人はこのジョンソン政権によって、自由になると同時に、再び奴隷になったのです。

黒人に「力」を与え、白人と黒人の間の貧富の差を埋めるために行われたはずのこの政策は、実際には、貧富の差をさらに広げ続けただけでなく、国庫に多大な負担をかけるようになりました。

福祉は、国家予算の中で最大の支出であり、年間1兆ドル（約110兆円）以上を費やしているわけですが、成功例が全くないので存続の根拠はありません。

ヘリテージ財団はアメリカの5大シンクタンクの一つで、保守系です。ケイ・コールズ・ジェームズ（1949〜）は、女性初、そして黒人初のこの財団の会長です。彼女はこう書いています。

このような「福祉」政策をあなたの家庭で実施したらどうでしょうか？ もし私が

あなたの息子たちに「君たち、働かなくてもいいのよ。私が、全部面倒を見てあげるから」と言い、あなたの娘たちに「お嬢ちゃんたち、好きなだけ子供を産んでいいのよ。私が、もっとお金を出して面倒を見てあげるから」と言ったとしたら、20年後のあなたの家族はどうなっていると思いますか？　教えてあげましょう。あなたの息子たちは、働かずに実家で暮らし、娘たちは婚外子を産み、あなたの家族は非常に貧しくなっているでしょう。

このような認識が広まったからなのでしょうか、福祉改革の問題が党派を超えて議論されています。これには驚きを隠せませんが、この動きは現代の社会的セーフティネットが黒人を囲い込み、閉じ込める傾向にあることを、両陣営の政治家が正当に批判してきた結果とも言えます。

共和党の第40代大統領ロナルド・レーガン（1911〜2004）は、「福祉の女王」を描写したことで非難を浴びました。彼女は、「80の名前と30の住所と15の電話番号を使って、補助栄養支援プログラムの食料費補助券、年金、すでに亡くなって存在していない退役軍人だった夫4人分の恩給を集めている」し、「非課税の現金収入だけで年間15万ドル（約1650万円）を稼いでいる」と言われました。良くも悪くも、福祉を受けている黒人女性の大半を一言で表すならば、このようだということです。

レーガンのこの発言に対する批判はありましたが、彼は真実を語っていました。福祉政策は男女を問わず無責任な行動を可能にし、人々が福祉制度を悪用することで、社会に過度な混乱をもたらすのです。

この事実を、今は亡き頑強な保守派である共和党大統領の人種差別的な暴言として片づけたい人は、この言葉が、リベラルで初の黒人大統領であるバラク・オバマ前大統領によっても語られたことを思い出すとよいでしょう。

2008年の父の日に行われた熱の込もったスピーチの中で、オバマは、福祉政策の結果である片親の家庭が、黒人の子供たちに与えている影響を明らかにしました。

彼はこう言ったのです。


今日《こんにち》、私たちが人生を築くためのすべての基盤の中で、家族が最も重要であることを、私たちは再認識しています。そして、その基盤には父親の存在がどれほど重要であるかを認識し、尊重するよう求められています。子供にとって、父親は先生であり、コーチでもあります。指導者であり、お手本です。成功者としての実例であり、私たちを常に成功へと導いてくれる存在なのです。

しかし、真実を見つめてみれば、あまりにも多くの父親が、あまりにも多くの人々の人生や家庭から消えてしまっていることに気づくでしょう。彼らは責任を放棄し、大人の男性としてではなく、少年のように振る舞っています。そのために、私たちの家庭の基盤は弱くなっているのです。

さらにオバマはこう続けました。

あなたも私も、アフリカ系アメリカ人の社会でこの問題がいかに深刻かを知っています。黒人の子どもたちの半数以上が片親と暮らしていますが、この割合は、私たちが子どもだった頃と比べて2倍になっています。父親のいない家庭で育った子どもは、貧困に陥ったり、犯罪に走る可能性が、父親のいる家庭で育った子供の5倍、学校を退学する可能性が9倍、そして最終的に刑務所に入る可能性が20倍になるという統計もあります。また、行動上の問題を抱えたり、家出をしたり、その子供自身がまた10代で親になる可能性も高くなります。その結果として、黒人社会の基盤が弱くなってしまうのです。

オバマの感動的なスピーチから10年以上が経ち、私たちの社会はこの教訓からさらに遠ざかっているように見えます。

アメリカ文化が全般的にリベラルな思想に移行したことで、あらゆる人種の間で婚外子が広く受け入れられるようになりました。そして、現在アメリカには2つの異なる価値観を持った人々が存在します。

1つは、アメリカがアメリカたるゆえんを作り出してきた伝統的な価値観を支持する人々。もう1つは、新しい、しかし偽《いつわ》りに満ちた進歩的な考えで、アメリカに根本的な破壊をもたらす変化を求める人々です。

そして、私たちはこの2つのグループの争いに巻き込まれているのです。

私はよく、強い男性がいなければ社会は成り立たない、と言ってきました。

急進的なフェミニストたちはよく、父親が家庭にいたほうが子供の成長のためによいというデータに基づいた証拠を全面的に受け入れよと言うことは、女性はもし妊娠したとしたら、それがたとえ虐待的な関係であったとしても、その関係に留まるべきだと言うのと同じことだとほのめかします。

これは、極端な議論を用いて、男性の存在を評価しないようにするための、ねじれた新自由主義的な見方です。もちろん、子供のためだからといって、女性（あるいは男性）が虐待を受けるような状況に留まるべきではありません。そして、誤解してはいけないのは、片方の親しかいなくても子供を立派な大人に育てている例はたくさんあるということです。でも、それはあくまでも例外であって、原則ではありません。

一般的には、子供は両親いる家庭で育つものです。例外を振りかざして、女性には夫が必要ない、子供には男性からの指導など必要ない、という証拠とするべきではありません。

選択可能なのであれば、私たちは常に、健全な2人の親が揃った環境で育つことで、子供たちがより良い人生のスタートを切れるようにすべきなのです。

黒人虐殺とリベラルによる支持

民主党の上院議員で、リンドン・ジョンソン政権の福祉政策の大統領顧問であったダニエル・パトリック・モイニハン（1927〜2003）は、1965年に、〝真実を語る〟という、民主党にとってとんでもない過《あやま》ちを犯してしまいました。

当時、労働省次官補だった彼は、黒人の貧困について調査するように要請されました。当時のアメリカは、人種隔離政策の過ちを正式に認めたばかりでした。これによって、何があっても黒人には一切何の責任もないのだ、という信念が流行しました。

そしてこれ以降、私たち黒人社会に降りかかる全ての問題は、〝白人至上主義時代の負の遺産〟と見なされるようになっていったのです。要するに、何が起ころうとすべては白人のせいで、黒人には何の罪もないということになったのです。

そんな時、モイニハンが『The Negro Family: The Case for National Action』（黒人家庭：国が行動すべき理由）という研究報告書を発表しました。

その中で、アメリカにおける黒人の結婚生活の崩壊が彼らの貧困の一因であることを強調したので、彼は「被害者を責めている」と一斉に非難を浴びました。そして、彼が報告した内容はすべて正しかったと専門家が認めるまでには、その後何十年もかかることになるのです。

この他にモイニハンの報告書には、現状維持に固執する人種差別主義者の恐怖心を煽るようなデータも含まれていました。

モイニハンは、黒人の人口が増えていることを指摘したのです。１９５０年代初頭には、アメリカの総人口の増加率は１・７％であったのに対し、黒人人口は年２・４％の割合で増加しており、モイニハンは「このままいけば、７年後にはアメリカ人の８人に１人が非白人になる」と報告したのです。

黒人人口を抑制する取り組みは、少なくとも１９２０年代から行われていました。

それは、より優れた知能を持つ白人が、非白人の移民たちによってその存在をおびやかされるのではないかという不安が全米に広がったからです。

国民に人気のあった大勢の優生学の専門家たちは、望ましくないとされる人々が子供を持つことを阻止する努力が必要である、と主張しました。

全米家族計画連盟（PPFA：Planned Parenthood Federation of America）の創設者であり、女性が子供を産む時期をコントロールできるようにしたことで偉人とされているマーガレット・サンガー（1879~1966）も、そのような優生論者の1人でした。

サンガーは、好ましくない特性を持つ人々の繁殖を妨《さまた》げなければならないという、当時のアメリカでは一般的な考えを支持していました。

1939年から1942年にかけて、サンガーは「ニグロ・プロジェクト」を主導しました。このプロジェクトは、南部の黒人の貧困を解消するために、家族計画に関する教育や避妊具の提供を行うというものでした。

サンガーは、自分が「助ける」とした人々の信頼を得るためと、自分の真の動機を隠すために、黒人の牧師との提携を進めました。

サンガーは、ニグロ・プロジェクトのもう1人のリーダーであり、避妊と優生学の擁護者であったクラレンス・ギャンブル医学博士（1894~1966）に宛てて、「牧師の担う役割も重要なので、我々の理想と到達したい目標について、アメリカの避妊連盟などによって彼も訓練されるべきでしょう」と書いています。

サンガーが黒人社会に訴えたのは「選択」だったかもしれませんが、彼女が公然と論文の中に記したのは、「考えの足りない親から生まれた子供の養育費を将来にわたって国が負担しなければならなくなるのを避けるため」に、「不妊手術を行う厳格な政策を適用する」ことを支持するということです。

彼女の考えは、当時の人種差別主義者たちにも受け容《い》れられ、彼女は避妊措置へのさらなる支持をクー・クラックス・クランからも募ったのです。

20世紀に入ると、アメリカでは優生思想が盛んに受け入れられるようになりました。移民、心身障害者、貧困者、頭の悪い者、そしてもちろん黒人も「不適格者」のリストに載せられました。

南部の農村で行われた黒人女性への強制不妊手術は、「ミシシッピ盲腸手術」として知られるようになりました。医師は黒人女性に盲腸を取り除く必要があると言いながら、代わりに生殖能力を奪ったのです。

１９２１年、サンガーはアメリカ避妊連盟（American Birth Control League）を設立しました。この団体は後にアメリカ家族計画連盟となり、今日《こんにち》では米国最大の中絶団体となっています。

また、中絶が合法化された1973年以降、黒人女性は他のどの人種の女性よりもはるかに多くの中絶をしています。CDC（米国疾病予防管理センター）が発表した2016年のデータによると、黒人女性の妊娠中絶件数は1000件の出産に対して401件で、白人女性の1000件の出産に対しての109件を4倍近く上回り、人種別の中絶比率としては最も高いものとなっています。

黒人女性の割合は、米国の女性人口のわずか13％であるにもかかわらず、中絶件数はその約40％を占めているのです。

さらに、中絶問題に取り組んでいる生命の問題研究所（Life Issues Institute）は、「中絶を提供している家族計画の施設の79％は、黒人やヒスパニック系住民が住む地域の徒歩圏内にあり」、「62％は黒人居住区の近くにある」という調査結果を発表しています。このデータは、マーガレット・サンガーのニグロ・プロジェクトが南部の貧しい黒人女性をターゲットにしていたのと同じように、黒人社会を意図的にターゲットにしていることを明確に物語っています。

もちろん、サンガーの残した黒人社会に対するこの醜い事実は、彼女の計画を実行し続けるリベラル派によって赦《ゆる》されてきました。

1973年以降、1900万人以上の黒人の赤ちゃんが中絶されていることから、ある黒人牧師が「(黒人社会における中絶の)現在の傾向が続けば、2038年までには黒人の票は影響力をなくすでしょう」と警告したのは正しかったのです。

意識調査を行うシンクタンクのピュー研究所の調査報告書によると、黒人の出生率は1990年から2010年の間に29%も低下しています。

これを見ると、なぜ民主党が突然に、大量の不法移民の受け入れを支持するようになったのかがわかります。近い将来、減少すると考えられる黒人票の代わりに、民主党を支える新たな被害者グループが必要になるからです。

民主党は、妊娠中絶を「性と生殖に関するヘルス・ケア」として支持し続けています。生活保護制度が無責任な行動を可能にするのと同じように、中絶「産業」は無責任にも、子供が子宮の中にいる間に、その親が子供に対する責任を放棄することを可能にしているのです。

ミズーリ州カンザスシティの中絶反対派の牧師であるルーク・ボボ博士は、ニューヨーク・タイムズ紙に対し、「中絶や中絶法について最も大きく声を上げているのは白人ですが、彼らの多くは、貧しい人々や、移民、そしてアフリカ系アメリカ人の窮状には関心がありません。私がここで主張したいのは、『人の一生の全期間について考えよう』ということです」と語っています。

生命の起源から人生全体を考えることは、歴史的に見ても保守的な立場です。

レーガン大統領は、中絶に賛成する人々は、自分は既にこの世に生まれているから賛成できるのだ、と巧みに皮肉を言いました。確かに、もし自分がまだ子宮の中にいるとしたら、中絶に賛成できるでしょうか。

しかし、左派は様々な偽善を利用し、自分たちの主張を定義してきました。そういう風に考えれば、「アメリカの黒人問題の核心は人種差別にあるのだと主張する政党が、同時に黒人の家族を最も犠牲にする政策やイデオロギーを日常的に推進している」という矛盾が存在することも、当然だとわかります。

黒人の投獄率、経済格差、貧困地域での問題について叫ぶ人たちは、この3つの問題を生み出している生活保護制度を攻撃することはありません。同様に、BLMキャンペーンを支持する人々、つまり路上での黒人の不当な殺戮《さつりく》に関心があると主張する人々が、今日《こんにち》では、〝黒人の子供にとって最も危険な場所は、彼ら自身の母親の子宮の中である〟ことを認めようとしないのも、不思議なことではないのです。

確かに、民主党がこれらの「産業」を攻撃しない理由は、彼ら自身が、こうした手段を選ばないマキャベリ的な策略の作り手であり、加害者であると同時に、主な受益者であるからなのです。

3

フェミニズムについて
On Feminism

左派が黒人に毒を盛るやり方は、実にたくさんあり、表面化しないやり方も多くあります。その中で、私が最も率直に反対してきたのは、フェミニズムです。そもそも、フェミニズムとは何でしょうか？「もう誰にもわからない」というのが正しい答えのようです。

男女間の機会の均等を求めて、誇り高く慎ましやかに始まったこの運動は、今ではその意味が変わってしまい、運動が始まった頃のフェミニズムを全く認識できないものに発展しています。現代のフェミニズムは、今や左翼のおもちゃであり、すべての男性に対する魔女狩りの前触れのようなものとなってしまっています。しかし今回は、魔女が狩られるのではなく、魔女が狩りをしているのです。

２０１８年以降、セクシャル・ハラスメントの体験を共有する #MeToo 運動に火がつき、それが定着してから、左派はアメリカ国民をフェミニストと反フェミニストに二分するために全力を尽くしてきました。エンターテインメント業界で横行する性的虐待や、あらゆる種類のハラスメントへの注意を喚起するために始まったこの運動は、その変化の過程でいつの間にか、左派の現代版フェミニストの主張を盲目的に支持しなければ、男女を問わず誰でも中傷するまでに発展したのです。

もちろん、私は反フェミニストであることを公言しているので、この中傷されるグループに所属しています。しかし、だからといって、私は女性が盲目的に服従することや、様々なハラスメントを受けることを容認しているわけではありません。そのようなことを支持するわけがありません。

私が自分を反フェミニストと呼ぶのは、女性に対するハラスメントを受け入れないのと同様に、現代のフェミニズムが目指しているようなもの、つまり男性が常なる服従を求められ、男性こそがいかなるハラスメントも黙って受け入れるべきだ、という主張を支持しないというだけのことなのです。

性別だけでなく、人種、階層、性的指向などの複合的な要素を含む現代版フェミニズムは、一般的に「インターセクショナル・フェミニズム」と呼ばれ、本来のフェミニズムの目標であった、男女平等の追求とは何の関係もないものです。

実際、18世紀後半からフランスで始まった「第1波フェミニズム」と呼ばれるフェミニズム運動の創始者たちは、この言葉が現在包含しているものの中に、彼女らの本来の運動の意義を見出すことはできないでしょう。フェミニズム運動の創始者たちの求めた、女性の投票権、男性と同等の法的地位、ほとんどの職場で女性が男性と同等の能力を持っていると認められること、性別に基づく差別の撤廃などは、今日《こんにち》のアメリカ社会においては、立派に達成されています。

もちろん、アメリカには性的差別がすでに全く存在しない、という訳ではありません。実際に、現代社会には、あらゆる形の偏見が潜んでいます。しかし、現代のフェミニズム運動は、偏見に基づく問題をさらに悪化させるだけのものなのです。

本当のことを言えば、今日のアメリカで女性である私は、男性と同等の立場にあるだけでなく、むしろ男性よりも雇用状況が有利であるというような、良い意味での差別を受けています。２０２０年代に生きる女性として、私は男性よりも平均寿命が長く、大学進学の可能性も高く、多くの職業で雇用される可能性が高く、さらには年金を享受できる年数も長く、利用できる福利厚生も豊富なのです。だからこそ、私はフェミニストではないと胸を張って言えるのです。むしろ、私は自分が女性であることを肯定しています。

フェミニズムは特権を持つ左派の女性を守るためのもの

まずはっきりさせておきたいのは、民主党はあなたが全ての女性を信じるかどうかは気にしていないということです。彼らはあなたに、民主党の女性たちだけを信じてほしいのです。

ブレット・マイケル・カバノー（1965〜）は、2006年に第43代アメリカ大統領ジョージ・W・ブッシュ（1946〜）の下で、連邦控訴裁判所の一つであるワシントンDCにあるコロンビア特別巡回区控訴裁判所の判事に任命されました。そして、2018年7月9日、トランプ大統領からアンソニー・ケネディ判事の後任として、当時は空席となっていたアメリカ合衆国最高裁判所陪席判事に推薦されました。推薦された後の発言で、カバノーは、「最高裁判事の指名について意見を求めるために、これほど広く相談したり、様々な経歴を持つ人々と話した大統領はいなかった」と述べています。カバノーは、同じ最高裁判事という職についたジョン・ロバーツ判事（1955〜）、クラレンス・トーマス判事（1948〜）、ルース・ベイダー・ギンズバーグ判事（1933〜2020）、アントニン・スカリア判事（1936〜2016）が務めたのと同じ、コロンビア特別巡回区控訴裁判所の判事を務めました。

カバノーの法律家としての職歴は、推薦を受けるのに相応《ふさわ》しいものでした。彼の最高裁判事への道のりは、アイビーリーグの一つ、名門イェール大学、そして、イェール大学ロースクールから始まります。そして、連邦第3と第9巡回区控訴裁判所などでの助手を経て、連邦最高裁判所でのアンソニー・ケネディ判事の助手、第42代大統領ビル・クリントン（1946〜）の不倫疑惑を追及し、アメリカ合衆国訟務長官も務めたケン・スター元独立検察官の下での勤務、ジョージ・W・ブッシュ大統領の法務チームの一員としての勤務、収益では世界最大の法律事務所カークランド&エリス法律事務所の共同経営者、連邦控訴裁判所判事と、非常に多岐にわたります。しかし、このような彼の素晴らしい法律学の知識と経験の実績は、民主党が左派の現代版フェミニズムの真の恐怖を彼に向けて解き放ったことで、あっさりと捨て去られることになりました。

民主党員として登録しており、左派政治団体への資金提供者であるクリスティン・ブラジー・フォード博士（1966〜）が、カバノーの告発者たちの主役として名乗りを上げ、それから他にも様々な憶測を主張する証言者が出てきたのです。フォードは、カバノーが17歳で、フォードが15歳だった1982年の夏、ホームパーティーの開催された家でカバノーに無理やり体を触られたと彼を告発しました。上院司法委員会での彼女の書面による証言は、そのホームパーティーの開かれた家の2階の寝室でカバノーがレイプ未遂となった暴力行為を働いたという内容でした。そして、そこにはカバノーの学校時代の友人で後にジャーナリストになるマーク・ジャッジ（1966〜）もいたと言います。

私は、彼にレイプされると思いました。私は助けを求めて叫ぼうとしましたが、私が声を上げると、ブレットは私の口に手を当てて、私が叫ぶのを止めました。これが一番の恐怖でした。私の後の人生に最も影響を与えた出来事だと思います。息をするのが苦しくて、ブレットが間違って私を殺してしまうのではないかと思いました。

フォードは、証言の中で3人の男性と1人の女性の名前を証人として挙げました。それは、ブレット・カバノー、マーク・ジャッジ、パトリック・スミス、そして「私の友人リーランド・インガム」です。ですから、ジャッジとスミスの2人が、そのようなパーティーに参加した記憶がない、と証言したことは、フォードにとって受け入れ難いことだったはずです。そのうえ、彼女が「生涯の友」と呼んだインガムの弁護士は、「簡単に言えば、カイザーさん（旧姓インガム）はカバノー氏を知りませんし、フォード博士が出席していてもいなくても、彼女は彼が出席したパーティーや集会に参加した記憶はありません」との声明を発表しました。

これは、フォードの弁護士であるデブラ・カッツ（1958〜）にとっては、特に耳の痛い話だったに違いありません。ところで、フォードがこのデブラ・カッツをなぜ弁護士に選んだと思いますか？　何か怪しいと思いませんか？　カッツについて、『クリスティン・ブラジー・フォードの弁護士デブラ・カッツ：#MeToo の瞬間に恐れられた弁護士』と題されたワシントンポスト紙の提灯記事の中で、著者の政治記者アイザック・スタンリー＝ベッカーはこう書いています。

彼女自身の言葉によれば、彼女（デブラ・カッツ）は、トランプ政権の主義主張に対する抵抗勢力の一員である。「この政権の明確な目標は、性と生殖に関する権利から、公正な報酬を得る権利まで、私たちの最も基本的な権利を攻撃することです」と、彼女は昨年、全米女性法律センター（National Women's Law Center）のインタビューで語っている。「私たちは、力強くかつ戦略的に抵抗する決意を持っています」。セクシャル・ハラスメントや性差別がアメリカの政治における争いの舞台となっている今、彼女の意見は法的主張と政治的活動の境界線をどこに引くのかをテストしている。

この記事を見ると、フォードが自分の主要な告発内容に関して全く覚えていない、36年前に遡《さかのぼ》る話であるにもかかわらず、反トランプ派の人々が彼女のこの話に執着するのは、非常にわかりやすい理由があると言えるでしょう。そして、これらのことは、ブラジー・フォード事件のたくさんある不条理のほんの一部です。さらに言えば、私たちの中で、子供の頃に経験した深刻なトラウマになるような出来事について、覚えていない人がいるでしょうか？　私はこの本を書くにあたり、子供の頃の出来事をいくつか思い出さなければなりませんでした。それらはすべて、暴力的なレイプ未遂の疑いと比較すれば、はるかに小さいトラウマ体験です。しかし、起こった場所、そこにいた人々、そして、事の起こった正確な順序や時間軸など、20年ほど前までであれば、詳細を具体的に思い出せます。

平均的な記憶力を持つ私の方が、記憶力に関してはフォード博士よりもはるかに優れているようでした。

ブラジー・フォードが登場した直後、イェール大学でカバノーの同級生だったデボラ・ラミレスと、有名な民主党の詐欺師で前科持ちのマイケル・アベナッティが弁護を担当したジュリー・スウェトニックは、カバノーが数十年前に自分の体を彼女たちに向かって晒《さら》したと告発しました。このとき、「フェミニズム」という言葉が、本当の意味で現代版フェミニズムの意味を持つようになったのです。それは、正義などどこにも存在しない吊るし上げ裁判所において無実が証明されるまでは、すべての男性は有罪であるということを前提とする、という意味なのです。そして、この裁判所では、たとえ無実であったとしても、裁判官の考え次第で有罪になるのです。ブラジー・フォードをはじめとする民主党の証人たちは、カバノーの30年間にも渡る法律家としての輝かしいキャリアを台無しにしてしまうかもしれませんでした。カバノーの連邦最高裁判事への推薦に関する審査では、現代社会の健全性が試されていました。

1982年の夏に、カバノーから性的暴行を受けたと主張するブレジー・フォードは、左派の唱える現代版フェミニズム運動の最強の兵器となり、すぐに「すべての女性を信じる」という言葉がスローガンとなりました。

それにしても、「すべての女性を信じる」というのは、何と不条理なことでしょうか。女性は嘘をつかないとでも言うのでしょうか？　女性は過去に作り話をしたことが一度もないのでしょうか？　エデンの園で蛇が誘惑したのは、アダムではなくイヴではなかったでしょうか？　それとも、聖書に書かれているあの事件は、初期の家父長制の中で起きた、過《あやま》ちだったのでしょうか？

女性も、男性と同じように、悪事に加担する可能性があることは明らかです。そして、真の平等の精神に則り、私たち女性が嘘を言う動機も問われるべきではないでしょうか。民主党が蛇蝎《だかつ》のごとく嫌っているトランプ大統領の選んだ連邦最高裁判事候補――最も保守的な人選と言われている――の信用を落とそうと、民主党員として登録していた左派の女性がやっきになって、事件があったと本人が主張する日から36年も経ったある日、突然に名乗り出たわけです。私は彼女の言い分を真実だと信じませんでした。そして、そんな私は皮肉屋だと批評されました。

では、ブラジー・フォードはなぜカバノーを告発したのでしょう？　クラウドファンディングのサイトの一つであるGo FundMeを通して集められた64万7610ドル（約7000万円）が、彼女にある種の閃《ひらめ》きを与える役割を果たしたのではないかと考えます。そして、それと同時に未来に野心を持つ民主党員全員が、彼女に対して生涯にわたる支持を与えるはずだと考えたことも理由の一つでしょう。実際、カバノー公聴会でヒロインとなったクリスティン・ブラジー・フォードの願いを断ったり、彼女にノーと言ったりできる、未来の民主党員がいるでしょうか？　そして、私が最後にチェックしたとき、フォードのGoFundMe募金ページは寄付の受付を停止しており、次のようなメッセージが掲載されていました。

GoFundMeを通して送られてきた資金は、天からの恵みのようでした。皆様のご寄付のおかげで、私と私の家族の身の安全を守り、自宅の防犯を強化するなど、たくさんの恐ろしい脅迫から身を守るための具体的な措置を取ることができました。9月19日に開始し、最近は次第に減らしてきていますが、セキュリティサービス、自宅の防犯、ワシントンDCで発生した住居費と警備費用、そして地元での避難期間中に使用した住居費に、皆様からのご寄付を使用しました。（中略）警備費の支払いが完了した後に余った資金は、トラウマを持つ人を支援する団体に寄付いたします。現在、いただいた資金が最も有効に活用できる団体を調査中です。その調査が終了しましたら、この場を借りてお知らせします。

これが2018年11月21日のことです。その後は更新されていないのですから、余った資金を寄付する団体を見つけるのには、何カ月もの調査が必要なのでしょう。本音を言えば、何千万円ものお金を手放すのは、そうは言っても難しいのかもしれません。

フォードが上院司法委員会の前で暴行の疑いを騙っているときに、リベラルな現代版フェミニストたちが彼女の周りに集まっている姿を、私は、それはそれは深い畏敬の念をもって見ていました。そして、私たち全員が見守る中、目の前でリンチが行われました。ここでは、ただただ「すべての女性を信じる」という基本概念に基づいて、過去の判例、有罪と証明されるまでは無罪という法の基本、コモンロー制度の大前提、そして憲法までもが裁判にかけられたのです。

もし、フォードの証言に基づいて裁判にかけられた、という理由だけで、カバノーが連邦最高裁判事に承認されなかったとしたら、憲法の創始者は、“We hold these truths to be self-evident, that all men are created equal under women.”（私たちは、すべての男性は女性の下に平等に作られている、という真理を自明のものにする）という修正条項の挿入を必要としたでしょう。

それにしても現代のフェミニストたちが、自分たちのことを、作家のマーガレット・アトウッド（1939〜）の、国家が構造的に女性差別を行う近未来のアメリカを描いたベストセラー『侍女物語』の中に出てくる被害者女性であるかのようなイメージを作ると同時に、男性の人生を自由に支配できる法的地位を得ようと努力している、という大きな矛盾を見ることは、何と楽しい娯楽に満ちているのでしょう。

もちろん、このフォードがカバノーを告発した件は法的手続きの惨めな堕落を露呈し、私はそれにとても大きな違和感を覚えました。何の証拠もないのに、フォードのために、強引に彼女たちの信じる正義を求める女性たちを見て、不安になったのです。

それは、おそらく現代のフェミニストたちが使う、敵を排除するための手口が、はるか昔、南部に存在した、人種差別を利用する戦術と同じだからです。

「女性を信じる」対 黒人男性

1955年の夏をミシシッピの親族と過ごすため、黒人少年エメット・ティルは実家のあるシカゴを旅立ちました。その時、彼はまだ14歳でした。そして、ひじょうに残酷なことに、彼はその後シカゴの家に戻ることはありませんでした。

ミシシッピでティルは他の少年たちと一緒に地元の食料品店を訪れた際に、夫と店を共同経営しており21歳だった白人女性、キャロライン・ブライアントに向かって口笛を吹いたと言われました。それは、ジム・クロウ法の下のアメリカ南部では前代未聞の犯罪であり、これがティルの若い命を奪うことになったのです。

ティルは、キャロラインの夫ロイとその兄弟によって、ティル自身の大叔父の家から引きずり出され、殴られ、片目をえぐり出され、体を切断され、銃で頭を撃たれ、70ポンド（約32キログラム）の回転式綿絞り機を鉄条網で首に巻かれ、タラハッチー川に投げ込まれました。

ティルは、キャロラインを口説こうとして口笛を吹いた、として責められ、殺されました。これについてティルの母親は後に、息子には吃音《きつおん》があり、口笛を吹くことで特定の言葉をうまく発音できるようにする習慣があったのだと語っています。キャロラインの夫とその兄弟は、判決が出た後でティル殺害の罪を認めたものの、裁判では証拠不十分で無罪になりました。ティルの殺害から60年ほど経ちましたが、この食料品店の中で起きた出来事、あるいは起きなかった出来事について、明確なことは未だにわかっていません。ただ一つはっきりしているのは、裁判の中で彼女が夫とその兄弟の側に立って発言した内容だけです。

キャロラインは、14歳だったティルが彼女の手をつかんでデートに誘った後、彼女の腰に手を回しながら、自分は白人女性と性交渉の経験があると言い、21歳の彼女は、この時死ぬほど怖かったと証言。

北部シカゴ育ちのティルは、南部ミシシッピで育った母親から、黒人の置かれている状況は南部では北部とはかなり違うということについて注意を受けていたことを考えると、これは衝撃的な証言でした。そして、他のどの証言よりもショッキングだったのは、キャロラインの証言が事実ではなかったことです。

キャロライン・ブライアントは、2007年に『エメット・ティルの血』の著者である歴史家のティモシー・タイソン（1954〜）に、言葉でも身体的にもティルからの誘いはなかったと認めました。彼女は、8月のあの暑い日に起こったかもしれないその他のことについて、何も思い出せないと言い、ティルが彼女に口笛を吹いたか、ということにさえ疑問を投げかけました。

キャロラインの告白は、ティルの幼い体が筆舌に尽くしがたい残酷な仕打ちを受け、彼が殺されなければならなかった理由をどうにか理解しようと苦労していた黒人社会にとって、そしてティルが無実だったと信じてきた多くの人々にとって、彼らの思いは間違いではなかったと確認する重要な出来事となりました。しかし、言うまでもなく、ティルの命は無慈悲にも奪われ、二度と取り戻すことはできないのです。

エメット・ティルの悲劇は、長年にわたり、何の証拠もない申し立てを全く疑うことなく信用することの危険性をアメリカ人に警告する役割を果たしてきました。しかし、悲しいことですが、エメット・ティルのケースは、決して例外的なものではないのです。女性の言葉を盲目的に信じたために、誤って逮捕されたり、投獄されたり、殺されたりした黒人男性の例は、これまでに数え切れないほどあります。

共和、民主、両党の議員たちは、過去の事件に対する間違った捜査や裁判など、信じ難いやり方がなされたことには同意します。しかし、何の調査もしないまま女性の言葉を頭から信用した結果、冤罪で無実の男性が罰せられた過去の事件と同様に、今や、女性の言葉一つで、黒人男性だけではなく「すべて」の男性が、冤罪の危険に晒《さら》されていることを民主党は認めたがらないのです。

例えば、黒人青年のマリク・セイント・ヒレールのケースを考えてみましょう。2016年、彼は、米国カレッジフットボールの1部リーグでリーグの中でも最強のグループであるディビジョン・ワンに属するフットボール・チームの選手であり、コネチカット州にある聖心大学の学生でした。そして、この年の秋に、ニッキー・ヨビーノという19歳の女子学生が、彼と彼のチームメイトの1人を性的暴行で告発したのです。ヨビーノは、フットボール・チームが開いたホームパーティーで、マリク・セイント・ヒレールとそのチームメイトに、地下のバスルームに引きずり込まれたと主張しました。これに対し、ヒレールと友人は、彼女と性的関係を結んだことは認めましたが、ヨビーノ自身は、それは彼女の意思ではなく、彼らが彼女に無理強いしたのだと断言したのです。

それからの2年間は、ヒレールと彼の友人にとって、悲しみと絶望に打ちのめされ、常に不名誉な視線にさらされ、ただただもがき苦しむ辛いものとなりました。それは、状況の激変でジェットコースターに乗って激しく振り回されているようでした。フットボール・チームから追放され、奨学金は取り消され、大学からも放逐《ほうちく》されました。もちろん、ヨビーノが主張したことのために、彼らが耐えなければならなかった恥辱が他にもたくさん存在したことは言うまでもありません。

一方で、ヨビーノ自身もジェットコースターに乗っているように、言い分を目まぐるしく変えました。最初の捜査から3カ月後、彼女は警察に暴行について嘘をついたことを認めました。逮捕状の宣誓供述書によると、その理由として「最初に思いついたのが暴行されたということだったし、（別の男子学生を）友人やボーイフレンド候補として失いたくなかった」ということを挙げています。また、ヨビーノは「(このボーイフレンド候補が、彼女の)申し立てを聞いたら、彼はそれに腹を立てて彼女に同情するだろう」とも考えていました。

しかし不思議なことに、このような彼女の告白後も、なぜか捜査は継続され、最終的に裁判にまで発展しました。そのうえ、公判前の諮問で、ヨビーノは再び話を変えたのです。彼女は最初の言い分に戻り、ヒレールら2人に本当にレイプされたと述べたのです。しかし、裁判の結果、ヨビーノは最終的に、第2級虚偽報告罪2件と警察妨害罪1件の有罪判決を受け、1年間の懲役刑を言い渡されました。

この裁判を担当したウィリアム・ホールデン判事はヨビーノに有罪判決を下した際、反省しようとしない彼女に対し、はっきりと「自分のしたことを反省する時間を作ってほしい」と言いました。これは彼女の行いを考えれば当然の言葉でした。けれども、キャロライン・ブライアントが、14歳のエメット・ティルについて嘘をついたことを認めた時と同様に、取り返しのつかない大きな損害は、すでに発生していたのです。誰にも、時間を巻き戻して何も起きなかったことにはできません。マリク・セイント・ヒレールは、裁判官と陪審員の前で声明を出したときに、このことに明確に触れました。

私は大学生でしたが、退学処分を受け、その後は家でじっとしていることしかできなくなりました。そして、私には、自分に降りかかった汚名を晴らす方法さえもありませんでした。彼女には、自分が私に何をしたのかを知ってほしいと思います。私の人生は決して以前と同じではありません。私は全く何も悪いことをしていないのに、この一件ですべてが変わってしまったのです。

ヨビーノの取った行動は、現代版フェミニズムの放つ悪臭のすべてを見事に表現しています。

この「すべての女性を信じる」という社会運動の水面下には、ジム・クロウ法時代の黒人に対する魔女狩りを彷彿とさせるような、何か醜いものが潜んでいます。今日《こんにち》、私たちは、レイプという魂の殺人とも呼ばれる深刻な犯罪が、恥を知り後悔すべき行為と混同されたり、合意の上での性行為が後に暴行のレッテルを貼られたりしているのを目にします。そして、その過程で、罪もない善良な男性が世論という名の法廷で打ちのめされ、彼の評判が永久に損なわれてしまうのを目《ま》の当たりにするのです。

2018年、黒人少年のジェレマイア・ハーヴェイは、53歳の白人女性テレサ・スー・クラインに、不謹慎にも彼女に触ったとして責められた時、まだ9歳でした。この2人は2018年の秋の同じ時間に、ニューヨーク市ブルックリンにある小さな食料品店にいました。そこで、ジェレマイアは母親に連れられて妹と一緒に買い物をしていました。彼が、クラインの立っていた場所の後ろを通った時、彼が背負っていたリュックサックがクラインのお尻に触れました。クラインはそれをすぐに、誰かがわざと彼女のお尻を触ったのだ、と思いました。

緊急ダイヤルに電話したクラインは、「その通りよ！　あの女の息子が私のケツをつかんだのよ！」と電話の向こうのオペレーターに訴えました。そして、「(彼の母親は) 私に向かって怒鳴り返したのよ！　この店には監視カメラがあるはずよ！」と、彼女はさらに言いつのったのです。

クラインの主張は、この食料品店の監視カメラの有無については正しかったのですが、ジェレマイアの行動については完全に間違っていました。カメラの映像は、彼女の主張を即座に、そして完全に否定するものでした。ジェレマイアは、ただ彼女の後方を通り過ぎただけだったのです。結局、誰も正式に告発されることはなく、クラインはジェレマイアに謝罪しました。

しかし、このような事があると常に起こることですが、9歳の少年ジェレマイアはすでに傷ついていました。彼は、クラインの暴言と誤った非難によって大きな屈辱を味わい、さらに、犯してもいない罪で逮捕されるかもしれないという恐怖により、トラウマを抱えてしまったのです。

誰のためのフェミニズムなのか？

アメリカ全土を旅していると、リベラルな女性たちが、「もしフェミニズムがなかったら、あなたには何もなかった」と、よく私に言ってきます。そして、彼女たちは、私が「フェミニスト」としての銘柄を受け入れないことに衝撃を受けます。

逆に私も衝撃を受けます。その理由はただひとつ、第一波のフェミニズム運動がどのようなものであったかについて、彼女たちが「包括的」、つまり誰もかれも、何もかも含まれるものであったと再解釈していたことを知るからです。

最近、「フェミニズムはすべての人のためにある」という現代風な言い回しが普及していますが、これは明らかに、現代に生きる男性や保守的な女性のためのものではありません。ましてや、過去に生きていた黒人女性のためなどでもありません。

人種隔離政策は人々に心理的な変化をもたらしました。当時、白人女性は純潔なものであるという考えが広く信じられていました。疑惑があるというだけの理由で、南部のたくさんの黒人男性を残酷にも追い詰めていったのは、この考えが大きな要因だったと思います。

これは当時の人々の勝手な思い込みですが、特に黒人男性が持つ野蛮な本能から、純粋無垢《むく》な白人女性を何としても守らなければならない、と彼らは信じて疑いませんでした。黒人男性が白人女性に何かしらの興味を持って視線を送ることは、それだけで重大な罪であり、図々しくも彼女に触れでもすれば、許しがたい罪だと考えられていました。

白人男性、特に南部の民主党員と南部の極右政党ディキシークラットの子孫である人々は、黒人男性が白人女性に対して決していかなる罪をも犯さないようにすることに全力を尽くしました。さもなくば犯人は、自分でロシアンルーレットを試したくなる事態になるのです。

当然のことながら、当時の黒人女性は、白人女性と同等の高い社会的評価を受けていませんでした。例えば、白人男性が黒人女性をレイプしたり暴行したとしても、その責任を問われることはほとんどありませんでした。

その結果、時が経《た》つにつれ、たとえ自分のことを「進歩的」で「黒人女性の味方」であると考えている白人女性であっても、無意識のうちに、自分たちは黒人女性よりも優れている、だから黒人女性とは違う存在だ、という概念を持つようになったのです。

南北戦争後、再建《リコンストラクション》の時期を経て、奴隷制度が廃止され、解放された黒人たちは、前述のように共和党の協力を得て、法の下での平等な権利を求めて長い戦いを始めました。黒人女性は、参政権獲得のための政治的なロビー活動にも参加し始めました。彼女たちは、自分たちの利益を考えてくれる指導者を選ぶことができる参政権を持つことこそ、本当の意味での力なのだとわかっていたからです。中には、黒人男性にのみ先に投票権が与えられるかもしれない、という考えを否定する女性もいました。

しかし、多くの黒人女性たちは、黒人社会全体の発展に焦点を当てるべきだということを、よく理解していました。彼女たちは、その第一歩として喜んで黒人男性の参政権獲得のための活動に焦点を当てました。なぜなら、彼女たちには彼女たちのための政策を進めてくれる政治家に投票してくれる誰かが必要だったからです。

夫や父親、兄弟が常に政治的権力を持っていた白人女性とは異なり、黒人女性には、自分の代わりに投票してくれる人がそれまで誰もいなかったからです。

共和党の指導者たちは、女性の参政権に関してあまり強く主張しすぎると、黒人男性の参政権を獲得する努力が間接的に妨げられることを懸念していました。このように、黒人女性が直面した状況は複雑なものであり、注意深い戦略が必要でした。

公民権運動の指導者であったスーザン・B・アンソニー（1820～1906）のような女

性参政権論者は、人種的平等を主張していましたが、黒人男性が投票権を得るまで白人女性が待たなければならない、という考え方には激しく反対していました。

結局、女性運動は分裂することになり、白人女性の参政権獲得論者たちは、黒人社会と結びついた主張をする黒人女性たちと距離を置くことになりました。最終的には、これが白人女性参政権獲得論者に有利に働きました。南部の民主党員たちは、黒人の権利拡大を心配しなくてもよいのであれば、白人女性が新しい権利を獲得することを容易に受け入れられるようになっていたからです。

レベッカ・ラティマー・フェルトン（1835〜1930）は、女性の権利を声高に主張した、著名な女性参政権運動・女性解放運動の活動家で、ごくごく短期間でしたが、女性として初めてアメリカ上院議員を務めた人物です。しかし、同時に彼女は紛れもない人種差別主義者でもありました。白人至上主義の考えを強く持っていたのです。

フェルトンは、黒人には男女を問わず投票権を与えるべきではないと考えていました。これはおそらくジョージア州に住んでいた彼女とその夫が奴隷を所有していた事実に起因しています。そして、彼女は自分の偽善を自覚することなく、南部の白人男性が妻や娘に平等な権利を与えていないことを指摘し、だから彼らは彼女たちを守っていないのだと公然と批判していました。それが、フェルトンの参政権論者としての姿勢だったのです。彼女の平等への要求は、すべての人種に対するものではありませんでした。

彼女は、黒人へのリンチが、抑圧された白人女性を守るためには必要な手段であるという信念を持っていました。フェルトンは1897年8月に「女性の大切なものを猛獣のごとき輩から守るためにリンチが必要ならば、私は週に1000回でもリンチにかけてやります」と語っています。

彼女の言う平等とは、白人の男女間に関してのみの話だったのです。

現代版フェミニストたちは、人種差別主義者であった祖先たちと自分たちには共通点はないと思っているかもしれません。しかし、私はあると思います。それは、彼女たちの祖先がそうであったように、現代版フェミニストたちの平等を求める戦いへの関心は、彼女たちの持っている政治的野望の範囲内だけに限られているからです。

現代版フェミニズム運動の支持者は、黒人社会の味方ではない

私は黒人に対して、このリベラルの現代版フェミニズムを、私たちの歴史の中で起きたことと比較しながら、できるだけ真実に近い形で理解してほしいとお願いしたいです。な

ぜなら、どんな手段を用いてもその願望を押し通し、ますます過激になる現代版フェミニズムの要求は、権力を追求するための進歩主義者がよく使うひじょうに利己的な策略に過ぎない、と私には思えるからです。

#MeToo運動のようなものは、彼女たちの裕福なリベラル派のスポンサーに向けた政治主張に過ぎません。２０１７年10月に放送されたＭＳＮＢＣの夜のニュース番組「All In with Chris Hayes」（クリス・ヘイズのオールイン）の中で、フェミニストで女優のジェーン・フォンダ（１９３７〜）は、現代版フェミニスト運動には本質的に備わっている特権性があることを認めました。彼女は、この運動が始まるきっかけとなった映画プロデューサーのハーヴェイ・ワインスタイン（１９５２〜）の名前を出し、#MeToo運動が急に勢いを増した理由を推測して、「ハーヴェイ・ワインスタインに暴行された女性の多くが、白人で、有名人だからではないかと思うと残念よね。黒人女性や他の有色人種の女性たちだって、同じような被害を長い間受けているのに、白人女性の時と同じようには扱われないのよね」と発言したのです。

フォンダは、黒人女性がこの話題から取り残されていることを認めたうえで、この運動が人種を問わずすべての女性の人生に真の変化をもたらす可能性があると信じている、と述べました。「何かが違う感じよ」、「何かが変わったような気がするのよ」と。

しかし、ここで私が疑問に思うのは、それが誰のためにに変わったのかということです。男はこうあるべきという固定観念の負の側面を強調する「毒のある男らしさ」のような表現や、疑惑があるだけでも、組織だった魔女集団による男性狩りが行われることなどを見てもわかるように、リベラルの現代版フェミニズムの明らかな目標は、西洋世界から男らしさの概念を完全に取り除き、男らしさを表現することをすべて否定し廃止する一方で、女性らしさは非難されることもなく、女性のためにならどのようなことであれ、とにかくすべて許されるようにすること、であるように思えます。

この動きの大きな問題は、男らしさが時代遅れとされ、必要ないものとなれば、家族も時代遅れで必要ないものになるということです。そして、すでに述べたように、家族同士がお互いを頼り、守り合いながら生きていく気持ちが一つ失われるということは、政府へ従属する気持ちはその10倍も増加するのです。

黒人にとって、この仮説は明確かつ決定的に検証されています。

この倒錯したリベラルの現代版フェミニズム運動に味方する人々は、決して黒人の友にはなりえないのです。

4

過剰なる
“文明化”について
On Overcivilization

のちに公民権運動の活動家となる、ルビー・ブリッジス（1954〜）は、6歳の誕生日まであと2カ月という1960年11月14日に、白人の子供たちばかりが通う南部ルイジアナ州ニューオリンズにあるウィリアム・フランツ小学校に、黒人の生徒として初めて入学しました。

小学校1年生だった彼女は、この一見単純に見える行動が実は重大なものであることを、もちろんその時は理解していませんでした。自分の入学が、アメリカの歴史に大きな分岐点として永遠に記されるなどとは、まったく知らなかったのです。

この出来事からおよそ36年後、アメリカの公共放送PBS（Public Broadcasting Service）の報道番組 News Hour（ニュース・アワー）のインタビューで、ブリッジスは、彼女の両親がこの入学に関する多くのことを、彼女に対して意図的に秘密にしていたと証言しています。そして、彼女は両親のこの決断にとても感謝していると言いました。

1997年に、彼女はいかに彼女が何も知らなかったかを語っています。

「6歳の私にとって、現地に行って実際に目にするであろうものを聞いていたら、とても怖かったと思います。車で向かう途中に人だかりが見えましたが、ニューオリンズに住んでいた私は、それはマルディグラ（米国南部などでよく行われる祭り）だと思っていました。学校の外には大勢の人が集まっていて、物を投げたり、大声で叫んだりしていたのですが、ニューオリンズのマルディグラでは本当にそういうことがよく起こるのです」

ウィリアム・フランツ小学校の外にいる間、ブリッジスは気づかなかったかもしれませんが、学校に入学すると、何が起こっているのかをすぐに理解することができました。白人の生徒の親たちは次々と子供を他の学校へ転校させましたし、これらの父兄たちと同様に、教師の大半もブリッジスの入学に抗議して学校を去っていきました。ただ一人、ブリッジスの指導を引き受けてくれたのは、北部マサチューセッツ州ボストン出身の女性教師、バーバラ・ヘンリーでした。

学校に残った白人の生徒は他の教室で勉強し、ブリッジスは隔離された教室でヘンリー先生の唯一の生徒となりました。時が経つにつれて最初の騒動は収まり、抗議する人たちの怒りも小さくなっていきました。そして皮肉なことに、ルビーは教室の中に一人隔離されたままで残りの学年を終え、のちにアメリカにおける人種統合の文化的象徴となる地位を永遠に確立したのです。

２０２０年11月、ブリッジスのこの開拓精神に満ちた奮闘から60周年を迎えましたが、最近になって、数十年ぶりに黒人の統合と隔離をめぐる議論が再び巻き起こっています。しかしそれは、以前のように白人から提議されたものではありません。今回は黒人の側からの要望です。

今日《こんにち》の黒人の中には、特権を得る証《あかし》として、自己を他の人種から隔離することを「選択」する人もいるのです。このような状況が訪れる日のことを、黒人の先人たちは夢にも思ったことはなく、最低最悪の悪夢として想像することさえできなかったことでしょう。

例えば、北部マサチューセッツ州にあり、最難関大学の一つであるウィリアムズ大学の場合を考えてみましょう。2018年11月、黒人学生組合は、「学生、特に黒人学生が、最近の出来事やキャンパスでの日々の学生生活を振り返り」、「懸念を表明し、解決に向けて努力する」ための集会を開催しました。ここでの最も差し迫った関心事は、大半が白人学生で占められているこの大学で、黒人学生にとって、黒人であることが「形骸化」していると感じるということでした。より具体的には、1年生の黒人学生たちが、白人中心の大学生活に慣れていく過程で負担を感じているというのです。そして、この問題に対して彼らが提案した解決策は何だったと思いますか？　それは、アフィニティ・ハウジング——つまり同じ人種同士で黒人学生だけが居住することのできる住宅か寮——の設置でした。

驚くべきことに、これらの黒人学生たちは、自分たちが他の学生たちから隔離されることを選べば、現在、彼らが不快だと感じている問題を解決できると考えたのです。

人種隔離を「強制される」からではなく、そう「したい」から選ぶというのです。

これを受けて、ウィリアムズ大学の学校新聞「Williams Record」は、2019年4月にこの提案を全面的に支持する論説を掲載しました。

私たちRecordは、大学にアフィニティ・ハウジングを設立することを心より支持します。コミュニティとして、私たちは、当大学が白人主体の教育機関であり、有色人種の学生は、学生寮内でも、キャンパス内でも、しばしば形骸化された存在だと感じていることを認識しなければなりません。アフィニティ・ハウジングの設立は、この問題を完全に解決するものではありませんが、当大学がマイノリティの学生にとって、より歓迎され、擁護され、安全だと思える場所となるための一助となるでしょう。

アフィニティ・ハウジングは、人種間の分断を助長するという意見もあります。マイノリティの学生が一つの場所に集中することは、大学全体にとっては有害であるという主張もあります。しかし、私たちは、学生が形骸化したような感覚を持つことや、疎外感を感じることを恐れずに、自分のアイデンティティを表現できる空間を提供することで、学生が大学での生活から離れてしまうのではなく、より自由に存在できるようになると信じています。

人種隔離を支持することが、大学という共同体の安全に関わる、とする学校新聞の編集者の主張は、ジム・クロウ法を支持した人々の主張と実によく似ています。共同体の安全のために必要な方針を決定するという大義名分があれば、このような抜本的な提言をする人も、その主張の意味を分析する義務から解放されるということなのでしょう。もちろん、キャンパスを占める大多数の学生が白人であるからといって、ウィリアムズ大学に在籍する黒人学生が身体的危害を加えられたり、脅かされたりしたという事例はありません。それでも、隔離されたいと望む黒人学生が存在するのです。

大学のキャンパスに隔離政策を持ち込もうとする取り組みは、6歳のルビー・ブリッジスが成し遂げた偉業とは異様なほど対照的ですが、これに、私は驚いたとは言えません。これまでも私は、大学内に存在する大学特有の社会構造や文化がいかに悲惨な状態にあるかを目の当たりにしてきました。今や大学は、感性を洗脳し学生の心を甘やかす、社会正義に満ち溢《あふ》れた遊園地にしか過ぎなくなっているのです。

1960年以降、アメリカはずいぶんと進歩したように見えますが、実際には元いた場所に戻りつつあるのかもしれません。何十年にもわたって公民権運動を続けてきた私たちは、進歩のために戦うことに慣れてしまい、今では逆に自分たち自身が損害を被るところまで状況を追い込んでしまっているように見えます。実際には、現在、アメリカに住む黒人は、1960年代の公民権運動の指導者たちが夢にも思わなかったような、特権的な立場にいます。しかし、私たちは栄光に満ちた勝利を祝うのではなく、むしろ新たな課題を自ら生み出し続けているのです。

これらの動きは、私が「過剰なる文明化」（Overcivilized ）と表現するアメリカの現在の社会情勢を反映しています。

過剰なる文明化への流れ

アメリカ社会が今日《こんにち》までに達成した状況に至るまでには、長期に渡って人の道に外《はず》れたことがまかり通っていた時代、もしくは野蛮とも言える時代が存在したことを認めない訳にはいきません。しかし、この時代なくしては現在見られるような社会の進歩はありませんでした。この時代に起こった、人間を奴隷にする制度、人種隔離政策、日系人強制収容所の設置などは、他者の人権を全く無視する行為でした。当時のアメリカは、進歩的な改革を切実に必要としていました。そして、必要であると気が付けば、国民は社会を改善するために必要な変更を行いました。

今日《こんにち》のアメリカ社会を見れば、この国の最悪の時代は遥か彼方に去ったことは明らかです。

一方で、残念ながら世界のすべての国々が同じような状況であるわけではありません。北アフリカのリビアではいまだに奴隷オークションが行われており、そこでは、アフリカ大陸から欧州を目指す多くの移民が強制労働や売春のために人身売買されています。さらに、アフリカ南東部に位置するマラウイ共和国では、彼らの体が幸運をもたらすと信じられている肌の白いアルビノの人々が誘拐され、魔術師の生け贄《いにえ》として捧げられています。総選挙で政治家が議席を獲得するための儀式を魔術師が行うために、彼らの体の一部が使用されるのです。このような恐ろしい現実もありますし、世界の他のたくさんの場所でも人道に反する行為は続いています。

しかし、向上するための努力がなされているのを忘れてはいけません。人身売買を止めさせ、人道支援をする団体が、現場に赴《おもむ》いて世界中の人々の生活の質を向上させるための活動を日夜行っているのです。

時間がかかったとしても進歩したいという欲求と能力は、私たち人間にとっては自然なものです。有史以来、すべての文明が、技術革新、科学的発見、哲学的議論を通じて、常に改善を求め続けてきたのは、これが理由です。しかし、社会が成熟し、すべての人に基本的な権利と自由が確保されたとき、その社会はどうなるのでしょうか？　そのとき、社会は次に何を目指すのでしょうか？

その答えは、現在のアメリカを悩ませているように思える、「過剰なる文明化」だと思います。

アメリカの文明化は、国家として世界中から法を遵守《じゅんしゅ》する移民を受け入れると同時に、文明が発達しているとは言えない環境から亡命しようとする人々に適正な手続きを提供する国となる、という決断をしたときに達成されました。

しかし、今は過剰な文明化が起きており、それは民主党の政治家たちがアメリカから国境をなくし、どのような不法移民であろうと、誰も彼をもが入国し滞在できるようにしてきたことが原因です。

この国では、2015年に連邦最高裁が同性婚を認める判決を下し、同性カップルに対して、文明が開かれました。しかし、私がここで過剰に文明化しているというのは、LGBTQのグループが現在求めているトランスジェンダーの権利のことです。

これをより正確に説明するならば、女性であることを自己申告する生物学的男性が、女性用トイレの使用を求めたり、女性のスポーツ競技に女性として参加し優位を占めることを法的に認めてほしい、と要求していることです。

黒人社会が文明化したのは、自分たちの希望に沿って、生き、働き、投票し、そして、自由に愛することができる権利を得たときでした。

過剰な文明化とは、あらゆることを人種差別と結びつけて問題にしたり、抑圧を捏造《ねつぞう》したり、そして自ら人種隔離を求めたりする、というような現在の状態のことを意味します。

この不条理な状況を見て、私は平和とは人類にとって不自然な状態なのではないかと考えました。だから私は、自分も属する平和な時代を生きてきた1980年代から2000年代初頭生まれのミレニアル世代が、この国を新自由主義者《ネオリベ》の愚痴の巣窟《そうくつ》にしてしまった、とよく言うのです。

私も含め、1980年代以降にアメリカで生まれた人々は、地球の歴史上で最も恵まれた環境にいると言って間違いないでしょう。しかし、毎日何時間もスマートフォンを操作し、さまざまなソーシャルメディアのアプリをチェックし続けているうちに、私たちは何をしても満足感を得られなくなってしまったようです。そして、もっと意味のある存在になりたいという思いから、社会正義のための活動を延々と続けています。

たとえば、トイレの表示を性別に関係ないものにしたり、自分のアイデンティティに悩む人に性別を使用しない代名詞を用意したり、といった活動です。こういった冗談のような無意味な活動は、たいへんに平和な時代だからこそできることなのです。

長き良き時代が、私たちの世代の〝苦難を経験することがどういうことなのか〟という感覚を歪めています。

私たちの前の世代は、アメリカ軍が戦闘部隊を送り、17年もの長きにわたって参戦したベトナム戦争（1955～1973）を経験しました。このベトナム戦争が始まるわずか14年前には、大学に入学するべき若いアメリカ人男性たちが、後に人類史上最も血なまぐさい戦争として知られるようになるものに参戦するために入隊していきました。第2次世界大戦（1939～1945）です。さらにその20年あまり前には、平均年齢24歳、最年少はたった12歳の青少年たちが戦った第1次世界大戦（1914～1918）が始まっていました。

現在に話を戻すと、学生たちは戦場ならぬ大学のキャンパスにさえ安全な空間を求めています。なぜなら、彼らにとって自分とは違う意見に触れることは、拷問を受けるようなものだからです。

私たちには、今、終わらせるべき世界大戦も、支持すべき大きな公民権問題もありませんが、何かしらの勝利を得たいという欲求は衰えていません。

私たちは、負け犬が主人公になる物語に魅力を感じるので、必要以上に自分たちを犠牲者として仕立て上げようとしているかのように見えます。

そうです。先人たちの夢を実現するために前進し続けてきた私たちは、今や、彼らが戦って獲得してきたすべてのものを破壊することに躍起になっているのです。
いずれにせよ、文明の到達点を越えてなおも行う追求には危険が伴います。なぜなら、後退が当然の結果となるほどのねじ曲がった進歩を必要とする可能性があるからです。

人種カードを使用――そして敗北

2019年9月、12歳のアマリ・アレンが、バージニア州スプリングフィールドにある名門私立学校イマニュエル・クリスチャン・スクールで白人少年の同級生3人に押し倒され、ドレッドヘアを無理矢理切られたと主張したとき、リベラルな人々は一斉に怒りの声を上げげました。

アレンは「彼らは、私には生きる価値がない、生まれてくるべきではなかったと言いました」と述べました。そして、彼女は、少年たちが彼女の手を後ろに回して口を塞《ふさ》ぎ、ハサミで彼女の髪を切りながら「醜い」、「チリチリ頭」などと言ったことを詳しく説明したのです。

最近、黒人少年が「不適切な髪型」を理由にスポーツ界から排除されていることが話題になっています。メディアはこれを指して、白人至上主義が未だに存在すると主張しています。アレンのケースは、メディアが完璧に焼き上げたケーキの上に、よくできた飾りを乗せたようなものとして利用されました。というのは、黒人の子どもたちの日々の生活の中に、現代においてもまだ人種差別が浸透していることを示す、具体的でわかりやすい証拠だと捉えられたからです。

左翼メディアは、すぐにこの件に関して書かれた記事を支持しました。人種差別の話は見逃せないというのが彼らの原則ですが、この話にはそれに加えて異例の斬新さがありました。アレンの通っていたイマニュエル・クリスチャン・スクールは、メディアにとってはすでにお馴染みの学校だったからです。

お馴染みという理由の1つは、この事件の起きる前年である2019年の1月に――宗教を母体とする学校のガイドラインとしてはよくあることですが――〝ホモセクシャルや、バイセクシャルの活動を助長したことを理由に、生徒を退学させることのできる権利を学校が保持する〟という内容の保護者同意書が回覧されたことが全国的なニュースになったことです。しかしメディアが、この学校の名前を事件以前から知っていた理由の2つ目は、当校が、当時の共和党副大統領であったマイク・ペンス（1959～）の妻で、美術教師のカレン・ペンス（1957～）を採用していたことでした。

当然のことながら、CNNからCBS、ニューヨーク・タイムズまで、反トランプに取り憑《つ》かれた大手メディアは、アレンに対して起こったヘイトクライムを必死になって取り上げ続けました。

記者たちはまず、そもそもこのような凶悪な犯罪を許してしまった学校全体を非難しました。次に、キリスト教教育の信頼性に疑問を投げかけました。そして、もちろん、人種差別的で偏見に満ちたトランプ政権、という自分たちの究極の主張を押し通すために、副大統領の妻とこの学校とのつながりを利用したのです。

そんな中、アレンの話にはたった1つとはいえ、ひじょうに大きな問題がありました。それは、彼女が主張しているようなことは実際には一切起こっていなかったということでした。

この事件の調査が進んでいくと、学校の監視カメラに映った映像が、アレンの最初の証言とは食い違っていることがわかりました。そして、その矛盾点を追及されたアレンは、ついに自分が事件を捏造《ねつぞう》したことを認めたのです。

彼女のしたことの無責任さは、語り尽くせません。アレンの〝人種差別の被害者になりたいという欲望〟が、メディアによる黒人対白人の分断キャンペーンをさらに深めるために利用されたのです。

結果、黒人は肌の色のせいで安全な生活ができないことを改めて確信し、白人は、またしても自分たちを悪者にして行われた偽旗《にせはた》作戦（false flag）にうんざりしてしまいました。

少し前の話になりますが、１９８７年に、タワナ・ブローリーという15歳の黒人の少女が、同様の騒動を起こしたことがありました。彼女は、４人の白人男性にレイプされ、服を破られ、体に人種差別的な言葉を書かれ、排泄物を塗りつけられ、ゴミ袋に入れられたまま遺棄された、と主張したのです。

この事件は、いつも喧嘩腰な態度を取ることで有名な公民権運動家アル・シャープトン（１９５４〜）がブローリーのアドバイザーを務めるようになってから、メディアで取り上げられ、大騒ぎになりました。メディアは人種間に存在する不穏な火種を煽ったのです。

この時、多くの著名な黒人達がブローリーを支持しました。俳優のビル・コスビー（１９３７〜）は、この事件の情報提供者に2万５０００（約２７５万円）ドルの報奨金を出し、情報提供を求めました。プロボクシングのプロモーター、ドン・キング（１９３１〜）は、彼女の将来の教育費として10万ドル（約１１００万円）を約束し、プロボクシングの世界チャンピオン、マイク・タイソンは、彼女に3万ドル（約３３０万円）相当の時計を贈って同情を示しました。

しかし、彼らにとって不幸だったのは、ブローリーがまったくの作り話をしていたということです。彼女が自分でゴミ袋に入るところを目撃していた人がいたのです。彼女の弁護士が、ニューヨークの警察官と地方検事補の名前を、この事件の容疑者として大々的に発表した直後に、大陪審は、この事件はブローリー自身が仕組んだやらせであり、門限を過ぎても帰宅しなかったことに対する継父《ままちち》からの処罰を避けるためだったのであろうと判断しました。

訴えられた男性の1人で当時地方検事補だったスティーブン・パゴネス弁護士は、2012年にニューヨーク・ポスト紙に対し、「娘たちと話し合い、これは誰かが無謀な申し立てをした事件だと説明しなければなりませんでした」そして、「私を破滅させたわけではありませんが、私の人生のあらゆる側面に大きな影響を与えたことは確かです」と語りました。

この事件があってから約20年後の2006年、またもや似たようなスキャンダルが全米を揺るがしました。デューク・ラクロス・スキャンダルと呼ばれた事件です。ノースカロライナ州にある名門デューク大学の男子ラクロスチームの白人メンバー3人が、レイプ容疑で告発されたのです。

近隣の大学に通う黒人女性で、ストリッパーとしてアルバイトをしていたクリスタル・ゲイル・マンガムは、ラクロスチームが主催するキャンパスの外でのパーティーで余興にストリップをするために雇われました。しかし、チームとストリッパーの派遣業者の間に問題が生じたため、パーティーは中断されました。そのためマンガムは、同僚のストリッパーの女性と一緒に、パーティーから早々に立ち去りました。その直後、マンガムとこの同僚女性は車の中で口論を始め、マンガムが女性の車から降りるのを拒否したため、彼女は警察に拘束されました。マンガムは重度のアルコール中毒で、精神面とアルコール依存を治療するための施設に強制入院させられました。

そしてこの時、さらなるトラブルから逃れるためだと思われるのですが、彼女はラクロスチームの男子学生にレイプされたという話を始めたのです。

このマンガムの告発はヘイトクライムとみなされ、様々なところに凄まじい影響を及ぼしました。4月初旬にはラクロス・チームのコーチは辞任を余儀なくされましたし、デューク大学の学長は、全米トップクラスに位置付けられていた名門ラクロスチームの2006年シーズンの残り試合をすべて中止しました。

検察当局は、マンガムが嘘を言っていることをすぐに疑いましたが、全てが明らかになるには時間がかかりました。そして、マンガムの告発から約1年後の2007年4月、すべての告発が取り下げられ、告発された3人のラクロス選手は無実となりました。

マンガムはその後、放火や児童虐待の罪で逮捕起訴されたうえに、現在は、このデューク大学の一件とは無関係のボーイフレンドを殺害した罪で、ノースカロライナ州のゴールズボロ刑務所に服役しています。

しかし、これらの虚偽の申し立てによる社会への悪影響は、真実が明らかになった後も長く続きます。

南部バプティスト連盟に属する、ファウンダーズ・ミニストリーズ（創設者の牧師たち）の創立者であるトム・アスコル牧師（1957〜）は、2017年に「The Cautionary Tale of Amari Allen（アマリ・アレンの訓話）」と題した記事の中で、イマニュエル・クリスチャン・スクールで起きたアレンの問題を取り上げ、これが私たちの社会の現状を物語っていることを指摘しています。


私たちは、超人種主義的な文化の中で生きており、それは本当の意味での人種間の調和を損なっています。人種の異なる人々の間に存在するあらゆる不快感や軽蔑、そしてあらゆる不公平は〝必ず人種を元にした不正義のせいで起きる〟と主張する人々は、摩擦の起きやすい状況をことさら助長しているのです。しかし、全ての不正義は罪によるものですが、全ての不正義が罪深い偏見によるものだというわけではありません。

けれども、人種差別がポストモダンの権力構造の公式で再定義されると、「白人らしさ」があるとして非難される人々の失敗は、すべて人種的不正義に帰結されるのです。

人種間の調和が損なわれているとは控えめな表現です。メディアは、過去の人種差別という亡霊が、今でも利益を生むパターンであることを熟知しているため、人種差別を取り上げる機会があればすぐに飛びつきます。彼らメディアは収益さえ上がれば、自分たちのネガティブな発言が、実際は黒人の若者たちを刺激していたとしても、ほとんど気にしないのではないでしょうか。メディアの熱狂的な報道によって、ある者は、自分たちが実際に感じている抑圧より、メディアによって誇大に広告されたイメージに応えようとして荒唐無稽な話をし、またある者は、他の人種から隔離された状態で暮らすことを自ら希望し、それを試しているにすぎないという事実を、メディアはまったく無視し続けています。

このような過程の中で、アメリカの白人と黒人の関係は悪化し、お互いの距離が広がることによって、どちらの人種も利益を得ることができません。

現在主流の考え方や議論ではありますが、黒人同士で学ぶほうが成績が良くなるとか、黒人同士でいるほうが安全である、などという証拠はどこにもありません。むしろ、すべての証拠がその逆であることを示しています。

「2018年の人種・民族別に見る教育の現状と動向（2018 Status and Trends in the Education of Racial and Ethnic Groups)」によると、黒人生徒の60％近くが通っているのは、総在籍数の75％以上をマイノリティが占める学校なのです。

現実に、2017年には、小学4年生で白人生徒と黒人生徒の読解力の差は26ポイントに開き、高校に入学する頃には、黒人生徒は25年前と同じくらい白人生徒に対して遅れをとっています。2017年の数学では、小学4年生での白人生徒と黒人生徒の差は25ポイントでした。そして中学2年生になると、黒人と白人生徒の学力差は32ポイントにもなり、これも数十年前とほぼ同じくらいの値です。

この統計が示す問題を考えるとき、私はアマリ・アレンのことを考えずにはいられません。彼女はイマニュエル・クリスチャンのようなエリート私立学校に通うという素晴らしい機会を与えられました。これは彼女と同年代の大半の黒人女子にとっては、夢のような良い環境です。

彼女の両親が年間1万2000ドル（約132万円）を支払って、彼女にそのような機会を与えてくれたのです。だからこそ私は、彼女が人種差別について嘘をついてしまい、与えてもらったすべてをドブに投げ捨てるような危険にさらしてしまった意味を考えずにはいられないのです。

黒人は黒人同士のほうがうまくやっていけるという考えは、黒人の学業成績の遅れだけでなく、都市部の黒人居住区のほとんどが大きな問題を抱えていることからも反証されていると言えます。

疑う余地もなく、黒人居住区はアメリカで最も危険な地域として上位にランクインしています。

民主党の下院議員で公民権運動の推進者だった故イライジャ・カミングス（1951～2019）のボルチモアの選挙区では、地域のリーダーが全員黒人だからといって、大多数を占める黒人の住民が何かしらの恩恵を受けているわけではありません。黒人の下院議員の選挙区であるにもかかわらず、通りにはゴミが散乱し、たくさんの空き家があり、その間をネズミが走り回っている環境で黒人住民は生活しているのです。

廃墟となった建物、高い犯罪率、住宅価格の下落などは、黒人民主党員の選挙区の黒人居住区によく見られる光景で、少しも珍しいものではありません。

ミシガン州のフリントや、ニュージャージー州のニューアークのような左翼政治家の選挙区では、最も基本的なインフラの整備をすることでさえ苦労しているというのが実情なのです。

このような状況を招いた理由については、多くの議論がなされています。リベラルな黒人が白人の危険性を主張して、白人男性に対する恐怖を叫びます。しかし、黒人の多い地域で黒人に何が起きたとしても、特に注意を向けられるようなことはなく、何の慰めも得られない、という皮肉をあえて指摘する人はいないのです。

人種差別のブギーマン（亡霊）

私たちの社会が完璧になれるという間違った概念を前提にし、存在しないハードルを作り続け、偽《いつわ》りに満ちた怒りの声を絶えず上げる人々がいます。

黒人の中にもそういう人たちは存在し、人種差別の告発という行為自体を、社会生活における自分の居心地の悪さの理由づけというか、言い訳として利用しています。人種差別という言葉を少し口にするだけで、あらゆる場面で自分の正当性が証明されると期待し、実際の人種差別に対する抵抗というよりも、むしろ〝人種差別が存在するのだ〟と強く主張するだけでいいという時代が突然にやって来たからです。

そして、左翼は常に黒人のこうした被害者意識につけ込み、それを利用するように促します。実際、白人の左翼が何度もこのゲームに参加しています。彼らは、あからさまな差別や、自覚なき差別の事例をいたるところで目にしていると主張し、そう主張することが彼らの私たち黒人への献身の証《あかし》だとしているのです。

「自分はリベラルな救世主である」と信じ込むような人格的固定観念は、極度のナルシシズムに由来していると私は考えており、これにはとても深い興味を持っています。

このような人々は、自分よりも劣っている人を助けることで得られる達成感に溺《おぼ》れているのではないか、と想像しています。

それは、まだ使える不用品を慈善団体のグッドウィルに寄付した時に多くの人が感じるような感覚だと思います。つまり、必要以上にお金を使ってしまったという事実を慈善心で上書きし、少し気分が軽くなるようなことです。

同じように、左翼は自分たちより劣った黒人のために立ち上がることで、自分たちの欠点を正面から見据え、考えることから解放されると感じるに違いありません。あるいは、民主党の政治家のように、黒人の支持を得るためには、何でも行い、嘘でも何でも言うのかもしれません。

不正義が実在するなら、それを指摘すること自体は当然のことです。しかし自分が居心地が悪いと感じるものすべてが、生来の人種差別からくるものであると自動的に主張することは馬鹿げています。その解決策が隔離政策であるというのと同じくらい馬鹿げています。後ろ向きに歩いていては、前に進むことはできないのです。

黒人を人種差別的な理由で非難し、差別から起こる犯罪から身を守るために、別々の（しかし平等な！）学生寮を要求したのが、もしも白人だったとしたら、どのようなことが次に起こるのか考えてみてください。間違いなく黒人は怒り狂うでしょう。では反対に、黒人がそのような提案をしても怒りの反応が出ないのはなぜでしょう？

私はその理由を、黒人の中には、自分たちが他の人種と平等な立場にいるということを認めてしまうと居心地が悪くなる人がいるからなのではないかと考えています。

なぜなら、失敗しても自分以外の誰かを責めることができない状況では、自分自身の無責任さという、あまりにも重い荷物が自分の肩にのしかかってくるからです。それよりも、白人至上主義者という、ありもしない恐怖のブギーマン（亡霊）と一緒に人生を過ごすほうがずっと楽なのです。

こうしてアメリカ社会においては、黒人は真の平等を求めていないという意味で、敗北という結果がいつまでも続いています。それでも黒人は、〝黒人であることを利用せよと教え、政治を娯楽としている〟左翼の政策に進んで参加し続けるのです。

足元に敷かれた、一見進歩的に見える道の快適さに安心して、実はそれがどこにも辿《たど》り着くことのない道であることは、真剣に考えていないのです。

しかし、私たちの先人たちはそれをどう思うでしょうか？

もし、あなたがアメリカに住む黒人で、あなたの祖母、曾祖母、あるいは高祖母が今のあなたを見たら、何と言うでしょうか？　さらに言えば、もしあなたが彼女たちの育った環境に戻って、今のあなたが当たり前だと思っているチャンスを子孫のあなたたちに与えるために、彼女たちが生き抜いた厳しい現実に耐えなければならないとしたら、あなたは何と言うでしょうか？

私の祖母の突然の死は、彼女が私の人生に種を蒔《ま》いていってくれたことをはっきりと思い起こさせ、そして心の遺産を収穫するかのように、私の背中を押しました。

私の願いは、あなたがあなたの祖先のことを考えることで、私と同じことに気づき、そして行動を起こしてほしいということです。

私たちは、空想の中のありもしないユートピアを求めて実りのない旅をしてはならないのです。そのようなことに労力を割《さ》くよりも、むしろ先祖の犠牲と苦難を常に忘れないということを誓うべきなのです。そして、現代に生きる私たちが得ている多くの恵みに感謝するべきなのです。

5

社会主義と
政府からの手当てについて
On Socialism and
Government Handouts

人間と真実との間係は奇妙なものです。私たちは、重要なうえに厳しい事実よりも、自分の気分を良くすることを聞きたがります。

特に黒人社会ではその傾向が強いと思います。何世代にもわたって抑圧されてきたという重荷を背負っている私たち黒人は、政治家やメディアなどが、私たちの置かれている苦境に関して厳しい真実を伝えるのではなく、私たちの繊細な感情に迎合してくれるような善意を求めているのです。

辞書によると、「真実」とは「事実に即した真理のことである」と定義されています。つまり、真実とは普遍的で絶対的なものなのです。私たち人間や、不完全な社会、そしてその社会のリーダーのどれをも超越したものです。例えば、2＋2は必ず4になります。どこの大陸でも、どこの都市でも、どんな指導者のもとでも、この結論は常に真実です。

一方、「善」とは、「道徳的に善であることの性質」と定義されていますが、曖昧《あいまい》な部分があります。真実には事実という制約があるのと異なり、善は主観的であることが特徴です。

たしかに、あなたにとって良いと思えることでも、私にとってはそうでないかもしれませんし、その逆もまた然りです。現在置かれている状況、過去の経験、家族や友人、同僚との関係などによって、何を良いとみなすのかが決まるのです。

異なった背景を持つ人たちが一堂に会すれば、意見の相違は避けられません。意見が対立すると、境界線が引かれ、人々は自分の考えに最も近いと思われる人同士で集まるようになり、派閥が形成されます。これが、問題発生の基本的な流れです。

例えば、妊娠中絶の議論です。賛成派は、これから母親になる人の側に立って、妊娠したときに母親自身が妊娠を継続させるかどうかを決める権利を持つべきだという考えを「善」とし、この善の支持を主張します。リベラル派の主張とは裏腹に、この論争で中心になっているのは、妊娠初期から生命があるのかどうかという論点ではありません。

中絶手術を求めること自体、女性たちが妊娠した時点からすでに胎児は生物であり、生物として成長していくものであると理解していることを示しています。つまり、中絶賛成派と中絶反対派は、科学や「真実」の問題を議論しているのではなく、その人にとって何が「善」なのかということを決めようとしているのです。

活動家や政治家が、命という根源的なものを、このように主観的な問題に変えてしまうのが現在の社会状況です。そして、「良いこと」を実行すると有権者に約束することが、多くの政治家の公約になっています。

彼らが黒人社会を相手にする場合、「良いこと」の概念は、「無料のもの」と同じ意味を持ちます。

今日の民主党の候補者たちは、当選したら有権者である黒人に何をしてあげるのかを詳しく説明することで、黒人票を確保しようとしています。これは長年に渡って繰り返されている同じパターンの悲劇です。

ここに多少なりともユーモアを感じなければ、私は本当に嫌な気持ちになってしまうので、この状況を表している少しユーモラスなことわざを一つ紹介します。それは、「老いた犬に新しい芸は仕込めない」というものです。

黒人の投票傾向を見ていると、このことわざを思い出します。しかし、ここで忘れてはならないのは、民主党が最初に黒人を共和党から誘い出したときも、同じように「政府の介入で生活が大幅に改善される」と約束していたということです。

もちろん民主党に、このような約束を守ろうとする気持ちは最初からなく、彼らの本当の意図は、存在している問題を継続させることにのみあったのです。

厳格な経済アセスメント全てにより、フランクリン・デラノ・ルーズベルトの「ニューディール」政策は、大失敗だったと結論づけられています。

実際、2004年の分析では、政府の介入が大恐慌を数年長引かせたと指摘されています。

１９２９年の株式市場大暴落後の初年には、連邦政府の介入が全くなかったのですが、「失業率は（大暴落の）２カ月後に９％でピークに達し、その後下降線をたどり、１９３０年６月には６・３％まで回復した。この時、連邦政府はスムート・ホーリー関税という最初の大きな介入を行った。その後、失業率は反転して悪化の一途を辿《たど》り、６カ月後の１９３０年11月には11・６％と、ついに2桁に達した。連邦政府による経済への大規模な介入が相次いだ後、10年間の残りの期間、失業率はずっと2桁台で推移した」のです。

その後、ルーズベルトが１９３３年に制定した全国産業復興法（NIRA――National Industrial Recovery Act）は、国が産業の生産統制を行うことで、アメリカ人を再び職に就《つ》かせるための、ニューディール政策の重要な構成要素でした。１９３３年６月16日の声明で、ルーズベルトは最もそれを必要としている人々のために、新たな収入の機会を創出すると宣言し、極貧に陥っていた何百万人ものアメリカ人の心を慰めました。

公共事業と産業界の再雇用という2つの努力によって、冬が来る前に多くの男女を失業者の中から救い出すことができると期待してもよい。これは、この種の試みとしては、歴史上最も重要なものである。あの世界大戦時の大きな危機と同様に、この試みは、全国民に単純だが重要なテストを課すものである。「我々は、手探りで、無秩序に、バラバラになって敗北に向かって進まなければならないのか、それとも、一つの素晴らしいチームとして勝利に向かって進むのか？」

このような前提のもと、フランクリン・ルーズベルトは、彼の政策が生活に困窮している黒人男女にさえ変革をもたらし、恩恵を与えることを約束し、民主党への投票を呼びかけました。すべては「良い」方向へ行くかのように見えました。

しかし、フランクリン・ルーズベルトの約束が空虚であることに黒人が気づくのに、さほど時間はかかりませんでした。

全国産業復興法の主要政策は、ＮＲＡ（National Recovery Administration）――正式名称「全国復興庁」――の設置でしたが、黒人社会においては、同じ頭文字を使った言葉で、「黒人除去法（Negro Removal Act）」、「黒人が再び破滅する（Negroes Ruined Again）」、「黒人が再び強奪される（Negroes Robbed Again）」などと、より正確な実態を表す名で呼ばれるようになりました。もちろん自虐的な皮肉です。

全国産業復興法は、それまで前例のなかったような権限を労働組合に与えましたが、ほとんどの場合、組合は黒人労働者の加入を拒否しました。同時に、政府が最低賃金を義務付けたため、技術力が低すぎて決められた最低賃金の額で雇用する価値がないと雇用主に判断された黒人は、雇われませんでした。さらに、法的規制によって、黒人は低賃金で働くことを申し出ることが許されなくなったため、不法な雇用慣行を撲滅することさえできなくなりました。

黒人の失業率が白人の失業率より低かったのは、1930年が最後になりました。そして、連邦政府が制定した最低賃金法によって、その後、黒人の失業率は常に白人より高くなったのです。

一方で、農業に従事する黒人たちは、まったく別の問題に直面していました。南部では、多くの黒人労働者が農場から追い出されました。政府が地主に金銭を払ってまで耕作させないようにしていた土地には、すでに労働力は必要なくなっていたからです。休耕地を作る目的は、農産品の供給を減らして農業製品の価格を第1次世界大戦以前の水準に戻すことでした。ところが、人為的に市場を縮小したことによって、多くの黒人の小作人が失業してしまったのです。

さらに悪いことに、彼らは民主党によって、今まで保持していた権利まで失ってしまいました。

小作人には、それまで、厳密に言えば農場の利益の一定割合を受け取る権利があり、その中には面積削減に充てられた政府資金も含まれていました。最初のうち政府はこの資金を小作農たちに直接払っていたのです。しかし、南部の民主党員からの苦情でこの制度は廃止され、土地を持たない黒人農民は、仕事も収入もない状態に陥ってしまったのです。

驚くべきことに、こうした政策が黒人を苦しめたにもかかわらず、彼らの投票パターンは変化するどころか、1936年の大統領選挙ではさらに多くの票を民主党に投票し、ルーズベルトの大勝利に貢献しました。

結局のところ、ニューディール政策が黒人社会に大きな損害を与えたという「事実」とはほとんど関係なく、黒人たちがルーズベルトを支持し続けたのは、彼の政権が約束したことに対して黒人が「善意」を感じたからだったと言えます。

また、ルーズベルトが南部の民主党の人種差別主義者に迎合した挙句《あげく》、人種差別問題に真っ向から取り組む法案の提出で議会を揺さぶることを拒否していたとき、彼の妻のエレノア（1884～1964）が、アメリカ黒人の直面している問題を本当に心配する同情的な聞き役として登場したことも影響していたでしょう。

夫が支持しないだろうことは彼女にもわかっていましたが、エレノアは反リンチ法の制定を進めました。また、彼女はブラック・キャビネット（黒人問題顧問団）と呼ばれ、黒人社会の問題についてルーズベルト政権の「アドバイザー」となる有識者グループの結成にも貢献しました。彼らは実際の政策立案には関与しなかったとしても、黒人問題を専門に扱う初めての政策集団だったのです。

また、エレノアは、著名な黒人活動家で教育者でもあるメアリー・マクロード・ベスーン（1875〜1955）とも親交を深め、彼女を連邦全国青年局黒人部（National Youth Administration, The Division of Negro Affairs）の部長に任命しました。

ベスーンをはじめとする有力な黒人たちの後押しを得て、エレノアは民主党の新しい顔となりました。ファーストレディが人種差別について率直に語ることに誠実さを感じた黒人たちは、彼女の夫である大統領こそが、自分たちの経済状況を悪化させた最大の責任者であるという事実を無視しました。

どこかで聞いたような話ではありませんか？

現在、民主党は、黒人にさらに多くのものを与えると公約しています。例えば、賠償金、無料の医療、学生ローンの免除、大学の授業料の無料化などです。

彼らは、エレノア・ルーズベルトが行ったのと同じように、黒人の脆弱性や不満を利用しているのです。彼らの戦略は、自分たちの政策が状況を変えることはないという暗黙の了解のもと、黒人に対して同情を示し、友情を装うことです。

さらに心配される事実としては、政府による解決策を求める民主党の姿勢が、以前と比較してもますます野心的になってきていることです。

民主党は、アメリカ全土を社会主義国家に変えることを公然と主張しています。世論調査の先駆け的存在であり、調査結果の信頼が厚いギャラップ社の最近のデータによると、民主党員のうち資本主義に好意的な人はたった47％に過ぎず、57％が社会主義に賛成している、という驚くべき結果が出ています。

彼らは社会主義とは、私有財産を全面的に廃止し、政府を絶対的な独裁政権に変えるなど、アメリカが誇るアメリカらしさをすべて破壊してしまう、まったく忌《いま》わしい政治システムだということを理解しているのでしょうか？

しかし、社会主義の恐ろしさについて私のこの説明を信じる必要はありませんし、社会主義がどのように国々を破壊してきたかを知るためにわざわざ１８００年代まで遡《さかのぼ》ってみる必要もありません。21世紀を迎えて20年以上経ったこの瞬間も、たくさんの国々は人類史上最悪の社会実験を未だに実施しており、その過程で何百万人もの人々の人生を崩壊させ続けているのです。

社会主義の歴史を振り返る

一見すると、社会主義は希望に満ち溢《あふ》れた善意の究極の実例であり、社会の貧困にあえぐ人々に崇高な博愛をもって接する模範の姿であるかのように見えます。

しかし、社会主義が助けると約束した国民の大部分が容赦ない貧困に陥り、虐殺されて初めて、その真実が明らかになるのです。それにしても、社会主義理念を元に国を統治することは完全に失敗であるという事実は歴史が証明しているにもかかわらず、世界のこれほどたくさんの国で今もなお社会主義が生き残っていることは本当に驚くべきことだと思います。

社会主義国家の政治家は、今度こそはと何度も繰り返し、以前とは異なる結果を約束しますが、実際は結局それまでとまったく同じ結果が起こるのです。

この意味において、社会主義は、アルバート・アインシュタイン（1879〜1955）が定義したような、人間の狂気の究極の例であると言えます。

〝狂気とはすなわち、同じことを繰り返し行い、違う結果を期待すること〟。

社会主義は寄生虫であり、癌であり、嘘でもあります。そして、すべての嘘と同様に、最終的には死をもたらすのです。

社会主義は、それを取り入れた社会を破滅させ、日々の基本的な生活に関わる社会構造や社会契約を破壊します。実際、カール・マルクス（1818〜1883）とフリードリッヒ・エンゲルス（1820〜1895）は、19世紀の社会主義・共産主義思想の必読書である『共産党宣言』（1848年）の中で、明確に「家族の廃止！」を主張しています。

彼らは、伝統的な家族制度こそが私有財産や分業の源《みなもと》であり、人間の本性とは性的に自由奔放であり、ゆえに開放的な共同体に存在することこそ自然の姿なのだ、と説いているのです。

社会主義は信仰をも抹殺しようとします。国家の優位性と権威に対するすべての挑戦は、神をも含めて止めなければならないからです。

社会主義は、起業家精神や向上心といったものを確実に殺してしまいます。国民の均一化を図るために、向上心といったすべての精神の働きを奪い取るのです。そして最終的にはもちろん国民を本当に殺してしまうのです。

社会主義共和国の最も悲しい結末は、民衆の飢餓、死、あるいは大規模な虐殺です。これらはすべて、専制的な左翼の権力を維持し続けるため、そして、社会主義システムの奴隷にされた貧しく無力な人々から必然的に湧き起こる反乱を押しとどめるために行われるのです。

雇用を失い、医療費の借金に追われ、日々の生活にさえ苦労している人々の目には、衣食住や医療などの基本的なニーズをすべて政府が提供してくれるという社会は、魅力的に映ることでしょう。しかし、社会主義の現実は、その壮大な理想とはまったく一致するものではありません。一致するわけもないのです。

社会主義国家において、私たちが現在享受している特権のすべてを備えた「良い」生活を送れるのは、ただ権力者のみです。対照的に、社会の底辺にいる人々は、何とか生き延びていこうともがくばかりで、今との違いは人生の階段を上《のぼ》ること自体が阻《はば》まれるということです。

南米大陸の北部に位置するベネズエラは、現代における社会主義国家の悲劇をよく表しています。かつて偉大だった南米のこの国が、今では崩壊に向かっているのです。自分と家族を養うのに苦労してきたベネズエラの人々は、今、この国から脱出し、生き延びる機会を与えてくれるどこかの国に行くために、続々と祖国を捨て始めています。

何百万人ものベネズエラ人が、すでにこの荒廃した国を後にしている中、現大統領のニコラス・マドゥロ（1962〜）は2019年に、彼が外国からの「挑発」と見なした人道支援団体の入国を阻止するために、ベネズエラとブラジルの国境を閉鎖することを発表しました。その後、この決定は最高裁判所によって覆《くつがえ》されましたが、ブラジルとの国境が再開されたとしてもなお、救援を求めるベネズエラの人々には少しの希望も見えてきませんでした。この出来事は、まさに社会主義の大きな皮肉を表しています。

資本家は人を締め出すために壁を作ると非難されますが、社会主義者は、人を閉じ込めるために壁を作るというわけです。

このような状態が続く中、社会主義国家にありがちなことですが、今ではベネズエラ国民が権力を自分の手に取り戻すことは、ほとんど不可能な状態に陥っています。２０１３年、マドゥロは多くの外国政府が不正選挙だと考えている方法で、大統領の座に就《つ》きました。その直後、議会は法令によってマドゥロに統治能力を与えました。これによって、彼は事実上、議会の承認なしに法律を通過させることができる絶対主義政府を形成したのです。

このとき以来、マドゥロはその権限を使って、何ら結果を恐れることもなく個人の権利を踏みにじることが可能になりました。ベネズエラでは、私有財産という、社会主義者が前から敵視しているものが政府によって次々と接収されているのです。

マドゥロが法令によって独裁的な統治を認められたのと同じ２０１３年に、民間企業の経営者たちは投機や買い溜めをしたとして逮捕され、告発されました。また、政府が強制的に商品価格を設定したことにより、企業が在庫を補充する動機を失い、お店が空っぽの状態となりました。同時に、政府が過剰に紙幣を印刷した結果、空前のインフレが発生し、慢性的な通貨切り下げが行われました。実際、このハイパーインフレを受けて、マドゥロは2018年に新通貨「ボリバル・ソベラノ」を導入しました。しかし、これはベネズエラのインフレ問題の解決の助けには全くなっていません。

では、このようなことは実際問題としてアメリカではどのような意味を持つのでしょうか？ もし、社会主義に起因するハイパーインフレがアメリカを襲ったとしたら、どうなるのでしょう？

まず、1ドル札は一夜にして無価値になり、100ドル札は1カ月で無価値になります。それと同時に、朝のコーヒー1杯の値段が毎日2倍になり、週に1度のスーパーマーケットでの買い物が、次の週には4倍の値段になります。さらに、このような毎週の買い物は物理的に不可能になります。なぜなら、支払いをするためには、バッグや袋を現金でいっぱいにして持ち歩かなければならないからです。

このように、ハイパーインフレは普通の人の日々の生活を破壊してしまうのです。

社会主義は何を引き起こすのでしょうか。それは、価格統制、膨大な負債、貧弱な管理しかされていない政府産業、効率的だった民間企業が国有化されることにより、非効率的な組織になる、などによって引き起こされる経済的大惨事です。

社会主義が生み出すものは、死、飢餓、そして大量の移民です。それでも、ベネズエラの首都カラカスの大統領官邸に住むマドゥロは、彼が代表していると主張する人々の置かれている苦境が悪化していることに目をつぶり続けています。

一方、トランプ前大統領はこの状況について「ベネズエラの問題は、社会主義がうまく実行されなかったことではなく、社会主義が完全に実行されてしまったことだ」と、絶対的な真理を語りました。

反社会主義者を公言し、鉄の女と呼ばれたマーガレット・サッチャー元英国首相（1925～2013）は、「社会主義者は『人々に力を』と握りこぶしを振り上げて叫びますが、それが何を意味しているかを皆さんはご存じでしょう。それは、人を支配する力であり、国に力を、と言っているのです」と述べています。

しかし、アメリカをはじめ、世界中の非常にたくさんの政治家が、いまだに社会主義に支配された国を憧れのユートピアのような理想の社会の姿として捉えているのも事実です。

アメリカでは、民主党の指導者たちが社会主義のレトリックで人々を洗脳し続けています。そして、その巧言を維持していくために、悩めるマイノリティ、特に黒人を利用しているのです。

AOCと称される、民主党のアレクサンドリア・オカシオ・コルテス下院議員（1989〜）ほど、このごまかしの罪を犯している人はいないでしょう。

ニューヨーク出身の若きラテン系社会主義者であるオカシオ・コルテスと私は、しばしば比較されます。表面的には、その比較は妥当なように見えます。私たちは同じ年に生まれ、同じようにマイノリティの女性であり、ソーシャルメディアで多くのフォロワーを抱えています。

しかし、私たちがたどり着いた政治的結論は、まったく正反対のものでした。おそらく彼女と私とは、現在西欧社会で繰り広げられている思想の戦いを例証しており、オカシオ・コルテスが善の追求を選んだのに対し、私は真実の道を選んだのです。

オカシオ・コルテスは、彼女が登場する以前のすべての社会主義者と同様に、自分の存在と左翼の力の必要性を正当化するために、階級闘争（持てる者と持たざる者の間の闘争）に頼っているように見えます。そうすると、権力を維持するためには、無力感は必要な要素となります。彼女は社会主義者としての主張を一貫して行っており、社会主義のためには、自分が議会で代表している地区の利益と全く相反するような行動をとることさえあります。ここで、その例を挙げてみましょう。

2018年に、アマゾンはニューヨーク市に2番目の国内本部を建設する計画があると発表しました。この時オカシオ・コルテスは、有権者やニューヨーク市のリベラルな意見を持つリーダーたちと連携して、これに反対しました。

理解してほしいのは、この計画は、ニューヨーク市に2万5000～4万人の新たな雇用と、少なくとも300億ドル（約3兆3000億円）の収益をもたらすものだったということです。しかもこの計画によれば、この本部は富裕層が集中しているマンハッタンではなく、主に労働者階級の住む、経済的に苦しんでいるクイーンズの再開発工業地区・ロングアイランド・シティに建設される予定でした。

ニューヨーク市地域保健局（The New York City Community Health District）が2015年に発表した統計によると、ロングアイランド・シティでは、人口の19％が連邦政府の定めた貧困レベルよりもさらに下の生活をしており、失業率は全国平均よりも高い9％となっています。さらに、このロングアイランド・シティと隣接するアストリア地区は、ヒスパニック系住民が28％（そのうち英語力に制限のある人は41％）、黒人が約10％となっていることなどを考え合わせると、ラテン系のオカシオ・コルテスがアマゾンの計画に反対することによってこの地域にもたらした損失は、計り知れないものがあります。

ロングアイランド・シティは、明らかに、アマゾンの第2国内本部設立によって得られるはずだった税収と大規模な雇用創出、またそれに伴う様々な面での恩恵を必要としている地域でした。しかし、この女性議員はアマゾンに約束された減税措置に反発し、この街を本拠地に選んだ企業の道徳的欠陥を非難したのです。

オカシオ・コルテスは一連のツイートの中で、提案された取引を非難し、彼女の選挙区の住民は「仕事」を持つことよりも、ニューヨークの地下鉄の劣化を気にしている、と主張しました。そして、「底辺の争いをするのではなく、労働者の家族に本当の機会を与える経済的パートナーシップを構築することは可能です」ともツイートしました。

さらに、「ニューヨーク市住宅公社（NYCHA, The New York City Housing Authority）の住宅ではお湯さえ満足に出ないというのに、アマゾンに30億ドルも寄付するつもりか」と、ニューヨーク市を責め続けました。

しかし、このような彼女の攻撃はまったく的外れなものでした。どのような状況下でも、ニューヨークの予算がアマゾンに振り向けられるわけではなく、減税の仕組みもそのように単純なものではないからです。しかし、彼女のアマゾンに対するこの間違っているうえに厳しい対応が、彼女の本当の姿を暗示しているとするならば、それはオカシオ・コルテスにとって〝真実は重要ではない〟ということです。

彼女が社会主義の美徳を唱えるときも、人々の心の奥底にある不安を利用して何百万人ものツイッターのフォロワーを操るときも、彼女にとって真実はどうでもよいことなのです。正確に言えば、オカシオ・コルテスを支持する人たちが世慣れていないということなのですが、複雑な地方自治体の税制優遇措置に関する労働者階級の無知や、彼らの感情を利用して怒りを煽り、その過程でオカシオ・コルテスは自分を道徳的にまともで正義を追求する勇士のように見せかけました。

彼女が引き起こした混乱と集団ヒステリーは、アマゾンが計画から一時的に撤退するのに十分なものでした。

これは、社会主義議員としてのオカシオ・コルテスにとって初めての大勝利となりました。しかし、彼女の勝利は決してアマゾンに対するものではありませんでした。

オカシオ・コルテスは真実を打ち破りました。そして資本主義の悪と戦うことで良いことをしていると単純に見せかけただけで、彼女の虚偽の主張に賛同した数百万人の人々をも敗北させたのです。

その後、アマゾンは交渉のテーブルに戻って、ニューヨークに33万5000平方フィート（約3万1123平方メートル）を借りて事業を拡大することに合意しました。しかし現在でも、助けを必要としているロングアイランドを中心とした地域の人々に対して彼女が何をしたかという真実は隠されたままです。新しいオフィスで働くことになる1500の雇用者数は、当初、約束されていた新規雇用者数よりもはるかに少ないというだけではありません。アマゾンのこの新オフィスが建設されるのはロングアイランド・シティではなく、マンハッタンのハドソンヤードということになったのです。

この場所は、最近ではフェイスブックが巨大な拠点を作った地域で、改めて開発する必要性がほとんどありません。

そして、アマゾンの初期の計画で新しいオフィスが開かれる予定だったロングアイランド・シティから、物理的にはわずか4マイル（約6・4キロメートル）しか離れていませんが、初期開発計画によれば最も恩恵を受けたであろうはずの黒人の住む地域からは、概念的には何万光年も離れてしまったのです。

自給自足が黒人の成功の鍵

黒人は、他の人種グループと比べて、アメリカ政府に対して不自然とも言えるほど強い信頼を置かなければなりませんでした。奴隷制度から解放され、選挙権を得て、白人と同じ権利や特権を与えてもらうために、政府の力が必要だったからです。そして、私はその過程のどこかで、私たち黒人は政府を崇拝し、政府の慈悲だけが私たちの希望の源《みなもと》であると信じるようになってしまったのではないか、と心配しています。

黒人はこれまで、オカシオ・コルテスや、２０１６年と２０２０年の2回、民主党の大統領候補予備選に出馬したバーニー・サンダース（１９４１～）のような社会主義者の愚かな嘘を信じるよう操作され、社会主義という罠に簡単にかかるように仕向けられてきたのです。

私たち黒人は、〝私たちを束縛から解放してくれた同じ政府によって、そもそもは束縛されていたのだ〟ということをもう忘れているのかもしれません。

最初は政府の政策によって奴隷にされ、次に政府の政策によって隔離され、そしてこの60年間、政府の政策によって組織的に、そして意図的に破壊され続けてきた黒人社会が、もっと「大きな政府」になれば、彼らの困難な状況を解決できるのだとなぜか信じているのは、どうにも皮肉なことではないでしょうか。

論理的に考えれば、政府がさらに力を拡大しようとする試みは、黒人社会によって激しく反対されるべきです。私たち黒人の歴史を顧みれば、黒人は社会主義との戦いの最前線にいるべきですが、とはいえ左翼の約束する慈善政策には抗《あらが》いがたい魅力があるのです。
これは、私たちの内なる葛藤を表しており、それは誰もが理解できるのではないでしょうか。

黒人は、奴隷制度やジム・クロウ法など、長い間政府によって苦しめられてきたのだから、今度は黒人の負担を軽くするために、なぜ政府が黒人住宅への補助金や生活費を出さないのかと。答えは簡単で、鎮痛剤では癌を取り除くことはできないからです。

短期的な解決策は、感染がひどい傷口に貼る一時しのぎのバンドエイドのようなもので、黒人社会を悩ませている根本的な問題を解決することはできません。

「社会主義政府は伝統的に財政を破綻させます。彼らはいつも他人のお金を使い果たしてしまうのです」というマーガレット・サッチャーの有名な言葉があります。

アメリカ政府が黒人に与えるお金は、どこか他の人々から奪って来たものであり、その資金はいずれ底をつくのです。

第2次世界大戦中にイギリスの首相を務めたウィンストン・チャーチル（1874〜1965）は、「繁栄のために重税をかける国家は、バケツの中に入って取っ手を持ち、バケツを持ち上げようとしている人と変わらないではないか」と言っています。

さらに、政府からの資金を使い果たした後で、稼ぎ方を知らない黒人は、生き延びるために再び政府に物乞いをしなければならない立場に追い込まれます。努力もしないで、もらえるものだけはもらうという生き方は、人間を弱くし、自尊心を失わせます。人間が本来持っている感覚である、生きていく意欲や、進歩したいという願望を奪うことによって、起業家精神を失わせるのです。魚を与えられることはあっても、自分で釣り糸を垂れて魚を獲ることを覚えない人の人生は、貧困に喘《あえ》ぐ絶望的なものとなります。こんな状況に陥った黒人に、多くの人が同情はしてくれるでしょうが、私たちが自立しなければ、繁栄を勝ち取ることは決してできないのです。

黒人ビジネスの黄金時代と呼ばれる1900年から1930年までの30年間は、黒人は、助けがなくても自分たちの力でやっていける、という私の主張を裏付けるものです。

この時代には、何万人もの黒人男女が、会社を立ち上げることで運命を自分の手で切り開き、経済的に豊かになりました。人種差別的な政策により、黒人は多くの仕事から締め出され、適切な賃金を得ることもできないうえ、政府の介入も期待薄であったため、黒人は自分たちでやるしか他に選択の余地はなかったのです。そして、彼らはそれを成し遂げたのです。

1900年、ブッカー・T・ワシントン（1856〜1915）は、「黒人の商業的・財政的発展」を目指して、黒人起業家を支援するネットワークを提供する全国黒人商業者連盟

(The National Negro Business League）をボストンに設立しました。

ワシントンは、黒人が経済的に発展することが、彼らの真の平等に繋がる唯一の道であることを確信していました。

生前最後となった、連盟の年次講演の壇上で、彼は「教育の根底に、政治の根底に、さらには宗教そのものの根底に、他のすべての人種と同様に、我々の人種にも経済的基盤、経済的繁栄、経済的自立がなければならない」と、述べています。

1900年から1914年にかけて、黒人企業の数は2万社から4万社へと倍増しました。しかし、1929年にアメリカは大恐慌に陥り、特に黒人は大恐慌からの脱却に苦しみました。あのどうしようもなく厳しく貧しい時代に、黒人社会が政府の援助に頼ったことは理解できます。しかし、問題はその後です。

20世紀初頭には、黒人のビジネスが政府の援助なしに上手くいっていたという事実を知っていても、私たちがそこから何の教訓も得ていないことには困惑するしかありません。

黒人が、福祉や政府から支給される手当てによって豊かになることは決してありません。もし、本当にそんなことが可能であれば、すでに実現しているはずです。

あまりにも長い間、私たち黒人は〝私たちの票に頼って権力を得てきた民主党〟に惑わされ続けてきました。そして私たちはあまりにも長い間、主権を持っているのは国家で、政府からの援助なしには豊かな生活を送ることができない、と信じ込まされてきました。

しかし真実はこうです。黒人は民主党に属しているわけでもなく、彼らの社会主義的信条にも属していないのです。

私たちは、政府が信仰するように勧める偽《いつわ》りの神に従うのではなく、私たちの信仰における唯一無二の神の教えの元で、働き、そして生きていくのです。

社会主義とは、妬《ねた》みと不幸を共有する者への福音であり、その社会主義の歴史の中では、私たち黒人が存在する時間は終わろうとしているのです。

6

教育について
On Education

「自由」という言葉を少しの間考えて、頭の中にどんなイメージが浮かんだかを書き留めてみてください。私が思い浮かべるのは、広い野原にいる若い女性の姿です。彼女は、目を閉じて、カールした髪をゆったりと垂らし、顔を太陽の方に向けています。あなたは、私とは違うイメージを思い浮かべたかもしれません。しかし、いずれにしても自由という概念は、ポジティブな思考と結びつくでしょう。

私たちは「自由」という言葉を、私たちが負うさまざまな責任と結びつけることはまずありません。また、この言葉は平凡な日々の暮らしの中ではほとんど意識されることはありません。しかし、「自由」とは「個人の責任」と表裏一体なのです。

真に自由な社会では、各個人が自分自身に対して責任を持つことが求められます。自由であるためには、自分で自分を養う方法を学び、どんな形であれ自分のできることをして収入を得ることが必要です。そして、得た収入をどのように使うか、あるいはどのように貯蓄するのかを自分で決めるのです。自由とは、責任を果たすことで得られる報酬なのです。

逆に、個人の責任のすべてを取り去った究極の例が奴隷制度です。

奴隷は自分に対する責任を一切負うことが許されていませんでした。自分のために何かを作り出すことも、労働の成果を享受することも、将来への準備をすることもできなかったのです。
1964年の公民権法が成立した1年後、リンドン・B・ジョンソン大統領は全米屈指の名門黒人大学ハワード大学での卒業式で歴史的な演説を行い、次のように主張しました。

自由とは、アメリカ社会において、投票する権利、公共の場に入る権利、学校に行く権利などを、完全かつ平等に共有することである。また、それは国民生活のあらゆる場面において、他のすべての人と同等に尊厳のある個人として扱われ、平等な機会が約束される権利のことである。

この部分については、彼は正しいことを言いました。ジム・クロウ法が廃止されるまで、アメリカの黒人は真の自由を与えられたことがありませんでした。社会から隔離されていた人種であったため、さまざまな制限を受けて抑圧されて生きていたのです。どこで教育を受けるのか、どこに住むのか、そして誰と付き合うのか、ということまで、黒人には選択の自由がなかったのは事実です。ですが、残念なことに、ジョンソン大統領は演説を続けて、「しかし、自由だけでは十分ではありません。何世紀にもわたって刻まれてきた傷跡を、『今、あなたたちは自由に好きなところへ行き、好きなように行動し、好きなリーダーを選ぶことができる』と言うことによって拭い去ることはできないのです」と言いました。

この部分について、彼は間違っています。危険なほど間違っているのです。

アメリカの黒人は、解放された「だけ」で十分でした。１９６４年は、私たち黒人が自分たちの人生に全責任を持ち始め、新しい出発の門出の年となるべきでした。

長年の抑圧によって白人との間に生じたギャップを埋めるために、特別な努力を始める時とすべきだったのです。そして、この年、アメリカの黒人に何よりも必要だったのは、教育への取り組みでした。遅れを取っている多くの分野での差を縮めるために、私たちに与えられた唯一の方法は、努力と勉強を重ねていくことしかなかったのです。

しかし、このような現実に対して、私たち黒人に公民権を与えてくれた大統領は、その舌の根も乾かぬうちに、黒人が成功するためには白人の助けが必要だ、と言ったのです。奇跡的に、私たちに個人的な責任が与えられた次の瞬間に、それは奪われてしまいました。

これは信じがたい皮肉ですが、３４５年もの間、個人が責任を負って生きる権利を白人社会に奪われてきたのに、私たちはその同じ白人社会に、やっと得たその権利を奪うことを許してしまったのです。

確かに、白人社会がそれを奪う方法は以前とは変わりました。

それまでのように、私たち黒人には、自分自身に責任を持つことが「できない」とむやみに言ったり、表立って様々な機関から締め出したり、追放したりするわけではありません。今度は、今まで差別を受けてきた黒人に、いきなり白人と同じレベルの仕事を期待できるとは思わないから、黒人たちはまだ自分たちに責任を持つべきではない、持たなくても良いのだ、と言い始めたのです。

このようにして、黒人が犠牲者意識を抱えて生きる時代が始まり、今でも黒人社会はそれを受け入れ続けているのです。


誤解のないように言っておきますが、アメリカ黒人の欠点に関して白人がすべて責任を負うべきだという考えは、実は白人が権力を持っているということを表しています。自由な社会において、黒人は自分の欠点に責任を持たなくてよいというテーゼを受け入れるには、黒人は白人よりも劣等であるということを前提としなければならないからです。

保守派は白人に権力があるということも、黒人が劣等であるということのどちらも信じていないので、〝白人が黒人の欠点や不完全な部分すべての責任を負うべきだという考えは、左翼によって作られた嘘だ〟と常に否定します。

この作られた嘘を受け入れる黒人は、「覚醒《ウォーク》した（woke）」からそうしているのではなく、恐れているからそうしているのです。彼らは自分の人生に責任を持つことを恐れているのです。この根深い恐怖こそが、公民権法の成立直後に始まった黒人の過激な活動を生み出しました。

人種隔離政策から解放された瞬間に、当時の黒人たちは自由の重荷を認識し、自分たちの多くの欠点に対する言い訳を探し始めたのです。そして、リンドン・ジョンソンは、あの記念すべき卒業式の演説で、その答えを彼らに伝えたのです。

それによって、黒人は自由であっても同時に犠牲者になりうるという物語の存在を知ったのです。

このような時代に育った、アメリカの黒人保守派作家であり、人種問題の研究者でもある、シェルビー・スティール（1946〜）は、この現象をこう表現しています。

> 現在のアメリカにおける黒人の最大の問題は、自由です。すべてにおいて発展途上にあり、かつて抑圧されていた彼らは、新しい自由を手にすると、まず衝撃と屈辱を感じます。なぜならば、自由は彼らの未熟さと、対等な競争力のなさを露呈するものだったからです。自由になったがために、彼らに関するあらゆる醜い固定観念、特に

劣等感が本当のものであったと裏付けられたのです。しかし、彼らにはもはや、抑圧されているという言い訳は使えないのです。抑圧がなければ、劣等感や競争力のなさは自動的に彼らの責任になります。つまり、自由とは屈辱的なものであるだけでなく、圧倒的な責任の重さを伴うものなのです。

『ホワイト・ギルト（白人の罪状）』

自由ほど恐ろしいものはありません。長年の抑圧に耐えた後に、突然、自分のもとにやってきた場合はなおさらです。長年、白人と同等ではないと言われ続けてきた黒人は、自分たちのせいではありませんでしたが、実際に自由を経験することで、自らが白人と同等ではない、同じ能力を持っていないという現実に直面することになったのです。

当然のことながら、それまでの抑圧により、黒人は教育のあらゆる分野で白人に大きく遅れをとっていました。しかし、この問題に向き合うことを恐れるあまり、今日《こんにち》見られるように、私たち黒人は民主党が盛り続ける毒を受け入れ、犠牲者として留《とど》まるという選択をしてしまっているのです。私たちは、責任の重さに対処するよりも、施《ほどこ》しを受けるようになりました。というよりは、私たちは、白人が創り出す、彼らが自分たちよりも進歩しているという錯覚を許してしまったのです。

道徳的に卑劣な行為であるアファーマティブ・アクション（積極的格差是正措置）ほど、その良い例はありません。

アファーマティブ・アクションの悪い結果

黒人を「助ける」ために政府が導入した多くの悪意ある制度の中でも、アファーマティブ・アクションほど黒人の役に立たないばかりか、むしろ積極的に差別を助長しているものはありません。

一般的に、教育制度におけるアファーマティブ・アクションに関するメディアの報道は、資格のある白人やアジア人の大学志願者が、資格のないマイノリティに席を譲るために不利益を被っているかどうかに、焦点が当てられています。

しかし、アファーマティブ・アクションが、本来は支援すべき集団に悪影響を与えているという、避けては通れない事実についてはあまり報じられていません。

経済学者であり社会理論家でもあるトーマス・ソーウェル（1930～）は、1960年代後半、アイビー・リーグの一つである名門コーネル大学で経済学の助教授をしていたときに、コーネル大学に在籍するかなりの数の黒人学生が、学業成績の保護観察処分を受けていることに気が付きました。

彼が調査してみると、コーネル大学は人種間の格差をなくすために入学審査に抜本的な対策を講じており、そのために、単純にマイノリティであることを理由に、学力が十分ではない学生も入学させていたことがわかりました。学業で苦労している学生の大半は、入学の時点で、自分の実力によってコーネル大学に入学したのではなく、アファーマティブ・アクションのおかげで入学し、在籍していたのです。彼らは大学の見栄のために入学を許可されはしたものの、学力のうえで優れた同級生と競争できなくなり、孤立してしまっていました。要するに、政府は見当違いなことをしていたのです。

黒人学生を助けるために作られたはずの政策が、実際には黒人学生を傷つけていました。この事実に興味を持ったソーウェルは、コーネル大学で起こっているこのような事実をもっと深く知るために、さらなる調査を行い、どこの大学においても同じことが言えることを発見しました。

肌の色を元にして学生を入学させると、生徒は良い学業成績を修められないのです。

アメリカの大学におけるアファーマティブ・アクション政策は、１９７０年代初頭に具体化し始めました。公式には、ジョンソン大統領のハワード大学での演説がきっかけとなりました。これが積極的差別（逆差別）の枠組みを広めたと考えられています。ジョンソンは１９６５年までに、労働力における積極的な差別を行うための大統領令に署名し、政府の請負業者や下請け業者にマイノリティを雇用する「アファーマティブ・アクション」を取ることを求めました。このような政策の立案者は善《よ》い意図を持っていたと考えるのが妥当ですが、結果何が起きたかのほうが、初めにどのような意図があったかよりも大事です。

面白いことに、肌の色で人を判断してきた歴史を修正するために、学問の世界では肌の色で人を判断する公式の信条と、人種を元にした学生の割合決定の方法が導入されていきました。

もちろん、これらの政策のもっと利己的な面としては、白人たちは黒人を優遇することで、自分たちの祖先の持つ卑劣な過去から縁を切っているかのように感じたことです。自分の美徳を周囲に示すためには、マイノリティを直接的に差別するのではなく、マイノリティに代わってマイノリティのために差別を行うのが一番です。そうやって起こるのが積極的な差別です。しかし、すべての差別がそうであるように、この差別も結局、後退をもたらすのです。

黒人学生も他の学生と同様に、いずれは実社会での競争に晒《さら》されることになります。マイノリティであるという理由だけで、早い時期に教育制度の中で彼らを自動的に優遇する、つまり利益を与えることは、マイノリティだからという差別的な理由で「不」利益を被《こうむ》ることと何ら変わりません。結局、彼らが活躍することを直接的に阻害することになるのです。

この考え方は、進歩主義者の目的に真っ向から反していますし、架空のトロフィーを全員に与えて、誰もが負けたことで嫌な思いをしないようにしようとするようなものです。しかし、それは感情に基づいたやり方であり、事実に基づいたものではありません。

現実の話、能力がないという事実を、不当に得たメダルによって覆い隠しても、自分の実際の実力を改ざんすることはできません。むしろ、自信過剰な若者たちの集団を作り出した結果、準備不足の者は何の容赦もない現実世界の競争の中で、必然的に押しつぶされることになるのです。

例えば、社会的善意やフェミニズムの名を借りて、私がプロのアメリカンフットボールチームのディフェンスの司令塔であるラインバッカーになることを決意したとします。そして、そんな私のために文句なしに好意的な宣伝がなされ、NFL（National Football League）は私にチャンスを与えることを決めます。

しかし、私もNFLもいかに素晴らしい意図を持っていたとしても、試合当日に私がひどい成績しか残せないのを止めることはできません。

同様に、黒人学生を彼らの実力以上の大学にゲタを履かせて不当に入学させたとしても、本当の競争が始まったときに苦しむのは、このような学生自身なのです。

これは優先的に入学させようと決めた時の意図とはまったく異なる結果です。理論的には、アファーマティブ・アクションは競争を公平に行うことを目的としています。しかし、それは実際には黒人と白人との間の溝をさらに深くしているだけなのです。

私は、黒人が教育の場での成果において白人に遅れを取り続けている理由は、〝自分たちは以前に抑圧的な環境にあったのだから、白人と同じ努力をさせられるべきではない、という信念が黒人の間で文化として広まっているから〟だと考えています。

何世代も前のアメリカの黒人たちは、成功するには努力するしかないと理解していました。政策によって近道を準備してもらったり、政府からの手当てを当てにするという考え方は、当時はまだ一般的ではありませんでした。ソーウェルが述べているように、黒人社会がはるかに過酷な状況下で素晴らしい成果を上げることができたのは、彼らの勤労意欲が第1の理由です。

米国の黒人の歴史は、アファーマティブ・アクションを提唱する人々によって、事実上、根本から捏造されている。１９６０年代の公民権革命と１９７０年代のアファーマティブ・アクションの開始に先立つ数十年の間は、ほとんどの黒人が自らの力によって貧困から抜け出していたという証拠が残っている。この経験が示すことは明らかである。しかし、指導者や黒人の友を名乗る人たちが、この出来事について、政治的意図を持って誤って伝えたために、黒人が成し遂げたことは、国民の記憶の中で完全に埋没してしまった。他の人種が努力によって貧困から抜け出し、それによって得た尊敬を勝ち取る代わりに、黒人は、友人からも敵からも、政府からの恩恵によって進歩してきたと広く認識されている……。

恵まれない人々への配慮は、自分たちができないことをできると勘違いすることとは全く違う。また、人間には本質的な限界がありはするが、それを認めたからといって、その限界ある能力で全力を尽くすことを怠るのとは別の話だ。

アメリカでは、少なくとも歴史に前例があるのだから、それは可能なのである。

もちろん、アファーマティブ・アクションが効果的でないと判断する最も簡単な方法は、アファーマティブ・アクションが実施されなかった領域で黒人が成功を収めているかどうかを調べることです。

例えば、スポーツの分野はどうでしょう。黒人はこの分野において優位を占めています。注目すべきは、NBAの数々の記録を更新し続けているプロ・バスケットボール選手のレブロン・ジェームズ（1984〜）は、「1回シュートを決めると、彼の肌が黒いことが理由で4点獲得できる」と言われたことなどないということです。彼は2008年に得点王になりました。彼は、自分が劣っていると言われたり、スポーツに関して才能がないなどと洗脳されたりしたことはないのです。

また、アメリカの黒人は音楽の分野においても優れています。世界で最も権威のある音楽賞の一つであるグラミー賞の歴代受賞数のトップテンには、歌手のスティービー・ワンダー（1950〜）、ビヨンセ（1981〜）、ラッパーのJay-Z（1961〜）、カニエ・ウエスト（1977〜）らが入っています。

彼らは、いずれも肌の色を理由に得票数の水増しをしてもらったり、相対評価で採点されたりしてグラミー賞を獲得したわけではありません。ただ、ライバルよりも優れた音楽を作り、それが評価されただけです。

過去に、黒人が政府の力を借りずに成し遂げた偉業の唯一の鍵は勤勉さでした。現在の教育システムが、それを黒人の子供たちに奨励せず、彼らがよりよい人生を生きるための準備をする場を提供することを拒否しているのは、本当に残念なことです。

公立学校の罠

私が家族と一緒に祖父母の家に引っ越す前、機能不全の家庭生活から逃れることができる場所は学校だけでした。幼稚園の登園初日から、私は毎日そこに通うことを楽しみにしていました。私にとって学校とは、単に勉強のためというのではなく、自分の将来のために良い環境だと感じる所でした。私はそのような場所に身を置く意味を感じていたのです。

幼稚園で初めてできた友だちの一人が、ローラというブロンドで青い目の女の子でした。私たちは親友になり、放課後に彼女の家に遊びに行くことになりました。私はそれまで、少なくとも遠い親戚以外の人とは相手の家を訪れて一緒に遊んだことがなかったので、何を期待していいのかわかりませんでした。しかし、それは私の想像を遥《はる》かに超えるものでした。

その日、彼女の家に向かう車の中でのことは、今でも鮮明に覚えています。彼女の母親が運転する巨大なSUV・サバーバンの窓から、通り過ぎて行く家々がどんどん大きくなっていくのを、私は驚きとともに見ていました。私が最も感銘を受けたのは、あまりにも多くの木々が植えられているのを見たことです。町の反対側の、私と家族が住む3ベッドルームの小さなアパートの世界の「外」には、たくさんの森があり、たくさんの違う種類の「生活」があったのです。

私はまだ小さな子供でしたが、その感覚に圧倒されたことを覚えています。その頃の私は、誰もが私と同じような生活をしていると思っていたからです。

ローラの家はスタンフォード北部の豪邸で、プレイルームと呼ばれる広い部屋がありました。「遊ぶためだけの部屋?」その概念は、幼い私の小さな世界をひっくり返してしまいました。私は他の惑星を訪れた宇宙人になったような気分でした。

彼女のベッドルームは完璧に整えられ、私のように他の2人の姉妹と共有する必要もなく、すべて彼女のものでした。彼女は白いビクトリア調のベッドルーム用の家具を持ち、棚には磁器の人形が整然と並んでいて、すべてがとても繊細に見えました。私は、何も壊してはいけないと思っていました。

実はこの話は、私が講演でもよく紹介する話です。なぜなら、このエピソードから学ぶことはとても大切だからです。

子供たちの心は真っ白なキャンバスのようなもので、彼らの周囲に広がる世界から入って来る情報を処理するために、過剰とも言えるくらいに働いています。そして、日々の経験をどのように処理するかによって、彼らの人生が未来のどの方向に導かれていくかが決まります。そして、何よりも大切なのは、子供たちの「なぜ」という情熱的な問いに大人がどう答えるかです。

「空はなぜ青いの？」「芝生はなぜ緑なの？」「どうしてローラの家は私の家より大きいの？」

このような質問に、大人が、すぐに、そして、どのように答えていくかが、子供たちの社会との関わり方を形成していくことになります。答えが正しいかどうかは、実のところ関係ないのです。多くの場合、質問への大人の反応が人生の最終的な成功と失敗を分けることになるのです。

1日の大半を教室で過ごす他の多くの子供たちと同様に、私も世界をより深く理解するために、先生や教科書を頼りにしていました。私は公立学校に通っていたので、すべての答えは明確に定義されたパターンに合致していました。

そのパターンとは、黒人は犠牲者であるというプロパガンダで、これが真実を超越してしまうというものでした。

学校は、子供たちが安心して成長することができる環境である、と親は考えたいものです。ルビー・ブリッジスの時代から長い道のりを歩んできた今、生徒が教室で劣等感を学ぶことを想像する人は少ないでしょう。しかし、残念ながら、それは今でも学校で日々起きているというのが現実です。

アメリカの学校では、白人には特権があり、黒人は抑圧されている、という欠陥のある概念、つまり肌の色が違うということが違いを生むのだ、という考えを子供たちに教えています。

公立学校では、低所得者向け住宅に住む私のような家族と、ローラのような家族との違いは、組織的で意図的な不正義がなされた結果生まれたものだと教えられるのです。

長い年月をかけて教育現場でゆっくりと洗脳されてきた私たち黒人は、奴隷制度、クー・クラックス・クランの再結成、公民権運動中に使われた警察の放水銃と攻撃犬などが、今日のアメリカの黒人に降りかかるあらゆる問題の原因だと信じ込まされています。

このパッケージ化して対比する理論は、貧困層と富裕層、女性と男性など、あらゆる分野に適用されます。

このように「犠牲者 vs. 抑圧者」という枠に入れて考えることは、特に黒人の若者の精神に悪影響を与えます。結局のところ、あなたの欠点に関して、あなた自身には何の責任もない、と言われていては、とても努力をする気になどなれないのです。

もちろん、私が通っていた学校で、「ローラの家が裕福なのは彼女の父親の起業家精神のおかげだろう」と結論づけるような考え方を教えられることはありませんでした。彼が下した決断が正しく、それがビジネスの成功に繋がった可能性だってあります。また、学校の授業では、私自身の両親の決断が違ったものだったらどういう可能性があったか、ということを探ることもありませんでした。

母が高校卒業資格を持たず、10代で妊娠しようと決意したことが、母の可能性を狭めたのかもしれませんし、父の家族に対する無責任な態度が、私たち家族を経済的に不安定な生活に追い込んだのかもしれません。

しかし、組織的な抑圧が全ての問題の原因だとする作り話の枠の中で考えるように仕向けられている時に、私の通っていた学校は、黒人の生徒に個人的な意思決定の結果について教える勇気はありませんでした。

このように、今日の学校のカリキュラムでは、自由市場や資本主義、起業家精神について学ぶ代わりに、私たち黒人の成功のために、他者が果たす役割を過度に強調して教えています。生徒は、教育を通して組織的に、自分で成功への道を切り拓く可能性を奪われ、他人の成功に対しては憤慨するように訓練されているのです。

そして、それはある種の自己完結型の矛盾を生み出します。私たちが、気が進まないことだとどうしても達成することができないのと同様に、憎んだり嫌ったりしているものを獲得することはできません。もし、お金や成功が私たち黒人の憎しみや憤《いきどお》りの対象となれば、それらは間違いなく黒人には決して手の届かないものとなるのです。私たちの潜在意識は、私たちが嫌うように仕向けられたものに近づかないようにするため、お金や成功を得ることのできる機会を拒絶するからです。

そして、今の教育システムが子供たちを集団的に洗脳し、可能性を奪っていることは大いに悲劇ですが、それ以上の問題は、学問的教育そのものが見事に失敗していることです。

選ぶことを拒《こば》む

第4章「過剰な文明化について」では、統計によると小学校から中学校に通う黒人の子供たちが、重要な分野のほぼすべてで、白人の子供たちに比べて遅れをとっていることを紹介しました。残念なことに、この問題は高校生になると、さらに悪化します。

大学進学のための標準テストを行うACTが発表した2019年の報告書によれば、2019年の黒人の高校卒業生のうち、高校2年生から3年生の間にACT標準テストを受け、英語の科目で大学進学に対応できる能力を示したのは、わずか32%でした。その他の科目ではさらに悪い結果でした。読解力において大学入学のための基準を満たした黒人学生はわずか20％で、数学と科学の分野では、それぞれ12％と11％だったのです。

この結果は、黒人社会全体にとっても大問題ですが、「恵まれていない」とされる黒人学生は、これよりもさらに厳しい状況に置かれています。

「恵まれていない」とは、私のように低所得の家庭から来ていて、両親が大学に通ったことがない学生です。

・「恵まれていない」生徒のうち、ACTテストで大学進学準備基準を3つ以上の科目で満たしたのはわずか9％だった。
・恵まれていない生徒で、ACTテストを受けた2019年の高校卒業者のうち、数学の履修年数が3年以下であると回答しているのは21％で、これは10％となっているその他の生徒2倍以上の割合である。
・恵まれていない生徒は、STEM（Science 科学、Technology 技術、Engineering 工学、Mathematics 数学）クラスを大学で履修するための準備に関して、同世代の他の生徒よりも遅れている。過去2年間と同様に、2019年には、全基準を満たして恵まれていないと認定された学生のうち、ACTテストの科学と数学系分野（ACT STEM）で大学進学の水準に達成したのはわずか2%だった。

このデータが恵まれていない生徒の将来を暗示していることは、私が説明するまでもないでしょう。黒人生徒の知識が基本的な教育水準に達していなければ、彼らの将来のキャリアは見通しが悪くなります。そして、現在彼らの属す黒人社会が巻き込まれている貧困のサイクルを断ち切ることができる可能性も低くなるのです。

言うまでもなく、このような悲惨な状況を招いたのには、公的教育制度に大きな責任があります。それでも、親たちは、明らかに我が子のためにならない教育機関に、毎日子供を預け続けています。

公立学校が子供たちの将来を駄目にしているという証拠があるにもかかわらず、黒人の家族は左翼によって、公立学校が最良の、そして唯一の選択肢であると信じ込まされています。

子供にとって最良の学校を選ぶことは、政治的な問題であってはならないというのは大前提です。しかし、民主党が黒人に、公立の教育機関以外の学校に子供を通わせることは破滅を招くと信じ込ませているため、子供の通う学校の選択は確実に政治的な問題となっています。

子供の教育に割り当てられている政府資金を公立学校から私立学校やチャータースクールなど、自分で選んだ教育機関に移行することができるチケットの制度がありますが、多くの世論調査によると、黒人の保護者は自分たち自身で子供の通う学校を選ぶことに賛成しています。

ところが、馬鹿げたことに、左翼の政治家たちはこの選択肢の存在を市民の自由の侵害として反対しているのです。

彼らは、このチケット制度が白人家庭に有利であるため、公立学校での人種差別が起こる原因になっている、というわけのわからない主張をしています。

これらは左翼による、黒人の進歩をコントロールし、束縛するための典型的な誤情報による洗脳作戦です。

教育環境を劇的に改善する選択肢が目の前にあるのに、黒人の両親がひどい状況にある公立学校に忠誠を誓うことで、子供の将来を危険にさらし続けている現状は、私には理解できません。リベラル派がそうすることを求めているということは、さらに理解できません。

アメリカの労働市場は人種差別的であって、黒人は仕事を確保したり出世したりすることが難しいと主張する人々が、同時に黒人の子供たちにとって最良の教育方法を選択することに対して反対しているのです。

これは、職場で実力を発揮するために準備するより良い教育環境に、黒人の子供たちが行くことを妨げることを意味します。そんなことに全力を尽くすというのは、大いなる矛盾ではないでしょうか。

また、学校選択システムの使用に大きな声で反対して、子供を公立の学校へ通わせるように主張しているのにも関わらず、自分の子供はちゃっかり私立学校に通わせている人がいますが、調べてみると民主党員だったということがよくあります。

このような彼らの驚くべき偽善は、彼らがより邪悪な意図を持っている証拠であると私は思います。

教育を受けていない黒人の子供は、やがて教育を受けていない大人になり、教育を受けていない大人は、物事を自分の頭を使って批判的に考えるよりも、大規模なプロパガンダに支配されやすい、ということをおそらく民主党はよく理解しているのでしょう。

アカデミア

黒人文化自体が、黒人が犯す失敗の最大の要因の1つですが、これを語らずして、黒人と教育との関係について意味のある議論をすることはできません。1つの例は、多くの黒人学生にとって教育は「カッコイイ」ものではないということです。

黒人の生徒は、白人の生徒が多い教室で学ぶほうが、黒人の生徒が多い教室で学ぶよりも、学業成績が良くなるという悲しい事実があります。しかし、その理由について議論されることは決してありません。

なぜなら、これは左翼によるプロパガンダが教える〝黒人には非難されるところは何もないという大前提に反し、黒人社会内部の問題を露呈している〟からです。

実際は、アメリカの黒人たちが無知を称賛しているだけです。

例えばエボニックと呼ばれる「黒人英語」を使用しない黒人を「白人ぶっている」と非難するというようなことです。これに関しては、私が一番よく知っています。

私が小学生だった頃は、8歳になるまで統一テストを受けることはなく、もしテストを受けたとしても、テストの結果に基づいてクラス分けされることはありませんでした。ですから、私のクラスは人種を見ても、成績を見ても、非常に多様でした。私は、同じクラスのヒスパニック系や黒人の女の子たちと親友になりました。

標準化テストの受験が始まると、私は高得点を取ったので、3年生のときの担任は飛び級をして4年生になることを私に勧めました。ですが、転校して友だちができたばかりだった私は大泣きして、母にそのままの学年でいさせてくれるようにとお願いしました。母は、学校の中にあって成績優秀とされる生徒のための特別クラスである「非凡な学習者のためのプログラム」に参加することを条件に、3年生に残ることを承諾してくれました。当時、このプログラムに参加していたのは、私を除けば全員が白人でした。

中学校に入学すると、生徒は標準化テストの点数によってクラス分けされるようになりました。私のクラスには、私の他に2人の黒人生徒がいましたが、生徒のほとんどは白人でした。

そして、他のみんなも、私自身も小学校でそうしたように、同じクラスの生徒たちと友情を育みました。そのため、小学校時代とは打って変わって、友だちの大半が白人ということになりました。

そして、この時からいじめが始まったのです。

学力の低いグループの黒人の女の子たちは、私が教室に行こうとすると、廊下で私の邪魔をし、失礼で侮辱的な言葉を私に浴びせてきました。その中でも一人の女の子は、私が廊下で彼女のそばを通るたびに、わざと私の肩にぶつかってきました。それでも、私は彼女たちを無視していました。

そんなある日、私は学校のカフェテリアで一人の黒人の女の子に呼ばれました。私は彼女のテーブルまで歩いていきながら、これは何かを仕組まれているのだろうと思いましたが、無視することはできないとも思っていました。私がテーブルに着くと、彼女は率直に質問してきました。

「キャンディス、もし私があなたに『Holla（ホラー）』と言ったら、あなたは何と言い返す？」

「Hello と言うわ」と、私は正直に答えました。

私がそう答え、自分のテーブルに戻ると、彼女のテーブルを埋め尽くしていた黒人の女の子たち全員が大声で笑い始めました。私は、後になってこの問いへの正解は「Holla back（ホラー　バック）」だったと知ることになるのです。これは当時のヒップ・ホップの大ヒット曲、グエン・ステファニの「Hollaback Girl（ホラーバック ガール）」で広まった表現でしたが、当時の私はヒップ・ホップのヒット曲にあまり関心を払っていなかったので、その曲を知りませんでした。と言うのも、小説家のJ・K・ローリング（1965〜）が『ハリー・ポッター』シリーズの最新作を発表したので、友人たちが結末を明かす前に、毎日急いで家に帰ってこの新作を読んでいたからです。

これらのいじめはすべて、私が「白人のように振舞っている」という彼らの偏見に起因していました。それで黒人の女の子たちは、私に恥をかかせようとしたのです。

この出来事から数年後、私の肩にいつもぶつかってきていた女の子と美術の授業で一緒になり、私たちは親友になりました。私は彼女に、なぜいつも私に肩をぶつけてきていたのかを尋ねました。

そのときの彼女の答えを私は忘れることができません。

「私はあなたが高慢な人だと思っていたの。あなたがイケてる子だとは知らなかったのよ」

彼女は、1度も話したことのない私を、学力の高いクラスにいるということを基にした思い込みだけで、白人のように振舞っているという罪で有罪だと勝手に決めつけてしまっていたというのです。

高校では、廊下で私の邪魔をしたり、私の服装を侮辱したりしていた女の子が、私の幾何学のクラスに入ってきました。この子とも親友になりました。

彼女に、なぜ私をいじめていたのかと尋ねると、彼女の答えも前の女の子と同じように不条理なものでした。

「わからないわ。みんな、あなたのことを最低の女だと思っていたのよ」と、彼女は言い放ったのです。

このように、彼女たちから有罪判決を受けたとはいえ、私は「白人のふり」をしていたわけではありません。私の本当の罪は、黒人英語ではない標準英語を話し、テストの質問に正解し、ヒップ・ホップの用語を覚えずに本を読んでいたことにあります。

黒人にとって、これは同じ人種に対するある種の裏切りでした。私は黒人らしく振舞っているとは思われていなかったのです。

私は黒人らしさという不文律に従っていなかったのです。これが彼女たちにとっては、いじめたいと思わせるほどの罪だったのです。

学校で優秀な成績を収めている黒人の子供たちが、何らかの形で彼らは「白人を演じている」という考え自体が、このような子供たちに対して人種差別的な評価をしていると言えます。

なぜなら、知性というものは白人の属性であるのだと言うことをほのめかしているからです。黒人の若者に、学業での成功は自分たちのものではないという信号を送っているのです。そして、黒人社会において、優秀な黒人学生は、「自分の人種グループの一員として認められたいのか」、それとも「仲間はずれにされても勉学で良い成績を収めたいのか」、この2つのうちのどちらかを選ばなければならないという文化を作り上げているのです。

実際のところ、誰かが白人のように振舞っていると非難する人々は、自分自身が非常に愚かな行動をとって、黒人を貶《おとし》めていることになるのです。

自由の重荷

根本的な問題は、60年間にわたって民主党に忠誠を誓ってきた黒人たちが、自分たちはあらゆるルールにおいて例外である、と信じ込まされてきたことにあります。しかし、それまで勤勉でもなく、学びもせず、適切な判断を下すこともないまま生きてきて、それで同世代の人たちとの競争に敗れたのなら、驚くに値《あたい》しません。

また、真面目にやっていないのに、自分の希望したものとは違う結果になったからと言って、不公平を訴えることもできません。これらのことは黒人に限らず、誰にでも平等に言えることです。黒人だけが特別扱いされるべきだという間違った感覚こそが、黒人を傷つけ続けるのです。

小学校、中学校、高等学校の欠陥教育の中で、私たちを人質にするだけでは物足らず、教育制度は左翼と一体となって、黒人に学業を達成したかのような錯覚を与えています。しかしその錯覚は、競争が始まった時の最初の小さな衝撃で崩れ落ちてしまいます。また、今日《こんにち》の黒人文化は、人種差別的な誤解の置き土産にすぎず、私たちをさらに孤立させ、私たちが進歩していくことを制限しているのです。

「自由はタダではない」という言葉をよく耳にしますが、これは一体何を意味しているのでしょうか？　自由のイメージとは、広い野原で顔を太陽に向けている若い女性ではないということです。それは、本当は友だちと遊びに行きたいのに、家で勉強している若い女性の姿です。それは、彼自身の努力によって獲得した優れた学業成績によって、有名な上位ランクの大学に合格した若い男性の姿です。

自由とは個人の責任です。ある種の特権的な生活を送るためには、自分自身で目標を設定し、理想とする生活を得るために犠牲を払うことも厭《いと》わない覚悟が必要です。

ロナルド・レーガン元大統領の有名な言葉に、「自由は一世代以上は保つことができない。私たちは血が繋《つな》がっているからといって、それを子供たちに伝えることはできない。自由とは、我々一人ひとりが、戦って勝ち取り、守り、同じように戦い、守っていく人々に受け継いでいかなければならないものなのだ」というのがあります。

自由とは、誰かから与えられ、手のひらの上に載せてもらうものではないのです。

今まで、黒人は自由を得るために闘ってはきたものの、未だ真の自由は達成されず、それゆえ黒人の自由が守られることもありませんでした。

今こそ、新しい世代の黒人が、再び自由のための戦いに挑む時なのです。

7

メディアについて
On Media

アメリカ3大ネットワークの一つであるABCニュースのキャスター、エイミー・ロバック（1973〜）の顔は嫌悪感に歪《ゆが》み、声は苛立《いら》ちに満ちていました。彼女の口からは、次から次へと言葉がこぼれ落ち、そのすべてが電源の入ったままになっていたマイクに収められていきました。

「私はこの話を3年前から知っていたのよ」と彼女は言いました。「私はバージニア・ロバーツ（1983〜）のインタビューをしたの。でも、局がそれを放送することはなかったのよ」と。

この時ロバックは、億万長者の資産家で小児性愛者《ペドフィリア》の疑いがあるジェフリー・エプスタイン（1953〜2019）について彼女が集めた、彼にとって不利な証拠について語っていたのです。

彼女の言うバージニア・ロバーツとは、エプスタインが運営していたとされる〝未成年者の性的人身売買組織〟における最も有名な被害者の一人で、2019年11月には「17歳の時に英国王室のアンドリュー王子との性行為を強制された」と、BBCで訴えた女性です。

ロバックは、自分の声が録音されているとは知らずに重大なことを語っていました。

自分の雇い主であるABCが、ロバックの集めてきた証拠を使わず、外部に漏らさないようにしている理由は、エプスタインによってすでに傷つけられた少女たちや、将来被害者になる可能性のある少女たちを守るためではなく、潜在的な犯罪者とその仲間を守るために違いない、と。そしてこれが録音されてから数年後、ようやくエプスタインが逮捕され、彼の醜悪な行為が広く世間に知られるようになったわけですが、ロバックは当時、会社から口止めされていたことに対して、めちゃくちゃに腹が立ったと語っています。

ロバックのビデオがインターネット上に出回るようになると、誰がこの録音をリークしたのか、彼女が雇用主に対して暴言を吐いていたことが公《おおやけ》になった後、彼女の立場はどうなるのか、ABCはどう対応するつもりなのか、といった疑問が噴出しました。

しかし、最も重要なことは、ニュースを「報道する」と謳《うた》っているABCのような主流メディアが、なぜニュースを「隠す」ように働いているのか、という点です。

ジェフリー・エプスタインの10億ドル（約1100億円）規模の小児性愛人身売買組織に関する事件で最も注目すべきことは、彼が少女や少年たちを勧誘し、プライベートジェットで米国領・バージン諸島に所有する「乱行パーティ島」に連れて行くために、どのような手の込んだ手段を取ったかということなどではありません。注目すべきなのは、彼に同行した多くの男性たちのことです。エプスタインのプライベートジェットの飛行記録には、多くの著名人の名前が並んでおり、そこには、民主党の最も著名なリーダーたちも含まれています。

例えば、クリントン政権時代に財務長官、オバマ政権では国家経済会議委員長を務めたローレンス・サマーズ（1954〜）や、ビル・クリントン元大統領本人です。さらなる詳細を言えば、クリントンは少なくとも26回、ロリータ・エクスプレスと呼ばれていたエプスタインのプライベートジェットに搭乗していたことが明らかになっています。

ロバックによれば、彼女はこれらの情報を当時からすべて知っていたと言います。マイクの音源が入ったままになっていたという偶然によって録音された彼女の証言によれば、彼女はクリントンに関するかなりの汚い情報を摑んでいた、とはっきり言っていますが、やはりそれを放送で明かすことはできなかったとも。

彼女は、上司たちからエプスタインのスキャンダルについて「誰も気にしていない」と言われたと主張しました。もしこれが事実であれば、ABCは単にどのニュースを優先的に放送するかというだけでなく、〝主流《メインストリーム》メディアにとっての同盟者である、裕福でリベラルな民主党員〟の隠れ蓑《みの》となり、黒人票の90％を含む数百万人の民主党支持者の忠誠心を維持するために、民主党の著名なメンバーの、わいせつで非道な行為の秘密を守る努力をしていたということになります。

しかし、人々が信じている「公平な」報道機関とは、実はきわめて偏向したプロパガンダ機関に過ぎないことが明らかになったのは、これが初めてでないことはよく知られています。

アメリカ雑誌界の最高峰に君臨すると言われるニューヨーカー誌のコラムニストの一人で、ジャーナリストで弁護士のローナン・ファロー（1987〜）は、自分が巻き込まれた#MeToo運動の経緯をまとめた2019年発売の著書『Catch and Kill: Lies, Spies, and a Conspiracy to Protect Predators（キャッチ・アンド・キル：捕食者を守るための嘘とスパイと陰謀と）』の中で、これもアメリカの3大ネットワークの一つであるNBC系列のNBC Newsに勤務していたとき、早い時期にハーヴェイ・ワインスタインの性的暴行疑惑に関する情報を得ていたのだけれど、上司たちがそのレポートをオンエアすることを拒否したことを明らかにしています。ファローはまた、NBCが朝の情報番組「トゥデイ・ショー（Today Show）」の当時のキャスターであったマット・ラウアー（1957〜）に関する性的暴行やハラスメントの疑惑を葬ったとも主張しています。これについて、ワシントン・ポスト紙のメディア・コラムニスト、マーガレット・サリバンは、2019年11月5日に、「ここ数週間で、NBCはその価値観について声を大にして明確に表明している」と書いています。NBCにとって、「利益はジャーナリズムよりも重要であり、視聴率は真実よりも重要なのだ」と。

全くサリバンの言う通りだと思いますが、私はここで、メディアのやっていることは彼女が主張しているよりもっとひどい、ということを指摘したいと思います。

それは、リベラルなメディアが追い求めている事柄の中には、利益や視聴率だけではなく、世論をコントロールすることも含まれているからです。メディアは、どのような情報を世間に広めるかを選択し、自分たちの利益に反し、見方が対立する意見が表に出る可能性のある情報を意図的に隠すことで、よその国の戦争や医療危機、そして、もちろん人種や政治に至るまで、さまざまな話題に関する人々の考えに直接的に影響を与えているのです。

このようにして紙媒体で働くジャーナリストや、テレビキャスターまでもが、ジャーナリズムの持つ、常に公平であるべきという大前提を覆《くつがえ》してまで、トランプ大統領に対しては、無謀な侮辱や疑惑を投げかけ続けてきました。

その結果、メディアは真実を報道するよりもプロパガンダが先行となり、民主党の真意や、そのリーダーとその真の姿についての真実を隠すことで、黒人の民主党への忠誠心をさらに強めようとしてきたのです。

リベラルメディアの民主党への恋心

偏《かたよ》ったメディアというテーマを語るには、トランプ大統領の誕生ほど良い出発点はなかったかもしれません。

主要な左派メディアが彼への憎しみで一丸となっている今、これらのメディアが、政策に関する事実を報道することを慎重に避けながら、彼の評判を傷つけるためであれば、やらないことは何ひとつないと言えます。それは、メディアがトランプ大統領の政策で、特に黒人社会に関連するものだけに焦点を当てると、彼らが批判すべき点がほとんど見つからないからです。しかし、メディアは何としてでも彼を攻撃しようとします。

とても面白い例を紹介しましょう。２０１７年の末に、左翼系報道機関の間で、大統領の食生活に関して大騒ぎが起きました。議論は、まず彼が日常的に飲んでいるダイエットコークの数について始まったのですが、すぐに彼のライフスタイル全体にまで話が拡大しました。

12月9日、ビジネス専門のウエッブサイトであるビジネス・インサイダー（Business Insider）が、「トランプは1日に12缶のダイエットコークを飲み、8時間テレビを見ている」と、彼らの隠れた攻撃性を感じさせる記事を掲載しました。そして、その3日後、ワシントン・ポスト紙は「トランプは毎日12缶のダイエットコークを飲む。これは健康的なのか？」という独自の記事を掲載しました。CNNが、大統領を簡単に攻撃できるチャンスを見逃す訳もなく、この話題に火がついた数カ月後の2018年3月9日に、「トランプのように1日12缶のダイエットコークを飲む習慣は変える必要がある」という内容で、この話題を復活させました。

そして、トランプの飲み物に関する習慣をメディアが最初に気にし始めてから約1年後の2018年後半、この話題は今度は角度を変えて再燃しました。記者たちの関心は、もはや大統領の健康状態だけではなくなりました。突然に、彼らはトランプがダイエットコークを好んで飲んでいることが、コカ・コーラやダイエットコークにとって問題であるかのように主張し始め、この自由世界のリーダーとブランド名が結びつくことで、そのブランドのイメージが傷つくのではないかと推測し始めたのです。例えば、マーケティング業界誌のAdAge.comは、2018年9月25日に、「ダイエットコークはトランプ問題を抱えているのか」という記事を掲載しました。

現在、Googleで「トランプ、ダイエットコーク」と検索すると、100万件以上の検索結果が表示されます。これは、トランプ大統領が好きな飲み物だという些細《ささい》なことまでも彼を攻撃する武器にしようとするメディアの不条理さを表すよい証拠です。リベラルなメディアは自らを道徳的権威であると宣言し、ビッグマックとダイエットコークが好きなトランプは、彼らの威厳ある高貴さに反している存在であるとみなされたのです。ところで、不思議なことに、キャラメル色をした炭酸水が大好きなトランプには厳しく適用されていたメディアの道徳の基準は、健康にとっては、はるかに深刻な影響のある習慣を持っているオバマが大統領だったときには、なぜか存在しませんでした。

オバマ元大統領が在任中に喫煙の習慣があったという事実は、ワシントンDC関係者の間では公然の秘密の1つとして広く知られています。実際に、彼の大統領の2期目には、時折この問題を取り上げた記事がありました。オバマがタバコの箱によく似たものを持っている写真が物議を醸したこともありました。また、オバマが大学生のときにタバコを吸っていたことを確証づける記事も出ました。

しかし、いずれの記事も、オバマが現在も喫煙していることや、禁煙するのが困難なようだということを非難するものではありませんでした。むしろ、メディアの態度は、オバマの喫煙への欲望を思いやり、理解し、まるで彼にタバコの火を貸してやっているかのようだったのです。

2015年6月11日、タイム誌は「なぜオバマがタバコを吸うのが問題なのか（もしくは問題ではないのか）」という見出しの記事を掲載しました。その中でジャーナリストのマヤ・ローダン（1990〜）は、「一般の人々は（彼の喫煙について）あまり気にしていない。2009年にCNNが行った世論調査によると、ほとんどのアメリカ人の大統領に対する見方は、彼が禁煙に苦戦しているということに影響されておらず、彼に完全にタバコをやめてほしいと思っている人は3分の1しかいなかった」と書いています。そして、結局のところ、大統領就任以来、彼は3回の健康診断で合格している、と彼女は述べています。

すべての証拠がオバマの喫煙習慣は継続しているということを指しているにもかかわらず、ローダンはこの記事の中で、オバマ大統領が実際にまだ喫煙しているとは断言していません。さらに、記事の最後を、オバマのその「可能性のある」喫煙習慣は「それほど問題ではない」ことを示唆する言葉でこう締めくくっています。

「ワシントン・ポスト紙の記者が指摘したように、オバマは『世界で最高の医療と最低の仕事』を得ているのだから、もし彼が時々タバコを吸うことを選んだとしても、おそらく問題ないだろう」

トランプ大統領のあまり感心しない食生活に対するメディアの反応と、オバマ元大統領の喫煙習慣に対する反応の差は、これ以上ないほどはっきりしています。オバマの大統領在任中は、彼の喫煙問題はさりげなく無視され、隠され、立派で華々しいこのリーダーの記録に残るほんの小さな傷程度にしか見られていませんでした。

ところが、人生で1滴のアルコールも口にしたことのないトランプが、喫煙とは全く違い、摂取することによって健康を害するという医学的根拠が乏しいダイエットコークを飲むと、メディアは彼の健康を大きく問題視するのです。

私は、どんな人生の選択をするかは個人の権利だと信じています。ですから、ここで私が言いたいのは、タバコとダイエットコークのどちらが健康に悪いかということではありません。私が言いたいのは、主流メディアは民主党のオバマの深刻な習慣は許すのに、共和党のトランプのことはオバマより軽い罪でも大きく中傷する、というような極端な偏見と贔屓《ひいき》を示し、根本的な考え方を大統領ごとに乱暴に変えているということなのです。

このように、どちらかを依怙《えこ》贔屓する態度は、真のジャーナリズムの原則に反するものですが、現代のメディアは、まさにこの態度を体現していると言えます。そしてそれは、最近の大統領たちに関することに限りません。

民主党とその党員を過剰に擁護するメディアのこうした姿勢は、時代をさらに遡《さかのぼ》って、史上最も人種差別的な人物の一人が大統領であった時代に関する記述にも見られます。

現代のメディアは、リンドン・B・ジョンソン大統領の人種差別を正当化し、1960年代の公民権運動の成功は彼の助力によるものであると評価しています。彼らが、まともに考えればとうてい正当化できないことを無理に正当化し、辻褄《つじつま》合わせを行っていることに、私は驚きを隠せません。

そして、これはまさに現代の倫理観を定義していると自負する主流メディアが、自分たちが贔屓にしている（民主党の）歴史上の人物を、事実に反してまでも美しく描き出すいい例だと言えるでしょう。

リンドン・ジョンソンがアメリカ社会に残した遺産を振り返るとき、ほとんどのジャーナリストは1964年の公民権法と1965年の投票権法の成立に注目します。

この2つの法案は、ジョンソンが黒人社会の擁護者であり、福祉に強い関心を寄せていたこと、そして、黒人が何世代にもわたって受けてきた組織的な抑圧を克服する能力を持っているのかどうかを心配していたことを示す紛れもない証拠であるとして、美しく飾り立てられています。

しかし、ジョンソンが黒人社会の発展を直接妨害した方法については、ほとんど明らかにされていません。

フランクリン・ルーズベルトのニューディール政策と同様に、リンドン・ジョンソンの

〝偉大なる社会〟計画は、経済を活性化し、貧困を撲滅し、子供たちが教育を受けられる機会を増やし、アメリカをかつての偉大な国に戻すことを目的としていました。そして、フランクリン・ルーズベルトがしたのと同様に、リンドン・ジョンソンが行ったのは、これらの目標を達成するために、問題の根本にある原因に対処するのではなく、持続不可能な政策を打ち出しただけだったのです。

確かにジョンソンが、黒人社会の貧困率を下げたことは事実です。しかし、それは黒人経営者のビジネスを支援したり、人種差別的な雇用習慣や人種間の所得格差を是正することによって達成されたわけではありませんでした。

彼のしたことは一連の法案を可決して、経済的に苦しい黒人家庭に小切手を配布しただけです。自分で魚を釣る方法を教えたわけではなく、ただ魚を与えただけでした。

しかし、統計上の数字だけを見ると、黒人の貧困率は下がっていったのです。

2018年に「Building the Great Society : Inside Lyndon Johnson's White House（偉大なる社会の構築：リンドン・ジョンソンのホワイトハウスでの内幕）」を書いた歴史家のジョシュア・ゼイツ（1974〜）は、政治専門のニュースメディア、ポリティコ・マガジンに寄稿した記事の中で、ジョンソンの反貧困対策の限界をうかつにも認めており、「政府は通常、税引前の現金収入に基づいて貧困を測定しているが、経済学者がいずれも偉大なる社会政策の産物であるフードスタンプ（政府による食品購入補助クーポン）、メディケイド（医療補助事業）、住宅補助などの政府からの現金以外の援助や、ニクソン政権の産物である所得税控除などの税金調整を考慮すると、1960年から2010年の間に貧困率は26％低下し、この低下の3分の2は1980年以前に発生している」と述べています。つまり、貧困率の低下の大きな理由は政府からの援助を受け取った結果であり、黒人の自助努力によるものではないということなのです。

ジョンソン政権から約60年経った現在、黒人たちが政府からの援助にこれまで以上に頼り切っているのは、当然のことです。そして、実はこれもそうなるように意図的に仕組まれたことだったのです。ジョンソンが制定した投票権法は、特にジム・クロウ法下の南部において、空前の数の黒人を投票所に行かせるのに役立ちました。しかし、この程度の投票率では、黒人票の力を黒人社会全体にとって最も有益な方法で活用することは不可能だったのです。

ジョンソンの法案は、現在も続いている黒人と民主党の長期的な協力関係を実質的に結晶化したものであり、「今後200年間、ニガーたちに民主党に投票させる」と彼が語ったという主張を裏付けています。

ジョンソンが実際にそのような大胆な主張をしたかどうかは定かではありません。仮に彼がそう言わなかったとしても、多くの歴史家や出版物によってジョンソンが言ったとされているこの言葉が、彼が成立させた歴史的な公民権法案の背後にあった実際の彼の意図を明らかにしています。

最近のニガーたちの中には分《ぶ》を弁《わきま》えない輩《やから》が増えてきており、それは我々にとって問題だ。彼らは以前には持っていなかったもの、つまり彼らの傲慢《ごうまん》さを裏付ける参政権を手に入れたからだ。だから、我々はこの問題を何とかしなければならない。彼らに少しだけ何かを与えなければならないが、それは彼らを静かにさせるには十分でも、変化をもたらすには不十分なものにしなければならない。もし、我々が全く動かなければ、彼らの味方が我々に対抗するようになり、彼らを阻止する方法はなくなり、我々は議事進行妨害ができなくなり、あらゆる種類の乱暴な法案にブレーキをかけることができなくなるからだ。南北戦争後の再建時代の再来だ。

リンドン・ジョンソンは、私たち黒人を貧困から、そして闇夜に隠れて暴力行為を行っていたKKK団員から救ってやったと主張するでしょう。そして、黒人は彼と民主党に、何世代にもわたって盲目的な忠誠をもって恩返しをするのです。

しかし、リンドン・ジョンソンの政治的駆け引きに注目せずとも、彼の真の姿は明白な人種差別主義者で、彼が黒人の利益を第1に考えていたわけではないことは明らかです。それは、彼が身近な黒人をどのように扱っていたかを見ればわかります。

ジャーナリストで作家のアダム・セルワー（1982〜）は、MSNBCの記事「リンドン・ジョンソンは公民権の英雄。しかし、同時に人種差別主義者でもあった」という記事の中で、ジョンソンがしばしばNから始まる言葉を多用しながら、黒人に対する本音を明らかにしていたことを書いています。

セルワーは、ロバート・キャロが書いたジョンソンの伝記「Master of the Senate: The Years of Lyndon Johnson」の内容を紹介し、ジョンソンが公民権法案のことを「The nigger bill（黒人法案）」と呼んでいたことを明らかにしました。また、キャロは、ジョンソンの運転手をしていた黒人のロバート・パーカーの回想録に書かれている次のようなエピソードについても触れています。

ジョンソンはパーカーに、「ボーイ」、「ニガー」、「チーフ」などの下品な呼び方ではなく、自分の本当の名前で呼ばれたいかと尋ねましたが、パーカーがそうだと答えると、ジョンソンは口ごもったといいます。そして、ジョンソンは、「お前が黒人である限り、死ぬまで黒人であり続ける限り、誰もお前の忌々《いまいま》しい名前など呼んではくれないぞ」と答え、さらにこう言ったそうです。
「だから、お前が人から何と呼ばれようと、ニガー、気にせずにいれば、すべてうまくいくさ。自分は家具の一部だと思えばいいいんだ」

驚くべきことに、セルワーは他の主要メディア同様、左派の主張にとって都合が悪くならないよう、明白なことを言うのを避けていています。「リンドン・ジョンソンは『ニガー』という言葉をよく使っていた」とセルワーは書いています。しかし、少なくともセルワーによれば、ジョンソンは「妥協を許さない人種平等主義者であり、その理想主義は彼の政治的冷酷さに匹敵するものであった」とも言っています。

また、ガーディアン紙に寄稿したコメディ・ライターのジャック・バーンハートは、ジョンソンの死後45年を経た命日の2018年1月22日の記事の中で、「ジョンソンは〝本当にひどい男〟ではあったが、それでも彼にとって政治的ヒーロー〟である」と述べています。

おそらく私は、セルワーの1000文字からなるリンドン・ジョンソンへの頌歌《しょうか》を読んでいて何か見落としたのでしょう。

しかし、黒人に対して侮蔑的な言葉を使ったり、自分の運転手として働いている人の名前を呼ばなかったりすることは、平等主義者の行いとはとうてい考えにくい行為です。

そして忘れてはならないのは、テキサス出身のジョンソンが大統領就任前の上院議員だった時代、「結束せる南部」と呼ばれる南部の人種差別主義者の議員グループの主張に、ほとんどの場合、賛成票を投じていたという事実です。この連邦議会議員のグループは、何世紀にもわたって黒人が直面してきた抑圧を解消するための公民権法案を阻止する役割を担っていたのに、ジョンソンは彼らに同調し続けていたのです。これも人種平等主義者の行動でしょうか？

しかし、前述したように、道理にかなっていないものでも無理やり捻じ曲げて正当であると主張する芸当に長《た》けたセルワーは、これらの消せない真実を忘れてしまったかのように、「ジョンソンは過去の時代の人間であり、過去の時代特有の欠点を抱えながらも、それを乗り越えて国を未来に導こうとしていたのだ」と述べています。

ああ、そうです。世界最強の国の大統領が、自分自身を人間としてまともな道に導く前に、世界最強の巨大な国をまともな方向へ導こうとしていたというのは、完璧に理にかなっています。本当に。

リンドン・ジョンソンの行動と彼に関する記録が、彼の本当の姿を物語っているので、真実を忘れてしまった民主党員から、知ったかぶりをして偉そうにジョンソンについて講釈してもらう必要などありません。

彼の人種差別的な投票、人種差別的な言葉、人種差別的な政策、人種差別的な政党への忠誠心などの歴史的記録は、誰の目にも明らかです。そして、史上最大の黒人社会への欺《ぎ》瞞《まん》も忘れてはいけません。

1960年代の民主党の福祉政策は、黒人の家族や家庭、そして、かつて黒人社会を特徴づけていた志《こころざし》や起業家精神を一気に打ち砕きました。それでも、メディアはジョンソンを、20世紀における寛容と美徳を象徴する天に向かってそびえ立つ偉大なトーテムポールのひとつであり、偏見の時代における公民権の輝かしい道標であるかのように扱い続けています。

その一方で、トランプは、彼の政権下では黒人の失業率が過去最低を記録し、新型コロナ対策としての強制的なロックダウンが行われる前の失業率は約5・5%で、就任当初の約8%から大きく低下していたにもかかわらず、メディアには人種差別主義を公言している人物として登場するのです。

リンドン・ジョンソンと民主党の人種差別の歴史は、1973年からの上院議員で、広くその名が知られ、尊敬もされているジョー・バイデン（1942〜：第46代アメリカ合衆国大統領：訳者補注）が、誰を自分の指導者だと呼んでいるかを考えればよく理解できます。

バイデンは、ウェストバージニア州選出の上院議員であったロバート・バード（１９１７～２０１０）を、自分のメンターとしてしばしば引き合いに出しますが、このバードは、かつてＫＫＫのメンバーとして自分の地元地域での最高位であるサイクロプスの地位に就《つ》いていた人物です。この話だけでも、民主党と人種差別の直接的関係を理解するのに役立つのではないでしょうか。

民主党は、欧米の主要政党の中で最も人種差別的な歴史を持っているにもかかわらず、このように主要メディアの助けを借りて、寛容さとリベラリズムの象徴というイメージを保っています。

アメリカの主流メディアの報道においては、リベラルな報道機関が好むストーリーに合わせて真実は捻《ね》じ曲げられ、彼らと意見の合わない人は悪役として描かれるのです。

リンドン・ジョンソンの政策の政治的意図が何であったか問われる一方で、メディアの意図は明確です。それは、真実を無視し、彼らが寵愛する人間には美徳の仮面を与えながら、同時に黒人を民主党の所有する奴隷農場《プランテーション》に縛りつけておくことなのです。

黒人社会に対するリベラル・メディアの侮辱

メディアのしていることは、民主党には本質的に何の罪もないと主張する一方で、共和党は徳を積むことができない、ということを黒人に確信させようとしているだけではありません。彼らの努力は保守派に対して魔女狩りを行い、リベラル派の英雄化をサポートすることだけに向けられているわけでもないのです。

メディアは、黒人の被害者物語を強調することによって、黒人社会を軽視していることを明らかにするだけでなく、被害者とされた私たち黒人を、リベラルな救世主である民主党の腕の中に永遠に留《とど》まらせようとしているのです。

このことは、リベラル派として広く知られている悪名高きジョージ・ソロス（1930〜）が1993年に創立した国際的な助成財団であるオープン・ソサエティ財団から、数百万ドルの資金提供を受けた組織、BLMに対するメディアの報道姿勢によく表れています。

黒人が日常的に差別され、白人警官に虐殺されているという作り話は、主要メディアの大好物のテーマとなり、それに対する人々の抗議行動やボイコット、警官との衝突を増長させています。

ソーシャルメディアでは、白人警官に殺される黒人男性の映像が何億回も再生され、多くの人々に、警察官のこのような蛮行は解決しなければならない問題である、と感情的な反応を持つように促《うなが》しています。

もちろん、警察官の残虐行為のような恐ろしいものを支持するアメリカ人はほぼいません。そして、それが現実であれ勝手な想像であれ、法を無視した警察官によって黒人が好き勝手に殺されているという話は、実際には黒人社会の苦悩を強調したい、というリベラル・メディアの基本的な欲望によって誇張され、不誠実に歪曲されたものにすぎないのです。

作家で弁護士、そして政治評論家のヘザー・マクドナルド（1956〜）は、保守系のマンハッタン研究所が発行する公共政策雑誌のシティー・ジャーナルに2017年9月25日に掲載された論説の中で、白人警官による黒人男性の殺害があまりにも頻繁に起きているという主張を、議論の余地のない数字を用いて否定しました。

そして、すべての黒人の母親は自分の息子を部屋に閉じ込めておくべきだという説に対しては、根拠のない恐れに基づいた無意味な意見だと、これも否定しました。

マクドナルドは、2015年から2016年にかけて、黒人の被殺害者数が900人増加したことを指摘する一方で（これは、2014年から2015年にかけてすでに900人の犠牲者が増加した後のことです）、白人の警察官がこれらの殺人の責任を負っているわけではないという点を強調しています。「BLMの主張に反して、警察が黒人男性を恐れる理由は、黒人男性が警察を恐れる理由よりもはるかに多い」と彼女は言います。

そして実際、「2015年に警察官が黒人男性に殺された確率は、丸腰の黒人男性が警察官に殺された確率の18・5倍だった」のです。

さらにマクドナルドは、取り締まりに関する世間からの批判や監視と、動画サイトなどを通しての映像の拡散を恐れた警察官が、犯罪者に対して十分な取り締まりができなくなることによって、犯罪が増加してしまう、といういわゆる「ファーガソン効果」によって、黒人社会では暴力が拡大し、さらにはそれが永続化される可能性がある、と指摘しています。

一般市民による警察官への抗議行動が起きることによって犯罪者が図に乗り、危険な地域を取り締まるのに十分な報酬も得ていない警察官に対して、あからさまな暴力が振るわれたり、そこまでいかない場合でも、反抗的で無礼な態度を取るのです。

実際、多くの場合、警察官たちは、彼らがするはずの仕事をもう止めてしまっています。マクドナルドは、「警察は犯罪の多いマイノリティが居住する地域での積極的な取り締まりを控えるようになっている」と指摘し、「政治家やメディア、ＢＬＭの活動家から、午前2時にドラッグの取引で悪名高い場所をうろうろしている人に対して、パトカーから降りて質問するのは偏見だ、と言われ続けてきたために、多くの警官はパトカーでただ通り過ぎるだけになってしまっているのだ」と続けました。

その結果は？　多くの黒人社会では、以前にも増して多くの暴力事件に悩まされ、さらに多くの命が奪われているのです。

より最近の研究も、このマクドナルドの見方を支持する結果になっています。そして、このような研究結果は、カリフォルニア州にあるクレアモント・マッケナ・カレッジで開催される予定だったマクドナルドの講演が２０１７年に中止されたことを受けてワシントン・ポスト紙が報じた、彼女が「白人至上主義やファシストのイデオロギー」を代表している人物である、というような彼女の意見に反対する者たちの主張を打ち砕いています。

ＦＢＩの２０１８年の殺人事件に関するデータは、黒人が白人警察官から守られる必要は全くなく、むしろ同じ人種である黒人から守られる必要があることを明確に示しています。

２０１８年に起きた２９２５人の黒人殺害の犯人のうち、２６００人は黒人であり、白人は２３４人しかいませんでした。

実際にはそうではありませんが、仮に、もしこの白人による２３４件の黒人殺害事件がすべて白人警官によるものであったとしても、白人警官に殺害される可能性よりも、黒人が自分のコミュニティ内で誰かに殺される可能性のほうがまだ11倍も高いという事実は変わらず、私がわざわざそれを指摘するまでもないでしょう。

実際、BLMの抗議活動が盛り上がっていた2016年には、アメリカの黒人は、警察官に非武装で撃たれるよりも、雷に打たれる確率のほうが高かったのです。

さらに、中西部のミシガン州立大学とワシントンDC郊外にあるメリーランド大学による最近の共同研究は、〝白人警官の発砲による黒人の死亡事件には、何らかの人種的動機があり、白人警官に殺された白人の数とは比較にならないくらいに多い、という神話〟を否定する結論を出しています。

この研究の結果、警察官による銃撃事件に最も関連があることは、地域社会における悪質な犯罪行為の件数であることが判明しました。それは、人種ではないのです。

この研究の報告書の共著者でミシガン州立大学の心理学教授であるジョセフ・セサリオは、「我々のデータは、各人種グループの犯罪率が、同じ人種グループの市民が銃撃される可能性と相関していることを示している」と言っています。つまり、「白人の犯罪が多い郡では、白人が撃たれる確率が高く、黒人の犯罪が多い郡では、黒人が撃たれやすくなる。これは、警察による射殺事件を予測する最も良い方法だ」ということです。

また、黒人が警察官に殺された場合でも、白人警官よりも黒人警官に殺される可能性のほうが高い、とセサリオは指摘しています。その理由は、「黒人警官は、彼らが取り締まる地域から選ばれるからだ。つまり、その行政地区に黒人の住人が多ければ多いほど、黒人警官の数も多くなるからだ」ということです。

セサリオのこの報告は、警官による殺害は単に過剰な暴力によるものだと信じていた人にとっては、その考えを否定するものです。実際に、警官に殺された民間人の90～95％は、殺された時に警官か誰か他の人に暴力を振るっていたことが明らかになっています。警官の一方的な暴力の結果、死に至ったのではないのです。

また、メディアは、黒人が手にしていた携帯電話などが銃と誤認されて黒人が何人も銃殺されている、と好んで報道しますが、そのような事件が起こるのは、非常に稀なことだということも付け加えておきたいと思います。

問題は、マクドナルドの見解、FBIのデータ、セサリオ教授の報告のすべてが真実であるとするならば、メディアは、事実と全く反対の話をニュースとして流すことで、いったい何を得ているのかということです。

なぜ、報道機関はこのようなありもしない過剰な暴力の話題で黒人社会全体を脅かそうとするのでしょうか？　その答えは簡単です。黒人を、引き金を引く警官の格好の餌食、もしくは射撃用の標的になっていると描いて見せることで、黒人社会全体が被害者意識を維持し、だからこそ民主党という救世主が必要とされ続けているのだ、と信じさせることができるからです。

言うまでもなく、ＢＬＭの支持者で埋め尽くされた大学のキャンパスで、私がこれらの事実を紹介すると、必ず怒鳴られ、ブーイングを受けます。

私は、民主党の綱領がいかに偽善と合理的思考の停止に基づいて作られているかに、いつも驚かされます。

左派は、環境問題では「科学」を盾《たて》に、地球温暖化や海面上昇の統計をすべての共和党員の鼻先に突き付けることを正当化していますが、ジェンダーに関わる「科学」については、都合よく見過ごします。

彼らは、１００年後に地球が居住可能かどうかを判断する際には、科学は絶対で頼りにすべきもののように言いますが、性染色体と生殖器官が一致した男の子（生物学上の男性）が生まれた場合には、彼らは突然に、頼りになる科学であるはずの生物学が、任意のものであると主張するのです。

確かに、左翼メディアはここ数年、トランスジェンダーの話題に取り憑《つ》かれたようになっています。憂慮すべきことは、彼らのトランスジェンダーに対する考え方と対応が黒人社会にどれほど強く押し付けられているかということです。

黒人社会は、いくつかの大きな問題を抱えています。資産中央値とは、調査対象世帯を保有額の少ない順に並べたとき、真ん中に位置する世帯の金融資産保有額を指しますが、黒人家庭の資産中央値は、白人家庭の中央値のわずか9・5%しかありません。黒人の子供4人のうち3人は未婚の親の元に生まれ、18歳から24歳の黒人の若者の36%が大学に在籍していても、卒業できるのはそのうちのわずか42%に過ぎず、しかも、そのほとんどが女性であるということです。

しかし、民主党はなぜかこのような問題の解決に取り組むよりも、滅多に起きないような黒人のトランス女性の殺人事件に注目すべきだと主張するのです。

もちろん、罪もない人の命が早々に奪われるようなことはあってはならないことです。しかし、黒人社会の殺人に注目するのであれば、より問題のある地域の対策に優先的に取り組むべきではないでしょうか。

例えば、シカゴでは2018年1月1日から2019年7月31日までの間に687人の黒人、つまり1カ月に平均36人以上の黒人が殺害されています。この現実を無視していて良いのでしょうか？

しかし、メディアは真実に基づいて、黒人社会がより良い方向へ向かうように手助けするようにはできていません。それどころか、黒人のトランスジェンダー殺害のほうに注目を集めることを選択し、2019年に殺された22人の黒人トランス女性を、新たに設けられた 毎年11月20日の「トランスジェンダー追悼の日」で称えることをしています。

CNNは、これらの殺された22人の黒人トランス女性が、全トランスジェンダーの殺人被害者の全てを占めていたと指摘したにも関わらず、この問題を、やはり黒人の問題として位置づけ直しました。全体を見れば黒人社会はこの点ではかなり保守的であるということを忘れてはいけません。

この件は、左派が黒人社会をどのように見ているか、どのように黒人に訴えかけているかを象徴しています。彼らはいつも、ありもしない闘争を煽り、最も重要な問題に対処することはしないのです。

リベラル・メディアは、黒人を負け犬と思っています。彼らは私たち黒人を力づけるようなメッセージを発信するのではなく、私たちの感情を利用するため、より多くの憎しみと怒りを掻《か》き立てるような内容の情報を提供し続けています。

結局のところ、これによって力を与えられているのは、他の誰でもない彼らメディア自身であり、彼らこそが黒人社会をコントロールしているのです。

民主党のヒーローを守るために、反共和党のレトリックを押し付けることにしても、アメリカの黒人に永遠の被害者意識を植え付けることにしても、左派メディアがしていることの最終的な結果は同じです。

いずれにせよ彼らは、私たち黒人が自分の頭で考え、自分たちを取り巻く世界について論理的かつ合理的な推論をする権利を奪っているのです。

ＣＮＮ、ＡＢＣ、ＮＢＣなどの主要メディアでは、レポーターやキャスターが政治的、人種的プロパガンダを垂れ流しており、われわれが批判的に考え、行動する意欲を削《そ》いでいます。そして、これらのことはすべて意図的になされていて、まさにリンドン・ジョンソンの「今後２００年間、黒人を民主党に投票させる」という宣言が現実に形となって表れたものなのです。

左派が、トランプ前大統領の「フェイクニュース」非難を、彼の反ジャーナリストの戯《たわ》言《ごと》として片付けているのは本当に滑稽なことです。トランプの言葉を借りれば、実際には、真実を抑圧し、無数のジャーナリストの取材過程を妨害して有罪であるのは、彼らのLameStream《役立たずの》 Media《メディア》、つまり、かつては主流であったが、今では絶滅寸前になっているMainStream Mediaなのです。

実際、私が考えていたこの章のもう一つのタイトルの候補は、「偽善について」でした。

8

言い訳について
On Excuses

私は、明らかに戯言《たわごと》とわかる左派の言い分を、何の疑いもなく信じてしまうのはどんなタイプの人なのかを理解しようと、かなりの時間を費《つい》やしてきました。

世界の他の国々と比較しても、たくさんの人々に最も多くのチャンスを提供していると評価されているアメリカを、救いようがないほど不正義に満ちた国として定義するという非論理的な結論に一直線にたどり着く人たちとは、どのような人たちなのでしょう？ 彼らは、このような壮大な作り話が真実であることを望んでいるだけでなく、この作り話が真実であることを「必要」としているのです。それは一体どのような人々なのでしょうか？

私の経験では、彼らは自分の人生における過去の選択を後悔していて、形のない何かしらの外部の力によって、心の中に抱えているその後悔の念を解消したい、と思っている人たちであることが多いようです。

この10年くらいの間、私はアレクサという外国から来た女性と親しくしてきました。アレクサと私は、ある年の夏に2人がニューヨークのファッション誌でインターンをしているときに出会いました。彼女がこの仕事を得たのは、ちょっとした幸運に恵まれたからです。彼女は女優としてのキャリアを追求しながら、生活費を稼ぐためにブルックリンでウェイトレスをしていました。ある日、このファッション誌のある編集者が、たまたま彼女の担当するテーブルに座って食事をしました。その時にこの編集者と話をしてから数週間後、アレクサはこの雑誌の衣装管理部門で働き始めたのです。

こんな風にラッキーな彼女とは違い、私の場合、この職はちょっとした執念で手に入れたものでした。それは、1週間毎日カフェに通い、ウェブ上で見つけたありとあらゆるジャーナリズム関連のインターンシップに、片っ端から応募した成果だったからです。

こんな風に仕事の見つけ方は違いましたが、アレクサと私は、自然に仲の良い友人になりました。なぜなら、他のインターンのほとんどが裕福な家の出身で、何らかのコネを持っており、家族から彼らのリッチなライフスタイルが維持できるほどの生活費を援助されているような人たちだったのに対し、アレクサと私は、自分たちが何をしているのかよくわからないまま、ニューヨークでなんとかやっていこうとしている一文無しの若い女性だったからです。

私はアレクサの芸術への情熱と、人生に対する渇望をとても羨《うらや》ましく思っていました。コーヒーブレイクで一緒におしゃべりをしているとき、彼女は、喫煙者に対する白い目をよそに平然とタバコを吸っていましたが、そんな彼女の姿さえ、私は羨望の眼差しで見つめていました。私の目には、彼女は世界の中で最も自由で、人生におけるあれやこれやの面倒なことに一切縛られずに生きている人のように見えていたのです。

ですから、インターンシップを始めてからわずか数週間後にアレクサが仕事を辞《や》めると宣言したときも、私は驚きませんでした。彼女は、一度に多くのことに手を出しすぎて本当に疲れ果てていたうえに、彼女の人生をかけた野望にとっては全く関係のない不幸な女性たちで溢《あふ》れかえっている会社で働き続けることに価値を見いだせなかったのです。私はこの時の彼女の挑戦的で勇気のある行動に敬服し、自分の中にも彼女と同じように自由な鳥のような精神があればいいのに、と思ったことを覚えています。

その後の数年間はあっという間でした。私たちは親しい友人であり続けましたが、実際には2つの正反対の世界で生活していました。

私は、自分のほんのわずかな所持金を数えながら、マンハッタンであらゆる人脈作り《ネットワーキング》の機会を必死に探していました。

アレクサは、ブルックリンでパーティーをしたり、演技の仕事をしたりして、女優としてブレイクするのを待っていました。

私は、学生ローンで背負った10万ドル（約1100万円）以上の借金を返すことに日々を費やしていましたが、アレクサのほうは、演技のクラスやインディーズ映画のプロデューサー、キャスティングディレクターに送って見てもらえるような、意味のある作品集を作ることに夢中でした。

それから後に、私は金融関係の仕事に就《つ》き、ようやく学生ローンを返済するのと同時に少しの貯金ができるほどの収入を得られるようになりました。この頃、私とアレクサが会って話をすると、彼女はいつも同じことを私に説教してきました。

彼女は、私が幸せよりもお金を選んでいると感じていました。彼女には、なぜ私が9時から6時まで働くような退屈な生活をしているのか、理解できなかったのです。

私は、内心、彼女の変わりない信念に感心しながらも、もっと計画性を持ったほうが良いと彼女に注意しました。

私たちは、ともにニューヨークで居場所を求めて戦っている22歳の無一文の2人ならではのやり方で、お互いに文句を言い合ったり、アドバイスをしたりしていました。一見違っているようでも、まだ私たちは何もかもが共通していたのです。

私たちが出会ってから約4年後、アレクサは住む場所が必要になった、とかなり必死になって私に電話をかけてきました。彼女は、気まぐれに結婚した夫と離婚することになったと言うのです。離婚の理由は、夫が薬物乱用者だったからというものでした。

彼女には弁護士を雇うお金もなく、誰か離婚手続きを手伝ってくれる人が必要でした。それで、私は彼女を一時的に私のアパートに住まわせ、離婚手続きのためのすべての書類がきちんと提出されるまで、彼女と一緒に細心の注意を払って準備をしたのです。

このような経験を経て、アレクサは自分を見つめ直しました。彼女は自分にはもっと計画性が必要だと感じているようでした。ブルックリンで、女優になろうと挑戦し続けることにも疲れてしまっていたのです。少なくとも、この時点では。

その頃、私はそれまで勤めていた会社で以前より上の地位に昇進していて、偶然にもアシスタントの採用を検討していました。私はアレクサに、このアシスタントの仕事を引き受けてほしいと頼みました。そして、彼女に、もし彼女がこの仕事を引き受ければ、その日暮らしをしなくとも済むのだという説明もしました。貯金を始めることだってできるのです。仕事に付帯している福利厚生も充実しているし、様々な人々と出会うこともでき、その人たちと有意義なつながりを作ることもできます。そのうえ、彼女の大好きな演技の授業も諦める必要はなく、演技を週末の趣味として楽しむこともできるのです。

この時、私は彼女が人生の岐路に立っていて、これまでの生き方を変える準備ができているのだと信じていました。そして、そんな彼女にとって、この仕事は非常に良いチャンスではないかと思ったのです。

数日後、アレクサは会社まで面接に来て、私たちのチームのメンバーと会いました。

メンバーは彼女を気に入り、私は彼女に正式にこの仕事をオファーする許可を得ました。私はこの朗報を彼女に伝えることに興奮し、彼女もこの素晴らしいニュースを聞いて大喜びしました。そこで、私はただ1つ、彼女にこのポジションに就く前に、週末を利用して「よく」考えてほしいとお願いしました。

私は、仕事を始めてからほんの数カ月後に辞めてしまうような人を推薦した結果、後任探しに追われるようなことになり、職場での自分の評判を落とすようなことはしたくなかったからです。

その週末が明けると、アレクサは私に返事の電話をかけてきました。彼女は私に心から感謝していると言いましたが、どうしても自分の夢を諦《あきら》めきれないと言ったのです。彼女は、心の中ではまだ自分が女優として成功することを確信しているし、26歳という年齢の彼女は、まだ若いと思える最後のこの楽しい時期を1日中オフィスの中に閉じこもって浪費するわけにはいかないし、すでに手をつけているシリーズものの脚本があって、自分の目が開いているすべての時間とエネルギーを、脚本を完成させるために費やすつもりだ、と言ったのです。

私は彼女の返事に少しがっかりしたと同時に、人生への情熱を捨てない彼女を本当に誇りに思ったことを覚えています。この時、私は彼女の夢への美しい執着に対して、昔はいつも感じていたのと同じような羨望の念を抱きました。

彼女の言う通りかもしれません。もしかしたら、私は退屈な人生に身を投じる選択をし、その責任の奴隷になっているのかもしれません。作家になるという子供の頃の夢はどうなったのでしょう？　私は自分自身のチャンスを逃しているのでしょうか？

それから間もなく、アレクサはブルックリンを離れてロサンゼルスに行くことを決めました。これは、彼女にとってはお告げに従うようなもので、ようやく自分にふさわしいクリエイティブな仕事での成功を手にすることができると思ったのです。

一方の私はといえば、次第に慣れてきていたウォール街での仕事を続けながら、無借金生活という目標に少しずつ近づいているところでした。

これが、人間の善意に満ち溢れているはずの社会主義世界の話だったとしたら、「そしてアレクサはハリウッドで大成功しましたとさ。めでたし、めでたし」という展開になるのでしょう。なぜなら、それは単に彼女が最も望んでいたことだからです。

社会主義者が描く牧歌的な世界では、何かを手にするには、人々は願うだけで十分なのです。社会主義の国では、女優のアンジェリーナ・ジョリー（1975～）は、もちろん政府の指示のもとで、自分が獲得した役を他の女優志望者に配分するように仕向けられるでしょう。そうするのは、それが公平な分配だからです。社会主義者の考えでは、私たちは皆、同じ結果を得る資格があるのです。そこでは、個人個人の興味や選択、才能や努力は、全く無意味なものになります。社会主義の国では、努力をしてもしなくても、才能があってもなくても、誰にも同じ結果が保証されるのです。

しかし、このような社会主義的ユートピアは、人間の本来持っている性質に反しているため、実在し得ません。これは、変えようがない事実です。そして、当然のことながら、自由市場で生き残っていくということは、大変に厳しいものです。人によっては、過酷な経験を通して、そのことを学ばなければなりません。

アレクサは、10年かけてアメリカで女優としての成功を手に入れようとしたことによって、これを学びました。

結果から言えば、ロサンゼルスで女優になろう、自作の脚本を売ろうとしていたのは彼女だけではありませんでした。これは驚くべきニュースではありません。

そして、自分が選択した道の厳しい現実が明らかになるにつれ、アレクサは次第に左翼的な世界観に惹《ひ》かれていきました。今では、彼女は私に、自分がハリウッドで成功できなかったのは、自分の努力や才能や運が足りなかったからではなく、業界全体に存在する外国人恐怖症のせいだと説明します。外国人である彼女の英語に訛《なま》りがあるせいで、特定の役を演じることができないし、セクハラが横行する環境に、誇り高きフェミニストとして耐えられなくなってしまったのだ、と言うのです。

今日《こんにち》の多くの左翼に当てはまるように、アレクサは、彼女が言うところのこの悲惨なアメリカの姿が真実であることを望むだけでなく、それが現実であることを必要としているのです。

なぜなら、もしそうでなければ、彼女は自分自身の誤った選択の結果である今の苦い現実を受け入れざるを得なくなるからです。そして、彼女にはそれはどうしてもできないのです。


アレクサは、安定した職業に就くことを潔《いさぎよ》しとせず、伝説となっているハリウッドの夢を追い求め、ロサンゼルスで成功するという計画に失敗した後、アメリカでの生活を諦めて、彼女の母国に戻って行きました。

私の親愛なる友人、アレクサは、かつては大胆で快活な20歳の若い女性で、世の中のすべての可能性が彼女の目の前に広がっていました。しかし、今では私が心を通わせることさえ難しい、夢に敗れた三十代になってしまったのです。

彼女の言葉のほとんどには恨《うら》みが込められており、彼女は自分のあらゆる欠点の言い訳をするために、世の中の仕組みに対する間違った認識を利用しようとします。

かつては私たち2人の間で自由に交わされていた会話が、今では政治的に正しいことを言わなければならないという表面的な美しさに阻《はば》まれてしまっています。

こうして、旧知の仲である私たちの間には、良い友情を不必要に壊さないために、本当の気持ちを封印するという暗黙の了解が存在するようになってしまったのです。

私がこの章でアレクサの話をしたのは、彼女がこれまで私が出会ってきた多くの左翼を具体化している人物だからです。

彼らは、自分の人生の選択を正当に評価分析はしない一方で、社会の不正を暴くことには非常な情熱を持って取り組んでいます。

いや、彼らは自分の境遇を恨んでいるのではありません。世の中の仕組みの不条理に「目覚めた」だけなのです。

左翼は、自分の失敗を隠すために、成功は悪であると信じる必要があります。

ハリウッドが人種差別的、外国人差別的であり、偏見に満ち満ちている、と非難することは、ハリウッド市場が既に飽和状態になって久しく、職を見つけるのは困難なのだ、といったような、ビジネスの基本的な視点から見た現実を受け入れることよりも簡単だからです。

実際に何百万人もの女優志望者が存在しているのに、大ヒット映画もテレビのシチュエーション・コメディーも、ほんの数えるほどしかありません。

私が思うに、アレクサが女優を夢見てアメリカで過ごしたその10年間を小児脳外科医になるために捧げていたら、彼女は今日のようにアメリカ社会における差別を主張することはなかったでしょう。

もうひとつの道

アレクサの話と、先日インタビューさせていただいたベン・カーソン医学博士（1951〜）の話を比較してみましょう。

カーソンは、1960年代の中西部のデトロイトで、無学なシングルマザーに育てられました。

言うまでもなく、当時は人種間の争いが絶えず、人種差別も日常茶飯事でした。彼は小学校から中学校にかけて、白人の多い学校に通い、そこでは「バカ」と呼ばれていました。彼が黒人だという人種的な背景もあったのでしょうが、もともと彼の学業成績が悪かったこともあって、他の生徒たちから中傷されていたのです。

カーソンの母親は、離婚して白人家庭の家政婦をして収入を得ていましたが、生活はギリギリでした。彼女は、息子たちの成績が良くないこと、そして学校生活自体もあまりうまくいっていないことに気がついていました。

教育こそが明るい未来への鍵であると考えていた彼女は、ベンと彼の兄弟が、将来にはより良い生活が送れることを願って、息子たちの知的な成長を優先すべく生活改革を行うことにしました。

まず、彼女は息子たちがテレビを見る時間を制限し、週に2つか3つの番組しか見ないように彼らに言い渡しました。残りの時間は、図書館で借りてきた本を週に2冊読み、毎週読書感想文を書くことに費やされることになりました。はっきりしておきたいのは、この読書感想文は学校に提出するものではなく、純粋にカーソン家の中での学習活動であったことです。

ほどなくカーソンの成績は上がり、クラスのトップに躍《おど》り出ました。そんな時、カーソンの成績の向上ぶりに注目した白人教師が、クラス全員が「黒人」のカーソンに負けた、と彼を引き合いに出して、他の生徒を批判しました。

このような形で人種差別を受ければ、そのことに怒りや落胆を覚えても当然でしたが、カーソンはそんなことに煩《わずら》わされるよりも、むしろ教師のこの言葉を自分の野心の原動力にしました。この日、カーソンは、何をやっても必ず優秀になってやると決心したのです。

そして、彼はその決意通り、常に優秀でした。

カーソンはクラスで3番目の成績で卒業し、イェール大学で学士号を取得した後、ミシガン大学の医学部に入学しました。そしてその後、彼は世界的に有名な小児神経外科医となりました。後に映画化されたカーソンの自叙伝『Gifted Hands: The Ben Carson Story（天から恵まれた手：ベン・カーソン物語）』は、私が12歳の時に学校で課題図書になったほど著名な本で、彼はこれまでに有り余る称賛と多くの賞を得ています。

カーソンが政治的に注目されるきっかけとなったのは、年に1度アメリカ大統領主催で開かれる全米祈禱師朝食会（National Prayer Breakfast）において、彼が2013年に行ったスピーチでした。

数千人の聴衆を前に、カーソンは、今日の彼を生み出した悲劇と勝利に満ちた自分の少年時代の並々ならぬ物語を語りました。そして、このスピーチの中で、これまで数々の成功を収めることができたのは、彼の母親の粘り強さのおかげだと感謝したのです。

彼女は、24人の兄弟の1人として極貧の中で生まれ、小学校3年生程度の教育しか受けていませんでした。そして、13歳で結婚し、重度のうつ病と闘いながら、シングルマザーとして2人の息子を育てました。驚くべきことは、このような逆境にもかかわらず、カーソンの母親は日々の教育を通して、子供たちに、自分の人生に限界を決めるのは、自分の考えのみだ、ということを教えたということです。

カーソンはこう語ります。「母は決して言い訳をせず、また、私たちからの言い訳も受け入れませんでした」「もし私たちが言い訳をしたら、母はいつも『あなたには頭があるの？』と言いました。そして、もしその答えが『イエス』であれば、『あなたは（どんな問題でも）自分で考えて解決することができるのよ』と言っていました。ジョンやスーザンやメアリーや、他の人が何をしたか、何を言ったかは関係ないのです」

カーソンは人生を振り返って、自分の責任を全うすることで、他人の言動に左右されずに済むのだ、と母が常に勇気付けてくれたことが、「母が私と兄弟にしてくれた最も重要なこと」だと語っています。

「言い訳をしても、それが受け入れられなければ、すぐに人は言い訳をしなくなります。そして、自分で解決策を探すようになります。これは、成功を収めるための重要なポイントです」

カーソンの母親は、友人たちから彼女の2人の男の子を家に閉じ込めて、本を読ませてばかりいると批判されましたが、志《こころざし》を曲げず、息子たちに読書を奨励し続けました。友人たちからは、そんなことをしていたら「息子さんたちは、あなたを嫌いになるよ」と警告されもしました。実際に、カーソンも当初はこのカーソン家独自の追加学習が嫌でした。午後や夜の自由な時間に、ただ丸まって本を読むことが嫌いだったのです。

「ところが、しばらくすると本を読むのが楽しくなってきました。私たちはとても貧しかったのですが、本の中では、どこにでも行けるし、誰にでもなれるし、何でもできるのです。私は、偉業を成し遂げた人たちの話を読むようになり、その話を読んでいるうちに、ある共通点が見えてきました。

自分や自分の人生に最も影響を与えるのは、他の誰でもない自分自身だということがわかってきたのです。何事かを決断するのはあなたです。その決断に対してどれだけのエネルギーを注ぎたいか、ということを決めるのもあなたなのです。そして、私は自分の運命をコントロールするのは自分自身だということを理解したのです。」

このようなカーソンの話を聞いて、私は「もしも（if）」と考えずにはいられませんでした。もしも、黒人社会全体が自分たちの行く手を阻《はば》んでいる言い訳をすべて投げ捨てる、という決断をしたらどうなるのでしょうか？

もしも、私たちが自分自身に、目の前に立ちはだかる障害でなく、目の前に広がるチャンスだけを見るように、と教えたらどうなるのでしょうか？

もしも、私たちが自分の中に存在している力を利用し、より努力し、より良い結果を出すようにしたら、私たちはどうなるでしょうか？

もしも、私たちが先人の夢を具現化した存在になったら、アメリカはどうなるでしょうか？

羞恥心：変化をもたらす力

黒人として初めてアメリカ合衆国最高裁判所判事となった、サーグッド・マーシャル（1908〜1993）、テレビ番組の司会者で2021年にヘンリー王子と彼の妻メーガン妃のインタビューを行ったオプラ・ウィンフリー（1954〜）、映画監督や脚本家などをこなすタイラー・ペリー（1969〜）、プロ・バスケットボール選手のレブロン・ジェームズ（1984〜）などの、黒人の成功物語には、共通して「努力に代わるものはない」という大切な教えがあります。

タイラー・ペリーは、高校卒業程度の学力を証明するための試験であるGED（General

Educational Development）以上の正式な教育を受けていない黒人ですが、年収は数億ドル（数百億円）に達しています。彼は、南部アトランタ郊外の330エーカー（約1・3平方キロメートル）という広大な敷地に、映画スタジオを所有し、運営しています。これは、有名な映画制作会社ワーナー・ブラザーズのカリフォルニア州バーバンクにある映画スタジオの約3倍の広さです。ペリーはこれら全てを外部からの投資なしに成し遂げました。

彼のビジネスの成功は、どの人種にも共通の性質である根気よさに起因しています。当然ですが、この性質は人種によって決定されるわけではありません。彼は、毎年音楽やスポーツなどのエンターテイメント業界で活躍している黒人やその他のマイノリティーに対して贈られるBET（Black Entertainment Television）賞を2019年に受賞しました。この時、ペリーは受賞スピーチで、黒人社会が言い訳をせず、自分たちの未来を自分たちの手で切り開いていく必要性を私たち黒人に直接的に話しかけました。

「誰もがテーブルの席を奪い合い、#OscarsSoWhite、#OscarsSoWhite（アカデミー賞は白人ばっかり）………と話している間に私はこう言いました。『みんな、どうぞその運動をやっていてください。でも、君たちが席取り合戦をしている間に、僕はアトランタにいて自分で自分の席を作り出しますよ』と言いました」

アカデミー賞は、白人を中心に審査結果が選出されているという見方があり、これに対してたくさんの関係者が抗議をしていた時、彼はこの運動に参加してアカデミー賞の選考基準を非難するのではなく、自分の力で自分の道を切り開いていたのです。

他人の行動や言動を嘆いても、自分の成功の助けにはなりませんし、嘆くことによって個人が負うべき責任から逃れることもできません。しかし今日では、自分自身の恥ずべき行動から自分を切り離してしまうことが流行しています。私たちは、自分が間違った行動を取ってしまう理由を、社会に存在する抗することのできない巨大な抑圧体制のせいだ、と考えるように教えられています。

私はアメリカの若者たちに講演をする際、この考え方だけはきっぱりと拒絶するべきだと言っています。なぜなら人間にとって、恥とは必要な感情であり、将来の行動を修正するのに役立つものだと思うからです。

私はよく、大学時代に経験した自分の恥ずべき行為を、自分の恥から顔を背《そむ》けずに直面するべきだという例として紹介します。それは、理性の限界を超えてアルコールを飲んだ後、素面《しらふ》だったら絶対に関わらなかったであろう人と性的関係を持ってしまう、という恐ろしい決断をした話です。

これは、#MeToo 運動が始まるよりも前、つまりメディアや教育が後悔とレイプの境界線を曖昧《あいまい》にしてしまう前の時代に起きたことでした。私は自分のしたことを後悔し、恥ずかしいと思いました。

私は自分のことを、私と同じように理性的な判断ができる範囲を超えて飲酒した男性に利用された哀れな被害女性だ、と考えることによって恥の感情から逃避してしまうのではなく、恥と後悔の感情と向き合い、持ち続けるままにしました。

当時、既に20歳だった私は、アルコールが私たちを本来の姿からかけ離れたものにしてしまうものであることを十分に理解していましたし、自分の面倒を自分ができる以上に他人から見てもらおう、などということを期待するのは愚かなことだと知っていました。ですから、自分のしたことを恥ずかしいと思うのは当然のことでした。

そして、私は自分の行動に対する責任を十分に認めたからこそ、それからの自分の行動を十分に修正することができたのです。

今では多くの人が、私がお酒をほとんど飲まないことを知っていますし（これはここに記した事件がきっかけなのではなく、この事件から数年後、二日酔いになるのが嫌になって決めたことです）、私を個人的によく知っている人は、私のことをお酒やタバコやドラッグなどに手を出さないストレートエッジだと言うでしょう。

今の私が過去の自分に対して大いに誉《ほ》めてあげてもいいと思うのは、自分が犯した過《あやま》ちに対して、自分でそれらの過ちを認めることができたことです。これこそ、私が自分自身を誇れる女性に成長できた理由の一つだと思っています。

しかし、もし私があと数年遅く生まれていたら、つまり、#MeTooのご時世になって、責任を外部に求めるような環境にずっと置かれていたとしたら、状況は今とは大きく変わっていたかもしれません。

例えば、飲みすぎた結果、判断力が低下した状態で目が覚めた後に、まっすぐ警察署に向かっていたかもしれないのです。そして、自分を抑制することができなくなる液体、つまりアルコールを痛飲して自分で自分に毒を盛ったにもかかわらず、「みんなが断酒している私を理解してくれていないことに愕然《がくぜん》としたんです」と、他の誰かのせいだと刑事さんに訴えていたかもしれません。

こんな風に私は、自分を他ならぬ自分自身の決断によって犠牲者にしてしまう可能性もあったのではないかと思います。家父長制社会で抑圧されているのだから仕方ない、と自分の非を一切認めようとしない女性の一人になっていたかもしれないのです。

人種差別や性差別を主張することがあまりにも流行しているために、人々が自分自身を見つめ、人間性を成長させる機会を逃《のが》してしまうのは残念なことだと思います。

特に黒人は、自分の不幸な境遇に自分自身の選択が関与していることを否定するように長年教育され、メディアからも継続的に仕向けられており、それによって、現実的な変革や改革の機会を失っているのは本当にもったいないことだと思います。

データを深く読む：隠されたストーリー

私を非難する多くの人たちは、データを歪曲《わいきょく》して、アメリカには今も現実に体系的な人種差別が「存在」することを証明したがります。

主流メディアが報道し続けているにもかかわらず、アメリカが専制的な国ではないことは誰もが知っています。しかし、左派は、人々に自分たちは不利な状況にある、と信じ込ませるような全く根拠のない統計を強調してみせます。

例えば、生活必需品を購入できる最低限の収入の指標である、貧困ラインを例に挙げてみましょう。確かにアメリカでは、黒人の生活が白人のそれに比べて、貧困ラインより下に陥る確率が2倍であるということは事実です。

米国国勢調査局の「2018 Income and Poverty in the United States（2018年版 アメリカにおける収入と貧困）」白書によると、貧困ライン以下の生活をしている人が占める割合は、黒人が20・8％で、白人は10・1％だからです。しかし、これ以上に貧困の差が大きい統計も存在しているのに、それについてはなぜだか無視されています。その統計とは婚姻状況に関するものです。

すべての人種において、貧困ライン以下の独身女性の割合は24・9％、独身男性は12・7％です。これは結婚しているカップルで貧困ライン以下の生活をしている割合の4・7％よりもはるかに高い数字です。

第2章で詳しく取り上げたように、近年、黒人社会における結婚率は劇的に低下しており、未婚の母が直面している困難な状況は、コミュニティー全体に深刻な影響を与えています。注目すべき点は、2006年の時点で貧困に苦しむ黒人夫婦は6・9％に過ぎなかったのに対し、非婚の黒人家庭の貧困率は35・3％と驚異的な多さで、比較してみると5倍にもなっていたということです。

これらの統計を見ればわかるように、経済的に不利な状況に置かれている人々の問題は、人種の違いから発生するのではなく、婚姻状況の違いから発生しているのです。

投獄によって黒人が抑圧されているという概念はどうでしょう？　これは、ハッキリ言って、間違いです。単純に犯罪者の割合を分析すればわかります。アメリカでは、黒人が他の人種と比較して極端に多くの犯罪を犯しているというのは、不快なことですが真実です。

2018年に発生した6570件の殺人事件のうち、犯人が黒人だったのは2600件です。私たち黒人はアメリカの総人口のわずか13%を占めているだけであるにもかかわらず、この国で起こる殺人事件の約40%を引き起こしています。

この数字を見ると、刑事司法制度の中で私たちがかなり大きな存在であることに驚きを隠せません。

殺人犯や麻薬の売人の収監を、彼らが黒人だからという理由で止めるべきだと主張する人なんて、いくらなんでもいないでしょう。

真実は、他の人種と比較して、黒人の犯罪率が高い結果、彼らが投獄される割合も高くなっている、というだけのことで、人種を元にした抑圧の結果などではないのです。

解決策なき問題なし

ジョージ・W・ブッシュ元大統領がホワイトハウスでよく言っていた言葉に、「解決策なき問題なし」というものがありますが、この言葉はこれまでにないほど今の社会に必要とされていると思います。

しかし、現在の社会は、この言葉を全面的に否定しただけでなく、さらに独自のひねりを加えました。それは、「解決策のない問題はない」ではなく、私たちには「解決しようのない問題」が存在するということです。そして私たちは「解決策がなく終わりもない問題への言い訳」をすることが許され、最後には「解決策もなく終わりもない問題への言い訳があるけれど、社会の別のグループからお金をもらえるなら、それは良くなるかも知れない」というものです。

このようにスローガンを変えていく方法の一覧表は、ますます長く、あなたが左翼思想のどの底なし沼にはまっているかによって、より深く、専門的になっていきます。

ですが、この章で私が言いたいのは、人生で成功したいのであれば、問題に直面した時にはジョージ・W・ブッシュのオリジナルのスローガンのような態度を取るべきだということです。

つまり、あらゆる問題に対して、解決策を持って取り組まなければならないのです。もし、その解決策がまだ見つからないのであれば、それを作り出すのは私たち自身がなすべきことです。グズグズと言い訳をしていても問題は解決しないのです。

これを被害者意識と勝者の意識という視点から見てみましょう。この世の勝者は、自分の抱えている問題を言い訳にして、うなだれてすごすごと家に帰ったと思いますか？　もちろん、そんなことはありません。

古今東西の偉大な英雄たちは、困難に立ち向かい、それを克服してきました。そして、問題にはいつも解決策を持って対処してきたのです。

当然、私たち自身がそのようなカリスマ的な人物を基本にして、自分の問題と私たち自身を定義する必要はありませんし、すべての人がヒーローや悪役になる必要もありません。けれども私たちは皆、毎日、自分なりの方法で人生に立ち向かっています。そして、このような日々の小さな挑戦の中にこそ、私たちの存在意義があるのです。なぜなら、その小さな挑戦の一つひとつが、最終的にはさらに大きな挑戦を乗り越える力につながっていくからです。

もちろん、困難に立ち向かっていくということは、そこから顔を背《そむ》けて見ないふりをするよりも厳しい道のりです。だから、「もっと責任感を持て」、「失敗を言い訳にするな」、などというスローガンを掲げて選挙に勝った政治家はいないのです。そんな厳しい言葉よりも、人々は一見慈愛に満ちたように聞こえる耳に心地よい言葉のほうへ投票するからです。

私自身の成功への道のりは、決して英雄的なものではありませんでした。毎朝起きて、仕事へ行きました。退屈で単調な仕事でしたが、日々の生活の中で、様々な支払いを済ませながら、少しずつ、一歩一歩でしたが進み続け、学生ローンを完済することができ、貯金もすることができました。私は何か特別なことをした訳ではありません。日々の小さな努力を積み重ねただけです。

ベン・カーソン医師も同様です。彼も生まれながらにして何らかの特殊な能力を持っていたわけではなく、ただ母親に言われたようにひたすら本を読んだだけでした。そして、彼は外科医の資格を持ち、住宅都市開発長官の職に就いたこともあり、２０１６年の共和党予備選では大統領候補にもなりました。

では、タイラー・ペリーはどうでしょう？　彼は自分のビジネスに集中するために、#OscarsSoWhite 運動を無視しました。

このような例を見てもわかるように、問題があるから厳しい決断を下せない、自分に対して正直になれない、自分の人生に責任を持てない、などという言い訳をする人は、最終的には自分で自分の夢を壊すことになるのです。ここに登場した人々は、言い訳などせず努力を重ねたからこそ、夢をつかんできたのです。

アメリカの黒人は、何世代にもわたってあらゆる問題に対する言い訳を与えられ続けてきました。警察による人種差別、過去の奴隷制度、賃金格差など、黒人社会を取り巻く話題は、日々、このような言い訳に満ちています。そして、言い訳は延々と続いていきます。そして、これらの言い訳は、それらが正しいと裏付けるために、わざと歪められたデータに基づいて作られています。

しかし、私はここに存在しています。学生ローンを返済するために懸命に働き、いくつかの良いアイデアを持ち、YouTubeチャンネルを立ち上げ、そして今ではアメリカ中から講演の依頼を受けるようになった女性です。

小さなアパートに住んでいて、経済的に全然余裕のなかった女の子が、今ではアメリカ大統領のことさえ直接に知っているのです。これは、なぜでしょう？　自分の抱えていた問題に対する良い言い訳を見つけたからでしょうか？

いいえ、そうではありません。それは、私が、朝5時に起きて、ノースカロライナ州の農場で小作人としてタバコの葉を干し、生涯懸命に働き、退職後にその農場を購入した男の孫娘だからです。

私の祖父は、人種隔離政策が存在する時代に育っても、KKKから命に関わるような攻撃を受けても、決してどんな言い訳もしませんでした。そんな時代を生きて来た祖父が言い訳をしなかったのなら、私はどうすればいいのでしょうか？

もし、厳しい時代に生きていた私たち黒人の先人たちが文句を言わなかったのなら、今日の恵まれた社会に生きる私たちが、文句を言える理由なんてどこにあるというのでしょう？

9

信仰について
On Faith

自分には信仰がないと主張する保守派に出会うと、私はいつも何だかちょっと面白いなと思います。もしそうならば、彼らが守るべきものだと思っているものは一体何なのだろうか、と考えてしまうからです。

人々は、たとえ信仰心がなかったとしても、西洋文明がユダヤ教とキリスト教の価値観に基づいて構築されていることは知っています。そして、西洋社会の原理は、聖書の原理と深く結びついて形作られています。

ですから、当然のことながら、左派がアメリカから抹消しようとしているものを正確に理解しようとすると、信仰の話題に行き着くことになります。

私たち人間は、二つの基本的な欲求によって定義されます。物質的な欲求と、永遠の精神性についての欲求です。

物質的欲求に関して言えば、それはお金、慈善、権力、奉仕、野心、犠牲など、日々の生活の中での必需品とも言えるものです、私たちは、これらに執着して生きています。これらの要素はすべて、現世における私たちの社会的立場や、影響力のある人物として認識されたいという、誰もが持つ願望に関連しています。

おそらく富や施《ほどこ》しを与えることで、無私無欲の人であると思われたり、権力を蓄えることで偉大なリーダーであると称賛されたりしたいのでしょう。

しかし、人間は長い間取り組んできた、もう一つのより深い欲求を持っています。それが、永遠の魂に関することです。

これは、貞節や沈黙の誓いを立てて世俗的なものを排除したり、伝道のために母国を離れて遠い国を放浪したりする男女を駆り立ててきた力です。この力のために、自殺による殉教を信じている人もいます。

これほど、目に見えない精神には力があるのです。

「私たちはどこから来たの？」「私たちは何のためにここにいるの？」「死んだらどうなるの？」このような子供のころに抱く最も基本的な疑問は、精神からの呼びかけによって、人生を変える決断を人々にさせるのです。

私は、子供時代のこれらの質問と、それに対する答えこそ、「信仰」という一言に集約されると思います。

なぜなら、すべてを信じていても、何も信じていなくても、どちらにしても、人は何かを信じていることに変わりはないからです。

人は誰でも信仰を持っています。それが伝統的な宗教制度に基づく信仰であろうと、無というものへの信仰であろうと、人々は形の無い理念に身を委《ゆだ》ねます。

私たちの毎日は、政治家が私たちを導いてくれると信じること、医師が私たちに薬を処方してくれると信じること、メディアが私たちに報道を届けてくれると信じることなど、小さな信頼に基づいた行動によって決定されています。それぞれの場面で、私たちは他の誰か、あるいは何かに、小さな信頼を託します。私たちの託したこのような信頼が守られれば、それはやがて信仰に変わります。

しかし、その信仰が損なわれ始めると、私たちは必然的に他の人や他のもの、つまり新しいリーダーシップや新しいイデオロギーに信頼を移し、新しい環境で私たちが寄せる信頼が回復されることを期待するようになるのです。

このように、信仰はアメリカの黒人の物語の中心にあります。

驚くべき恵み

讃美歌の第2編・第167番「アメイジング・グレイス（我を救いし）」は、日曜日の教会の礼拝では定番の人気曲としてよく知られています。

その調和のとれたメロディーは、新約聖書の「ルカによる福音書」の中にある「放蕩《ほうとう》息子の例え話」（15：11～32）の内容を反映した歌詞とともに歌われます。

しかし、この賛美歌の作者である、ジョン・ニュートン（1725〜1807）という人物についてはあまり知られていません。ニュートンは、イギリスの奴隷商人で、もともとは信仰心を持っていませんでした。しかし、1748年、アイルランドの海岸近くの沖で、彼の乗った船は激しい嵐に巻き込まれ、自分は死ぬのだと覚悟します。この時、絶望した彼は、神に慈悲を求め、奇跡的に一命を取り留めます。

ニュートンは、神が自分の祈りに答えて、溺れてしまうという絶望の淵から自分を救い出してくれたのだと信じ、キリスト教に傾倒していきました。

この出来事から6年後、彼は奴隷貿易から完全に手を引き、神学を学び始めました。その後、彼は英国国教会の聖職に就《つ》き、すぐに賛美歌を書き始めました。その中の一つが「アメイジング・グレイス」だったのです。

今から考えれば信じられないことですが、この賛美歌は、イギリスではすぐには人気が出ませんでした。しかし、作られてから数十年後、プロテスタントの宗教復興期に、アメリカ南部で一躍、とても人気のある讃美歌となりました。

この讃美歌は、黒人奴隷たちが農園で歌う黒人霊歌《ゴスペル》となったのです。

作者であるジョン・ニュートンと「アメイジング・グレイス」の誕生逸話はなんと皮肉なんでしょう。元奴隷商人であった彼が書いた賛美歌は、奴隷たちに、生きていく、おそらく唯一の力を与えるものとなりました。信仰です。

神の恵みが私の心に恐れることを教えた
そして、これらの恵みが恐れから私を解放した
どれほど素晴らしい恵みが現れただろうか
私が最初に信じた時に

この歌詞を聴けば、奴隷が心の中に抱えていた日常的な恐怖が、たとえ一瞬ではあったとしても、自分よりも何か大きな存在を思うことで、静まったのだろう、と想像できます。自分を超えた何かを思うことで、彼らは救われたのです。

それは、自分が何らかの形であるべき場所に属している、という信仰と信頼でした。ひとことで言えば、神の導きです。

想像してみてください。1619年8月20日、イギリスの植民者に買われることになる黒人奴隷を乗せた最初の船が、バージニアの植民地に到着しました。

それから約400年後の2019年8月中旬、若い黒人女性がバージニアでの自分の結

婚式に向けて身支度をしていました。白いレースのドレスを着たその女性は、参列者の歌声の中、もうすぐ夫となる白人のイギリス人のもとへとバージンロードを歩いていきました。

驚くばかりの神の恵み　何と甘美な響きよ
私のような哀れな者までも救って下さる
私はかつて道を失いさまよっていた　私も救って下さり
見えなかった神の恵みも　今では見える

私は自分の結婚式の日の皮肉をわかっていました。

歌詞の意味、黒人と白人の両方の人種が織りなす歴史のもつれた網に流れた電流は、私の心を直撃しました。むしろ、この讃美歌を様々な人種の参列者が合唱し、それはそこにいた全ての人々を、たとえ一瞬であったとしても、自分よりも大きな存在の元へと送り届けてくれたのです。

私は、自分の祖先が歌っていたもの、おそらく彼らがすがってきたものを、私が体現しているのだと思いました。一言で言えば、「神の導き」です。

アメリカの奴隷制度についてのポジティブな考察はあまりたくさんありませんが、今も黒人社会に染み込んでいる神への揺るぎない信仰は、奴隷制度の時代から受け継いできた、ポジティブなものの一つです。これは、たとえ奴隷であったとしても子供たちに残すことができるものでした。そして、おそらくアメリカに暮らす他のどの人種グループよりも、黒人は豊かな信仰の物語を持っているのです。

約束の地

叙任された牧師でもあるマーティン・ルーサー・キング博士もまた、1963年の「私には夢がある」という人種平等を呼びかけた有名な演説の中で、創造主である神に敬意を表し、信仰についてこう語りました。

私には夢がある。それは、いつの日か、あらゆる谷が高められ……　そして神の栄光が啓示され、生きとし生けるものがその栄光を共に見ることになるという夢である。……　この信念があれば、われわれは、この国の騒然たる不協和音を、兄弟愛の美しい交響曲に変えることができるだろう。この信念があれば、われわれは、いつの日か自由になると信じて、共に働き、共に祈り、共に闘い、共に牢獄に入り、共に自由のために立ち上がることができるだろう。

彼がこの演説の中で、信仰を語り、主の栄光を讃えたのは、きっと意図的なものだったのでしょう。信仰は、この物質偏重の人種分離主義者が支配する世界を超越し、黒人が祖先から受け継いできたものを豊かにするのだ、ということを彼は知っていました。人種隔離政策という新しい黒人抑圧の時代にあっても、信仰においては黒人が白人に勝っていると考えていました。

ところで、最近、祖父と話をした際に、私の父を含んだ祖父の子供たちが、祖父や祖母が彼らを育てた枠組みから外《はず》れた生活をしているのはなぜか、と尋ねました。

私の祖父母は清教徒のような生活をしてきました。汚い言葉は決して口にしませんし、アルコールもまったく口にせず、どの宗教行事にも必ず出席しています。また、非難するつもりなど毛頭ありませんが、彼らの子供たちが全員、離婚を経験し、決して信心深くもなく、パーティーや祝賀会といったお楽しみの席には非常に積極的に参加していることに興味を持ったのです。それは単に、彼らが若い頃には許されなかった生き方をしたいという願望を実現しているからなのでしょうか？

祖父は、私を驚かせるような答えを返してきました。

「ヒッピーのせいだ。あいつらがすべてを台無しにしたんだ」

ヒッピーたち。１９６０年代に起こった、それまでの伝統的な生活スタイルを全面的に否定する運動のことです。彼らは、セックスとドラッグとロックンロールを信条とする「社会の落ちこぼれ」として記憶されることになりました。

私が、祖父のこの答えを聞いて面白いと思ったのは、ヒッピーが闊歩《かっぽ》した60年代後半には、アメリカの黒人の意識にも変化があったからです。このころから、キング牧師のような平和主義にのっとった主張の仕方は時代遅れになりました。

この時代には「ブラックパワー」という概念を核とした、より派手で攻撃的な運動の形が形成され始めていたのです。

シェルビー・スティールは『ホワイト・ギルト』という本の中で、この黒人社会の感情の移り変わりをこう表現しています。


キング牧師の世代のリーダーたちにとっては、人種差別は黒人の自由への道を阻む障害であり、それを取り除くことが目標であった。しかし、この新しい世代の黒人指導者たちにとって、人種差別は白人の罪悪感の中に存在していた。……60年代半ばになると、白人の罪悪感は、まったく新しい種類の黒人指導者を呼び起こした。キングのような無私無欲の男ではなく……道徳家ではなく、専門家で、白人の罪悪感との取引を仕組むことができる男たちで、もっと器の小さな、交渉人、はったり屋、長々と説教をするような小者《こもの》たちだった……人種差別は、長い間それに苦しんできた人々にとって、突然価値あるものになった。

スティール自身も、当時の怒れる黒人青年の一人で、彼らの政治集会では、黒人たちが「意識を高めよ」などのマルクス主義的な言葉を繰り返していたことを詳述しています。スティールはこのようにマルクス主義者が黒人社会に静かに入り込んでいったことで、「人種差別はシステム的、構造的、制度的なものであるという、今では一般的になっている議論を形成する前身となった」と推測しています。たいへん興味深いのは、当時はそれと気づかなかったにせよ、他の多くの人と同様に、スティールも彼らの信念の根拠として、マルクス主義を強調していることです。

私の意見を言えば、この精神の系譜は、アメリカの黒人が知るべき最も重要な真実だと思います。それは、私たち黒人が今日主張する抑圧の考え方は、共産主義からきたものだということです。

カール・マルクスは、ドイツの哲学者であり、社会主義革命家としてマルクス主義を唱えた人物であり、共産主義の父です。今日、多くの人々が共産主義と社会主義の間に違いを見いだそうとしていますが、両者の間に違いはありません。

カール・マルクスは、社会主義の革命家（バーニー・サンダース、アレクサンドリア・オカシオ・コルテスなどもそうです）で、社会主義をどのように実現すべきかを説いた政治書『共産党宣言』をフリードリヒ・エンゲルスと1848年に共同執筆しました。社会主義は理論であり、共産主義はその実行です。同様に、自由市場は理論であり、資本主義はその実現です。興味深いのは、自由市場を信じる人は、資本主義者であることを公言しますが、社会主義者である人が、自分は共産主義者であることをなかなか簡単に認めないところです。それは、第5章で述べたように、社会主義は大虐殺をもたらすからです。

作家のアイン・ランド（1905〜1982）は、「共産主義と社会主義の間には、人を奴隷にするという同じ究極の目的を達成するための手段の違いを除いて、何の違いもありません。共産主義は力によって人を奴隷にすることを提案し、社会主義は投票によって人を奴隷にすることを提案します。つまり、自由な社会が共産主義に投票したとしたら、それは社会主義だということです。特に、マルクスは宗教を「抑圧された生物のため息……人民のアヘン」と表現したことで有名ですが、信仰心の強い黒人社会が、このような宗教を否定するような表現をする人間の理論に巻き込まれたのは、本当に不思議なことです。

宗教は抑圧されるべきであるというマルクスの信念は、ソビエト社会主義共和国の指導者ウラジーミル・レーニン（1870〜1924）や、中華人民共和国の共産党の指導者毛沢《もうたく》東《とう》（1893〜1976）の残忍な支配に影響を与え、彼らは国家の方針として人々に無神論を義務づけました。

ソビエト連邦では、政府が人々を無神論に改宗させるためのプログラムを後援したりもしました。宗教に関わりのある財産は没収され、信者は嫌がらせを受けたり、世間から嘲笑されたりしました。

このようなことが共産主義国家で起こっていたにもかかわらず、1960年代半ばになると、信心深い黒人たちでさえも、知らず知らずのうちに、残虐な犯罪を引き起こしたこのような共産主義者の哲学を口にするようになったのです。

同様に、カリブ海の島キューバで、マルクス主義革命を起こして独裁者となったフィデル・カストロ（1926〜2016）は、宗教行事を禁止し、400以上のカトリック系の学校を閉鎖し、宗教に関連する財産を没収し、カトリック司祭を投獄したり、追放したりした後、キューバを無神論者の国家と宣言しました。このようなことは、国家の自殺とも言えますが、社会主義者たちがカストロに投票して彼が権力を握った後、２０１６年に亡くなるまで、彼は共産主義国家の独裁者として君臨しました。

国家を独裁的に支配しようとする人々が、社会主義を権力への導線として利用することは明らかです。では、なぜ彼らが社会から信仰を排除する必要があるのでしょうか？

カール・マルクスや彼の後の時代に登場した共産主義の指導者たちは、なぜ支えとなっている信仰を破壊することが必要だと考えたのでしょうか？　そして、そのような共産主義の思想が、なぜアメリカの黒人に簡単に受け入れられたのでしょうか？

共産主義者たちが、黒人に「意識を高めよ」と言ったのは、人種差別や不平等が、少し注意していれば実際にどこにでも存在するのだということを黒人に認識させるためでした。カール・マルクスは、労働者階級の信奉者たちに、自分たちが抑圧されている状況の全体像を認めさせようとしました。このように、彼は人々に、抑圧を普遍化し、それは永遠に続いていくものと見なすことを求めたのです。

そして、アメリカの黒人たちがその通りに実行し始めることになりました。

社会主義思想の優れた点は、労働者階級の革命によって国家の完全な統制が可能になると説いているところです。権力を追求する頭の切れる男たちは、社会の大半を占める怒りに満ちた市民階級を操作すれば、どのような政府も転覆させることができることを認識しています。そして、市民の中から彼らの苛立ちを代表するリーダーを選択し、革命が成功した後に完全な支配権を握ることにするのです。

優れた社会主義のリーダーは、大衆の感情に訴えなければなりません。革命のために、大衆が暴徒化し、集団となって大暴動を起こすほど、彼らの怒りに火を注ぐと同時に、その行為を正当化しなければならないのです。

そして、このように人々が暴徒と化して暴動を起こすという有様は、まさに黒人が始めたものになったのです。

1960年代半ば、全米各地の都市部では人種問題に基づく暴動が多発しました。流血、放火、略奪などが常態化したのです。その結果は？　かつては栄えていた都市で、黒人にとっての経済不況が数十年にわたって続くことになりました。

「人種差別主義者」の経営者を街から追い出すことによって、失業率が上がり、今日も見られるような、荒廃し、貧困層の住民で溢れかえった、都市近接低所得地域が生まれたのです。

しかし、ここで特筆すべき点は、これらの暴動が起きたのは、黒人が白人と同等の権利を与えられる以前ではなく、与えられた「後」であったことです。もし与えられる「前」だったら暴動が起こった理由は違っていたでしょう。

このように、黒人は決して虐げられていたわけではなく、切れ者の男たちが権力を追求するための駒にされてきたのです。

政府という神

今日《こんにち》、私たちはアメリカでマルクスの社会主義を実施するための計画が再来しているのを目の当たりにしています。そして、この動きに伴って、信仰を持っている人々は日常的に嘲笑され始めています。

左翼の信仰嫌いの根底には、キリスト教が原罪の教義を説いていることがあります。

キリスト教の教えは、人間が完全無欠ではないことを知ったうえでなされます。それは、聖書が、人間はアダムとイブの時代から「堕落」した存在であると教えていることからもわかります。アダムとイブが神の言葉に従わなかったことが、その後も続く人類の反抗的な性質を生み出したのです。そのために、イエスは新約聖書の中にある「マタイによる福音書」第24章で弟子たちに、「人に惑わされないように気をつけなさい。私の名を名乗る者が大勢現れ『私がメシアだ』と言って、多くの人を惑わすだろう。戦争のことや戦争の噂を聞くだろうが、……　民族は民族に、国は国に敵対して立ち上がり、方々に飢饉や地震が起こる。しかし、これらはすべて産みの苦しみの始まりである」と伝えたのです。キリストに従う者は、永遠の世界が訪れる日まで、人類は常に罪の呪いの下にあるということを思い知らされることになるのです。

もちろん、これが広く信じられている考えであれば、社会主義は生き残ることはできないでしょう。社会主義者らは、市民の政府への信頼こそが完璧な社会へと繋がる前提である、と教えているからです。社会の中で、無神論の普及が早ければ早いほど、政府だけがあらゆる問題の解決策となるのです。

信仰に関して、黒人はアメリカにおける他の人種グループよりも優れています。2014年のピュー社の調査（「U.S. Religious Landscape Study（米国における宗教的状況の問題）」）によると、黒人は、白人やヒスパニック系のアメリカ人に比べて、自らの信仰をはるかに確信しており、神への信仰を真剣に受け止めています。

絶対的な確信を持って神を信じていると答えた黒人は、ヒスパニック系に対して24ポイント、白人に対して22ポイントも多く、その差は際立っています。そのためか、珍しいことにアメリカでは、特定の人種にちなんだ名前の教会が存在するのです。

「黒人教会」と呼ばれる教会の存在は、他の多くの国々では異質な概念です。特定の民族や言語グループを対象とした教会はありますが、黒人教会は、それらとは全く違った背景を持っています。それは、南北戦争と人種隔離の時代に出現した精神に奥深く根ざした遺産から生まれ、公民権運動や人種差別の時代を超えて今日まで脈々と続いているのです。

しかし、左翼は信仰においても、紛れもなく一定の領域を獲得しつつあります。キリスト教信仰の動向を見ると、左派の思惑が信仰においても一定の成功を収めていることを示す、いくつかの厳しい警告が見つかります。

2019年のギャラップ社の世論調査では、「あなたの人生において、宗教はどの程度重要ですか？」という質問に対して、「重要ではない」と答えた回答者が25％と、12％だった2000年から13ポイント増加しています。同じ世論調査の比較では、「信仰がない」と答えた人の数は約3倍に増え、キリスト教の特定の宗派の信仰を公言している人は82％から67％へと減少しています。

これとは別に、ピュー社の調査では、毎月のように教会に通う人が、年に数回かそれ以下の人に取って代わられています。「月1回以上は教会に通うか」という問いに、「はい」と答えた人は、2007年の54％から2019年には45％に減っていましたが、「年に数回だけ教会に行く」と答えた人は、同じ12年の間にまったく逆の動きを見せて、45％から

54％に増えています。

黒人教会に関しても、これと同じ傾向が観察できます。この動向に関してピュー社が行った調査によると、２００７年から２０１４年の間に、黒人の教会への出席率は「週に1回以上」のカテゴリーで53％から47％に低下し、一方で単純に「神への信仰」を持っているかという問いへの回答は、88％から83％に下落しました。

これらの数字は、一見すると驚異的な落ち込みのようには見えませんが、７年間に渡って同じ傾向が継続していることを裏付けています。

アメリカでは、神が衰退しているのです。

これは、黒人、白人などの人種にかかわらず、アメリカからキリスト教の価値基盤が失われつつあるという、すべてのアメリカ人にとっての厳しい現実です。何世紀にもわたって西欧文明を支えてきたキリスト教が、アメリカではこの20年足らずの間に、人々の無信仰によって破綻《はたん》への道を確実に歩いているのです。

そして、先に述べたように、人は単に信仰を失うのではなく、それを何か別のものに置き換えます。

左翼はこれを利用し、キリスト教への信仰を何かに置き換え、違うものを信仰するように人々を変えようとしています。彼らは、黒人を神への信仰から引き離し、その信仰の対象をアメリカ政府や左派が追求する「道徳的な善」へと置き換えようとしているのです。

これは、利他主義と人々の本質的な善意を信奉することを基本とするものであって、そこには人間は過ちを犯すものだ、という真実を受け入れる余地は全くありません。

おそらくこのことを最も明確に表しているのは、宗教的傾向の調査です。1998年から2000年の間と、2016年から2018年の間に行われたギャラップ社の世論調査との比較では、最も劇的に教会から離れていったグループを形成しているのは、民主党の党員であるということがわかりました。

1998年から2000年にかけては、民主党員の71％が教会に通っていたのに対し、2016年から2018年にかけては、48％と、その割合は23ポイントも低下していました。そして、この下落幅は、年齢、教育、婚姻状況、性別、地域などで区分した他のどのグループよりも大きいものだったのです。


21世紀が進んでいくにつれ、アメリカ社会が信仰を失っていく脅威は、かつてないほど大きくなっています。世俗化の傾向が加速度的に強まっていることで、私たちの国を誕生させたアメリカ独立宣言に書かれていることそのものが脅かされているのです。

2019年、民主党全国委員会のサンフランシスコ会議で、民主党は次のような決議を

（全会一致で）採択しました。

宗教に無関心なアメリカ人は、圧倒的に民主党の価値観を共有している。２０１８年には彼らの70％が民主党に投票し、彼らの80％が同性婚を支持し、彼らの61％は、移民がアメリカ社会を強くすると答えている。

宗教に無関心な層は、民主党内で最大のグループであり、２００７年の19％から現在では３人に１人の割合にまで増加している。

無宗教者は、アメリカ社会、特に長い間信心深いことが大前提であった政治や政策決定の分野において、しばしば不当な偏見や排除の対象となってきた。

この決議には、民主党全国委員会（ＤＮＣ）が「宗教に無関心なアメリカ人グループは、他のグループと同様に、健全な科学と普遍的な人間的価値観に基づいた合理的な公共政策を支持するグループであり、党は彼らを代表し、受け入れ、耳を傾けるべきである」と認識している、とも述べられています。

上記の決議を見てすぐに目に飛び込んでくるのは、２つのことです。

１つ目は、民主党がますます世俗的なものと同調してきているということ、２つ目は、彼らが「普遍的な人間的価値」を推進していることです。神の真理の上に築かれ、神が人類に「不可侵の権利」を与え、神を「世の最高位の判事」と称えることを独立宣言に記しているアメリカ合衆国の二大政党の一つが、この建国の原点に全くそぐわない世俗的な傾向を称賛し、それをさらに積極的に受け入れようとすることは憂慮すべきことです。

そして、何よりも憂慮すべきことは、彼らが「普遍的な人間的価値」を道徳の話の中に置き換えようとしているということです。ここには、昔からある相対主義の疑問が再び忍び寄ってきます。普遍的な人間的価値が何であるのかを誰が決めるのでしょうか？

どのような社会においても、永遠なる神学的価値を他の何かに置き換えようとすると、時間とともに変化していく物質的な価値にしか置き換えられないという問題が起こります。そこで、「憲法を世代ごとに変えて、最新の道徳観を反映させればよいのではないか」という議論が始まるわけです。

メディアを考えた時、世代ごとに道徳的価値観が変わっていくことはすでに見てきたとおりです。想像してみてください。建国の父たちが独立宣言の中に盛り込んだ、神から与えられた価値観や希望を憲法から取り除いてしまうということは、アメリカ人にとってどのような意味を持つのでしょうか？

左派による信仰への攻撃が続いていることは、２０１８年の中間選挙の直後に、民主党が支配するアメリカ議会委員会の宣誓式の多くから「So help me God（神に誓って）」という言葉が削除されたことでも明らかになりました。

長年にわたって民主党下院議員を務めるテネシー州選出のスティーブ・コーエン（1949〜）は、ニューヨーク・タイムズ紙に、「神は宗教施設に属すると思う。つまり、寺院、教会、大聖堂、モスクなどにだ。しかし議会にはふさわしくない」、そして「神は利用されることを望んでいない」という発言も引用されていますが、この後者の発言は、コーエンによる全能の神に対する直接的な冒瀆《ぼうとく》です。

このような小さな変化は、世俗主義への歩みの始まりに過ぎず、これが続いていけば最終的には社会の中から神の存在を全面的に排除するという過激なものになるでしょう。

神を求めることは、もはや政治的に好ましくないので、左派は神を求めません。この章より前のいくつかの章で述べたように、社会主義の社会を見れば、人々が無神論者になることが、社会主義にとって最も重要な要素であることがわかるはずです。

審判の日

では、信仰はどうなるのでしょうか？　簡単に言えば、左派は個人と家族の間に楔《くさび》を打ち込んだのと同じように、人々と神の間にも楔を打ち込みたいのです。

左翼は、政府を全能の状態にまで成長させるためには、国民が価値や信仰を置く場所が政府以外の場所にあってはいけないとわかっているからです。

人間は完全無欠の存在にはなり得ない、と私は何度も言ってきました。この事実は、信仰についての議論の中でこそ、本当の意味を持つことになります。

なぜなら、アメリカのリベラルな政策のほとんどを支えているのは、「すべての人間は平等につくられている」ということよりも、左翼が偉大なイデオロギーとする、「すべての人間は完璧になれる」という、彼らの基本的な信念だからです。

彼らは、アメリカ国内だけでなく、海外においても、この不誠実で実現不可能な約束を基本に活動しています。

そして、逆説的ですが、信仰を破壊するという布教活動をすることで、彼らは人々が信仰に寄せるのと同じ気持ちを自分たちに向けることを要求します。彼ら左派は、人々に「彼ら」の理想像、「彼ら」の原則、「彼ら」の理想、に対する信頼を求めているのです。

彼ら左派が何よりも大切にしているのは、人々からの自分たちへの絶対的な信頼です。

驚くべきことに、これは人間の脳が神の地位に取って代わろうとしているものなのです。

そして、究極的にそこにあるのは彼らの傲慢なプライドから生まれた未来図です。

ところで、「Don't play God（神のように振る舞うな）」という表現はお馴染みですが、これには理由があります。人間が神の高みに届くことができる、というような尊大な態度を取るようでは、物事は決してうまくいかないからです。

聖書には、人間が高慢であることについて何度も書かれており、これはしばしば神に対する最大の罪の一つとして挙《あ》げられています。左派が神の存在を否定する社会主義と不浄な同盟を結び、世俗主義を推し進めていくことは、間違いなくアメリカに災いをもたらすでしょう。高慢な社会、傲慢な社会、現世での利益だけを信じ、神を信じない社会は、神の怒りに晒《さら》されるのです。

「万軍の主の日が臨む、高ぶる者と高慢な者すべてに、己を高くする者すべてに。彼らは低くされる」（イザヤ書　2：12）

高慢な社会には争いがつきものです。

「人は傲慢に振舞うと争いを起こす」（箴言　13：10）

私は、国の将来をめぐるアメリカ国民の議論の根幹には、信仰の問題があると考えています。そして、ほとんどの問題に関する決定権は黒人が握っている、とも思います。そして、私たち黒人が、今まで直面してきた多くの困難を乗り越えてきた唯一の信念を貫くことができるかどうかの判断そのものも、黒人の手に委ねられているのです。

新約聖書の著者の一人である聖人パウロ（B.C.10〜A.D.60）は「ガラテヤ信徒への手紙」の中で、「この自由を得させるために、キリストは私たちを解放してくださいました。ですから、しっかりと立って、二度と奴隷のくびきに繋がれてはなりません」（ガラテヤ信徒への手紙：5：01）と書いています。

これは、神の存在を政府と置き換えるように民主党に促されている黒人が、しっかりと耳を傾けるべき賢明な言葉です。

堕落した人類と、その堕落したありさまをキリストが救済するという聖書の偉大な物語は、黒人社会の中では独特な敬意を払われています。

第一に奴隷制度があり、第二にジム・クロウの時代があり、二度あることは三度あるというように、現在は民主党が福祉、貧困、絶望という彼らの信仰する神々によって私たち黒人を魅了するという不幸な時代になっています。

このようにして黒人は今、またしても救いを必要としているのです。

旧約聖書のユダヤ人がそうであったように、アメリカの黒人は一度解放されましたが、民主党員で預言者を語るものたちによって、再び狂乱の真っ只中へと導かれているのです。

聖書では、偽預言者や偽善者について多くの議論がなされています。一般的には、旧約聖書の中に登場する古代ユダヤの預言者エレミヤが書いたとされる「哀歌」では、「あなたの預言者たちは、虚しく役に立たない幻《まぼろし》を見た。あなたを立ち直らせるために、過ちを暴くことをしなかった。彼らはあなたのために、空しい偽りの託宣を見た」（2：14）と書かれています。

今日に至るまでの黒人社会のリーダーの多くについて、これ以上に的確な表現があるでしょうか？

アル・シャープトン牧師やジェシー・ジャクソン牧師（1941〜）など、多くの黒人指導者たちが描き出す黒人社会の幻・未来図は、その運勢を回復させるものではなく、彼らの信奉者を欺き、黒人社会を破滅へと導こうとするものなのです。

「マタイによる福音書」7章15節で、イエスは「偽預言者に注意しなさい。彼らは羊の衣を着てあなたがたのところに来るが、その内側は強欲な狼である」と警告しています。

これは、キング牧師の夢が実現した後に黒人を利用するチャンスを見つけた、本当の意味での人種差別主義者たちのことです。

今日、彼らは自分の虚栄心や功績のために、人種的な憎しみや恨みを掻き立てています。黒人のために偉大な救世主を率いて前進するはずの人たちや、黒人社会のために真の意味での善行を行う機会を与えられた人たちが、それを実行する代わりに自分たちが手にしたチャンスを自分の利己的な野心のために利用しているのです。

このようなリーダーたちを見れば、イエスが最も厳しい言葉を残した相手が、ユダヤ教の経典を記録し解釈する律法学者と、律法を厳格に守ることを主張するユダヤ教の一党であるパリサイ人という、古代のユダヤ社会の二つの指導者グループに属する人々だったという理由がよくわかります。

律法学者たちと、ファリサイ派の人々、あなたがたの偽善に災いあれ。……あなた方は、杯や皿の外側は清めるが、内側は強欲と放縦で満ちている。ものの見えないファリサイ派の人々、……あなたがたは、白く塗った墓に似ている。外側は美しく見えるが、内側は死者の骨やあらゆる汚れで満ちている。このように、あなたがたも、外面は正しいと見えても、内面は偽善と不法でいっぱいである。（マタイによる福音書23：25－28）……蛇よ、毒蛇の子らよ、どうしてあなたがたはゲヘナ（地獄）の裁きを免れることができようか。だから、私は預言者、知者、学者をあなた方に遣すが、あなた方はそのうちのある者を殺し、十字架につけ、ある者を会堂で鞭打《むち》ち、町から町へと迫害して行くであろう。（マタイによる福音書　23：33－24）

美徳を装いながら、それとは反対の生き方をする偽善に満ちた指導者たちに対して、最も厳しい裁きが待っていることを思い出すのは、良い気分です。

自分は正しく、自分は世の中にとって重要な存在である、と信じきっているがゆえに、他の人々に完璧さを説くことに夢中になっている人々にも、やがてその日はやってきます。

現在においても、私たちはこのような人々を数多く目にします。

大富豪が富を否定することを説いたり、自分ではプライベートジェットを利用しながら環境問題について説教したり、武装したガードマンを従えながら人々に銃を手放すことを要求したりしている人々です。このように、偽善は左派のお遊びなのです。

アメリカの黒人の歴史は、長い信仰の物語でもあります。これまでに経験した漆黒の時代においても、私たち黒人の希望は常に来たるべき世界に向けられていました。古代エジプトのユダヤ人奴隷がしたように、私たちは贖罪《しょくざい》の大いなる旅を続けてきました。

黒人も白人も含めて、アメリカ国民は国の根幹の部分に信仰を取り戻さなければなりません。

アメリカを救うということは、この国の初めに、アメリカがどのような国であるのかを定義したユダヤ教とキリスト教の原理原則と理念を取り戻すことです。

現在、アメリカでは世俗主義の傾向が日増しに強まってきており、道徳的な規範や価値観が神の教えに沿ったものではなく、人間が勝手に設定したものに書き換えられてしまうという、非常に危険な前兆が見られることを無視することはできません。

これまで以上に、私たちはマーティン・ルーサー・キング牧師の最後の言葉を忘れてはなりません。彼はこの演説をした次の日、1968年4月4日に暗殺されました。

私はただ、神の意志を実現したいだけです。そして、神は私が山に登ることを許されました。そして、私は見渡しました。そして、私は約束の地を見たのです。私はあなたと一緒にその地に行けないかもしれません。しかし、今夜、あなたに知ってもらいたいのは、私たちは、民として、約束の地にたどり着くことができるということです。だから、私は今夜、幸せです。何も心配していません。誰も恐れていません。主の再臨の栄光を私はこの目で見たのです。

ここで再びあなたに言います。信仰を取り戻す時がきたのです。

10

文化について
On Culture

毎日、カーキ色のスラックスを履いて、襟の付いたシャツを着るようなきちんとした服装をしている私の祖父が、現在のアメリカの黒人社会の流行を不思議に思わないはずがありません。

紀元前551年から紀元前479年に生きた中国の哲学者で、儒教の始祖である孔子《こうし》は、「ある国がうまく統治されているかどうか、そして、その国の道徳が良いか悪いかを知りたければ、その国の音楽の質がその答えになるだろう」と語ったとされています。

祖父が若かった頃の音楽は、恋愛や家族をテーマにしたソウルフルなボーカリストたちが人気でした。そして、彼らの所属する黒人の経営によるレコードレーベルのモータウン・レコードは大きな影響力を持っていました。

祖父のお気に入りのグループは、モータウンを代表するデトロイト出身のソウルコーラスで、5人の黒人男性から構成されたテンプテーションズでした。彼らはいつもスーツを身につけて歌っていました。

祖父が子供の頃、彼と8人の兄弟は、家族の集まりで、テンプテーションズの多くの曲に合わせてダンスを披露していました。毎年行われる恒例の「オーエンズ・タレント・ショー」では、このオーエンズ・ブラザースがステージ上に並び、「はかない思い（Just My Imagination）」（1971年）や「マイ・ガール（My Girl）」（1964年）など、私も大好きなテンプテーションズの名曲に合わせて、息の合ったダンスを見せていたのです。

どんより雲に陰る日も僕の心は晴れ模様
外は凍える寒さでもここは5月の陽気

このような歌詞は、私が本当の意味では知ることがなかったにも関わらず、心から懐かしく感じることのできる黒人の属する社会、精神世界、そして独自の文化を思い出させてくれます。それはつまり、私の祖父の若い頃の古き良きアメリカの黒人の世界です。

もし、孔子が音楽について推測したことが真実であるならば、今日の黒人の置かれている状況についても不思議に思うことはありません。

本書を執筆している時点（2020年）で、ヒップホップのビルボード・チャートで1位になっているのは「サベッジ（Savage＝野蛮）」という曲で、2020年にタイム誌によって世界で最も影響力のある100人に選ばれたヒップホップ・ミュージシャンのメーガン・ジー・スタリオン（1995〜）と、シンガーソングライターで音楽プロデューサーでもある世界の歌姫ビヨンセ（1981〜）がともに歌っています。

ここではオープニングだけを紹介します。

I'm that bitch (yeah) Been that bitch, still that bitch
あたいはビッチ　ずっとビッチ　今もビッチ

かつてテンプテーションズをビルボード・チャートのトップに押し上げた黒人社会と、メーガン・ジー・スタリオンを1位に押し上げた今日の黒人社会が同じ価値観や信念を持っていると考えるのは適正な見方でしょうか？

もちろん、そんなわけがありません。わずか数十年の間に、黒人文化はただ変化しただけではなく、退化してしまったのです。

私たち黒人の現在の文化は、露出過多の格好をする、下品な言葉を使う、教育を受けない、などのように道徳をゆっくりと衰退させることで、「COOL《カッコイイ》」というステータスを獲得することを目的としています。私たちは基本的に反体制であり、人に追従したくないのです。

こんな雰囲気の中で、アーティストたちが、家族や恋愛などについて歌った曲をナンバーワンにするのは難しいでしょう。

古き良き黒人文化の時代は、とっくに終わったのです。

もちろん、民主党はこの事実をとてもよく知っていて、今日のこのような黒人文化を選挙時の票集めのために使えると見ています。民主党の候補者たちは、でたらめな英語で話し、ちょっと黒人がよく使うフレーズなどを口にして、「黒人のように振る舞う」だけで、黒人社会から尊敬され、気に入られて、彼らの票を獲得するには十分だと信じています。そして、実際にほとんどの場合、彼らは正しいのです。

2016年、当時の民主党の大統領候補だったヒラリー・クリントンが、ヒップホップ系ラジオ番組ではナンバーワンのニューヨークを拠点とする「ブレックファスト・クラブ」に立ち寄った際には、人々がドン引きするような展開が待っていました。

彼女の目的は、「黒人たちに私がカッコイイと思わせて、私に投票させる」という、非常に見え透いたものでした。ここで注目すべきなのは、彼女がこの番組に出演した頃には、「辛いソースをカバンに入れてるわ!」という歌詞の入った「フォーメーション(Formation)」というビヨンセの曲がリリースされ、ちょうど大ヒットしていたことです。

このインタビューに臨む前には、クリントンは間違いなく多くのスタッフからこの言葉について十分な説明を受けていたはずです。

しかし、彼女は自分がカルチャー的にもイケてる人間なのだ、とアピールすることを熱望していました。そして、番組の司会者から、いつもバッグに入れているものを一つ挙げるとしたらそれは何ですか、と聞かれたクリントンは、間髪入れず「辛《ホット》いソースよ！」と叫んだのです。

ただ話のきっかけを作るだけの質問だったわけですが、彼女のあまりにも見えすいた回答に、司会者たちはひきつった笑いをもらすしかありませんでした。司会者の一人が「これを見た人たちは『あぁ、彼女はまた黒人に迎合したのか』と思うでしょうね」と、クリントンに水を向けました。まさに、ヒラリーにとっては「冗談よ」と切り替えて、今度は真面目に質問に答える絶好の機会だったのに、彼女はそうする代わりに、司会者に「どう？　ウケたかしら？」と尋ねたのです。

それは、左翼政治家が黒人を見下しているということが露呈した、恥ずべき瞬間でした。今振り返ってみると、このやり取りは、ヒラリーが黒人票獲得のために、その後どのような選挙キャンペーンを続けていくかを予見させるものでした。

彼女は黒人社会を発展させるような政策や、スラムをどう改善するかなどについては一切語りませんでした。しかし、２０１６年11月8日の投票日のわずか4日前になって、黒人歌手のビヨンセとラッパーのジェイ・Z夫妻に、自分の選挙集会に登場してパフォーマンスを行ってもらうことを決めました。

彼女は、黒人の文化的アイコンである2人の支援を取引の一部として受け入れ、その代わりに、黒人が彼女に投票することを期待したのです。

そして、それから4年後の2020年、民主党の大統領候補であるジョー・バイデンが、ヒラリー・クリントンのこのようなやり方の後を継ぐことになりました。

ジョー・バイデンは、やはりヒップホップ系ラジオ番組で、衛星を通してのインタビューを受けました。

この時彼は、全米に向けてラジオ番組を販売しているトークラジオ司会者であり、ニューヨーク・タイムズ紙のベストセラー作家でもあるシャルラメイン・ザ・ゴッドと話しました。この人は、黒人社会のリーダーとして深く尊敬されており、民主党の候補者に厳しい質問をすることを恐れない人物でもあります。

バイデンは、インタビューの中でシャルラメインに多くの質問をさせず、15分間の一方的な論争を繰り広げた挙句に、もう時間がない、と言い出しました。

シャルラメインは、まだ聞きたい質問があることをバイデンに伝え、今度はもっと長い時間、直接会ってインタビューさせてほしい、と頼みました。

これに対し、ジョー・バイデンはカメラに向かって、「私とトランプのどちらを支持するかを決めるのに問題があるなら、あなたは黒人ではない」と宣言したのです。

「あなたは黒人ではない（You ain't black.）」

と、突然そんな風に言ったのです。

民主党の大統領候補でこんなに正直だった人はいるでしょうか。

民主党が、「黒人の考える政治課題になど応える必要はない」と考えていることは、ほとんどの保守派にはまったく明らかでした。しかし、少なくとも公《おおやけ》の場でこれほど明白にその本音を出すリスクを負った大統領候補者はいませんでした。

バイデンのこの宣言は、アメリカ黒人が民主党に投票することは、「ただ期待されている」というだけでなく、「民主党に投票することこそが黒人であることの条件」とみなされるようになっていることを、白日のもとに晒《さら》しました。

左翼の候補者たちは、黒人には多様な思想や経験などないものと、はなから信じ込んでいるので、もし私たち黒人が現状維持に対して異議を唱えようものなら、「黒人であるというアイデンティティ」を公然と剥奪することにも抵抗がないのです。

シャルラメインは、バイデンが上院議員を務めていた時の記録――人種間の平等に関する議題についての問題のある記録、特に人種差別撤廃に関する彼の選択――について質問したかったようです。

実際、バイデンは、学校の統合義務化に反対しており、そうすることは「あなたが思いつく中で最も人種差別的な概念だ」と言ったこともあり、2007年に発表した自身の回顧録でも、この概念は「リベラルにとっては大惨事」であると主張していました。

また、バイデン上院議員は、黒人は隔離されていたほうが「良い」と主張していました。それは、黒人がそれを好んでいるから、と言うのです。

おそらく彼の最も悪質と言える行動は、悪名高い1994年の犯罪法案の主要な改革提案者で、共同執筆者でもあったことでしょう。彼は、被告人の服役期間が長くなるような厳しい量刑政策を支持したのです。そして、この法案の影響は黒人男性に偏っていました。

しかし、それから時が経った2020年、彼は過去のこのような疑念についての質問には一切答えようとしませんでした。なぜかというと、「黒人にとっては、民主党に投票せよという基本的な指示さえあれば十分」で、それ以上のものなんていったいなんのために必要なのか？　というのが彼の答えだったからです。

そして、私が最も気になったのは、インタビュー中にバイデンが「aren't」ではなく、

「ain't」という言葉を使ったことです。彼が白人と話しているときに「ain't」と言っている映像をインターネットで探してみましたが、結局一つも見つかりませんでした。

ヒラリー・クリントンが「辛い《ホット》ソース」という言葉を黒人社会の票を得るためだけに用意していたように、彼もまた同じ目的で、わざと黒人が話すようなブロークンな英語を黒人に向けて使ってみせたと考えられます。

しかし、彼らのこのような黒人文化への侵略行為は何を意味するのでしょうか？

私たち黒人は、明らかに敬意を欠いたバイデンやクリントンに対して腹を立てるべきなのでしょうか？ 違います。それよりも、私たち自身に問いかけるべき質問があります。それは、「敬意を払われるような振る舞いをしているのか？」ということです。

私は、民主党の政治家たちが「黒人はバカだ」と心の底から信じていることを確信しています。彼らは、私たちの礼儀などない堕落した文化を見てそう思っているのです。

しかし、それは黒人が生まれつき持っている性質などではなく、民主党の政策が長期的に成功してきたことによって養われてきたものです。

その政策は、私たち黒人社会の男性、女性、そして家族を堕落させ、私たちを取り巻く世界を腐食させ、私たちはそれを自分たちの音楽に変換しているのです。

黒人のリベラル派の人々から、「キャンディスは黒人社会を代表していない」という声をよく聞きます。それに対して、私はいつも「あなたたちだってそうでしょう」と思っています。彼らのように、現代の堕落した黒人文化を共有している黒人のほうこそ、先人たちの栄光を汚していて、黒人社会を代表しているとは言えないからです。

いずれにせよはっきりしていることは、私は堕落した文化を生み出した社会の代弁者のように見られることは、決して望んでいないということです。むしろ、このような文化を擁護している人々への敵対者と見なされることこそが、私の明確に意図するところなのです。

民主党は、黒人のことを低学歴のくせに文化には過大な投資をしている人々だ、と見ていると思います。そして、黒人票を統制する手段として彼らが使用している方法は、黒人文化のコントロールを維持し続けることです。

よく知られているように、ハリウッドで働く人間が、明確に保守的であると知られることは、その人のキャリアにとっては自殺行為を意味します。正統派リベラルから少しでも離れた視点を持つと、人種差別主義者だと非難され、ナチスの烙印を押されてしまいます。もしそれが黒人であれば、狂気の沙汰だと激しく非難されるようになります。

ですから、ハリウッドに関係する人たちは、正統派リベラル以外の存在にはなれないのです。そして、左派はそんな歌手、女優、ラッパーなどの黒人文化を利用して、黒人は誰もが一枚岩のようにリベラルな主張を持ち、民主党に投票しなければならないのだ、と洗脳するのです。

そして、有名人たちはどうでしょうか？　聖書は、偶像崇拝の罪を繰り返し警告しています。

「子たちよ、偶像から身を守りなさい」（ヨハネの手紙1　5：21）

「偶像のもとに赴いてはならない。あなたがたのために神々の像を鋳造してはならない」（レビ記　19：4）

「他の神を追う者は苦しみを増すがよい」（詩篇　16：4）

以前は、私にもたくさんのアイドルがいました。しかし、今は皆無です。私は、黒人社会が「アイドル」たちに誘われて、何度も自滅的な行動に走るようすを見てきました。これがハリウッドの悪弊だと私は思います。

例えば、グラミー賞を11回受賞したテイラー・スウィフト（1989〜）やビヨンセをはじめ、ヒットチャートを賑わす数多くの人気歌手は、自分たちが存在するだけで、ファンは自分たちを神格化しているのだと考えています。ですから、大勢のファンに、誰に投票するか、何をどう考えるか、どう行動するかなど、自分たちの気まぐれによって命令できると信じているのです。民主党が支配するこのような偶像崇拝によって、黒人文化は腐り切ってしまいました。

最近、中西部のミネソタ州で、逮捕時に警察官によって殺された黒人男性、ジョージ・フロイド（1973〜2020）の死について考えてみましょう。

2016年の大統領選挙期間中には、メディアが黒人に対する警察の残虐行為を広めるのに夢中になっていたこともあって、この事件が起こるまでの過去4年間、私は2020年のある時点で、黒人男性の殺害事件が大々的に報道され、すぐに政治的な意図を持ってそれが取り上げられるに違いない、と黒人コミュニティーに対して予告していました。しかし、ジョージ・フロイドが白人警察官から首に膝を押し付けられて死んでいく映像がインターネット上で公開されたとき、世界中からここまで激しい反応が起きると予想することは、私にもできませんでした。

この原稿を書いている今、アメリカを襲った悪夢とも言えるこの殺人事件が発生してから、数週間が経過したところです。

今の時点では、あの日に何が起こったのか、私たちは完全な映像を見ることができていないことに注意してほしいと思います。明確にわかっているのは、２０２０年5月25日、店員から「男が偽札を使おうとしている」という通報があり、警察官が現場に駆けつけたということです。そして、その時に通報者は、男がアルコールか薬物の影響下にあるようだと説明していました。

「彼はものすごく酔っぱらって自分の車の上に座っていて、自分をコントロールできていない」と通報者は述べています。

フロイドの逮捕時の様子は携帯電話で録画され、インターネット上で公開されています。その映像には、ジョージ・フロイドが警察官の膝で首を地面に押さえつけられ、拘束されている様子が映っています。そして、この映像の中でフロイドは、何度も警察官に「息ができない」と訴えています。ビデオの開始から5分経った部分では、フロイドはすでに完全に意識を失っているように見えます。そして、その数分後には彼は救急車で搬送され、その後しばらくして死亡が確認されたということです。

この事件で問題となった、デレク・ショービン（1976～）という警官の取った行動が完全に間違っていたということで、すぐに全米の世論は一致しました。

珍しく政治的にも意見が一致し、民主・共和両党の有識者や指導者たちは、この警官の即時逮捕を要求しました。そして、この事件についてごくごく簡単な内部調査が行われた後、事件から４日後の５月29日に、デレク・ショービンは第３級と第２級殺人の容疑で逮捕されました。これは、どう考えても、異常とも言えるほど迅速で、両党の合意のうえでの逮捕でした。

しかし、選挙の年には何事も合理的ではありません。

活動家グループのＢＬＭとAntifa（アンティファ）は、すぐに彼らの活動の原動力となるものを用意しました。数日のうちに、この事件の舞台となったミネアポリスでは暴動が起き、街は火の海と化しました。暴徒たちは企業や店舗を焼き払い、略奪を行い、同様の暴動を全米で展開することが広く呼びかけられました。

逮捕された人たちを救済するための資金を提供するなど、著名人も即座に暴動への参加者を支援しました。ロサンゼルス、ワシントンＤＣ、ミネアポリス、アトランタ、ニューヨークなど、民主党が政治を握っている主要都市が炎に包まれたのです。黒人の事業主たちも、自分たちが築き上げてきたものが一晩で灰になるのを目《ま》の当たりにしました。彼らは暴徒たちに「この狂った騒ぎを止めてくれ」と訴えましたが、無駄でした。

暴徒たちはアメリカ国旗を燃やし、警察官にも火をつけました。ニューヨークでは、プリンストン大学を出た企業弁護士とフォーダム大学法学部出身の弁護士の２人が、警察のパトカーに火炎瓶を投げ込んで逮捕されました。このように、たくさんの暴徒によって、警察官が全米各地で無慈悲な攻撃を受けたのです。

今、この原稿を書いている時点で、暴動のために14人の黒人が亡くなっています。急速に増えた黒人居住区での死と破壊は、明確にこれらの暴動の結果ですが、そのようなことは暴徒たちには全く関心のないことでした。

一方で、世界各地からジョージ・フロイドへの美しい賛辞が寄せられました。

アメリカでは、ジョー・バイデンが彼の葬儀のためにスピーチを録音しました。そして、国中にフロイドの肖像が壁画として描かれ、ジャーナリストたちは彼を「優しい巨人」と讃《たた》えました。

ジョージ・フロイドの黄金の棺の前には、セレブリティ、ミュージシャン、政治家が集まり、極悪非道な牧師のアル・シャープトンが、なぜかこの事件の責任を負わされることになっていたトランプ大統領を何度も非難しながら、力強くジョージ・フロイドへの賛辞を述べました。

「ジョージ・フロイドの物語は、黒人の物語でもある。401年前からずっと、私たちが自分のなりたいもの、夢見ていたものになれなかったのは、あなたたちが私たちの首に膝を当て続けてきたからだ」

と、シャープトンは怒鳴りました。

「フロイドに起こったことは、この国では毎日のように起こっている。……今こそ、ジョージの名のもとに立ち上がり、『我々の首から膝を離せ』と言う時なのだ」

続いて、6日間にわたって3都市で同時に行われる追悼式がテレビ中継されることになりました。フロイドの家族を支援するために何百万ドル(何億円)ものお金が集まりました。ジョージ・フロイドは、亡くなってからたった数日のうちに、人種差別社会アメリカにおける私たち黒人への本質的な抑圧を象徴する、黒人の殉教者へと変貌を遂げたのでした。

ジョージ・フロイドとBLMへの賛辞をSNSに投稿しなかった人々は、すぐに人種差別主義者の烙印を押されました。賛辞を投稿するのは正しい行動であるという文化が存在し、それに基づいて命令されたことを拒《こば》む者は、公然と非難されたのです。

私は、1週間以上にわたって何も投稿しませんでした。

これはソーシャル・メディアの感覚で考えれば、永遠のように長い期間です。

この間、私はあまりにも予測可能な嘘が、ハリウッドのアイドルたちによって綿密に編み上げられるのを見ていました。それと同時に、このような状況に対しての私のコメントを求める多くの声を無視しました。

私は沈黙を守り続け、フロイドの家族の悲しみが癒えるのを待っていました。しかし、私がとうとう黙っていられなくなるような出来事が起きたのです。

それは、デビッド・ドーンの死でした。彼は77歳の黒人男性で、セントルイス警察を退職した元警部でした。

街で暴動が起きていたため、彼は質屋の警備を担当していました。その店の警報が作動し、店で略奪行為が行われていることを知ったドーンは、店を守るために出動しました。しかし、結果として、彼はそのとき店に強盗に入っていた24歳の黒人男性に撃たれて死亡したのです。彼の死は監視用のビデオにハッキリと収められていました。

左派が作り出した〝文化〟が人種差別を煽ったがために、このビデオの中で、罪なき黒人の老人がコンクリートの上で血を流して死んでしまうことになったのです。

しかし、どの有名人も民主党の政治家も、彼の死について全く何も言いませんでした。彼に敬意を表してフロイドにされたような賛辞が投稿されることもなく、彼の名を冠した組織的な抗議活動が行われることもありませんでした。なぜなら、デビッド・ドーンは、黒人の殺人被害者の94％が犯すのと同じ過ちを犯していたからです。

それは、黒人の彼が、他の黒人に殺されたということです。

左派が好む人種差別のシナリオに合致しないため、このように〝遥かによくある普通の死〟はすべて無視されます。しかし、その代わりに、丸腰の黒人男性が警察官に殺されるというような、実際には滅多に起こらない事件には異常に注目するのです。「滅多にない」という意味は、丸腰の黒人が警察によって殺されるよりも、雷に打たれる確率のほうが高いという比較で理解できると思います。

「滅多にない」という意味は、2019年の1年間で、約1000万の逮捕案件のうち、丸腰の黒人容疑者の殺害につながったのは、わずか9件であるというようなことです。これに対して丸腰の白人男性が殺害されたのは、その2倍以上の19件でした。

また、丸腰の白人が警官に暴力を受けて殺されるほうが、丸腰の黒人が殺されるよりも25％多いのです。

私はもう黙っていられませんでした。そこで私は、これらの真実を語るビデオを、Facebookの自分のページで公開することにしました。私は、ジョージ・フロイドが例え罪を犯していたにしても、あの日死ぬべきではなかったのだ、ということを明らかにしました。これはどこにも議論の余地のないことでした。それよりも、むしろ、彼はきちんと逮捕・起訴されるべきだったのです。

とはいえ、私はジョージ・フロイドを「優しい巨人」と表現する不誠実なメディアには我慢がなりませんでした。

記者たちは記事にするのを拒否していましたが、フロイド自身は、ドラッグと暴力で黒人社会を始めとするマイノリティのコミュニティーを脅かしてきた、犯罪常習者だったことは、紛れもない事実だからです。

彼は1990年代前半に、窃盗と規制薬物を配達した罪で2つの有罪判決を受けました。その後、1998年には銃器を用いた窃盗の罪で、10カ月服役しています。2002年には不法侵入で逮捕され、さらに10カ月の間、郡刑務所に収監されました。その後、2002年後半にはコカインに関する罪で8カ月の刑期を受けて服役し、2004年には別のコカインに関する罪で10カ月の刑期を務める判決を受けました。2005年には、4グラム以上のコカインを所持していたことによって、規制薬物の売人《ばいにん》とみなされ、さらに10カ月間、州刑務所に収監されました。そして2009年には、2007年に彼が犯した、言葉にするのも憚《はばか》られるようなひどい犯罪に対する判決が下されました。

フロイドは、他の5人の男性仲間と一緒に、水道局の職員を装って、幼児がいる女性の家に無理やり侵入しました。この被害者の証言によると、ジョージ・フロイドは弾丸の装塡された銃の銃身を彼女の腹部に押し付け、彼の仲間はピストルで彼女の側頭部を殴ったのです。彼らは彼女の家の中を捜索し、おそらくドラッグを探していたのでしょうが、とにかく家の中にあった宝石や携帯電話などを奪いました。フロイドはこの件に関して罪を認めました。そして、5年後の2012年に釈放されたのです。これが彼の犯罪の主な履歴です。

彼の死後、主流メディアはこのようなことについて一切触れませんでした。フロイドは、過去に犯した犯罪を、刑務所に入ることで償《つぐな》った後に、再出発のためにミネアポリスに移り住み、釈放後は立派な市民として、また地域のリーダーとして生活していた、というのが主流メディアによって繰り返し流された物語でした。

しかし、この作り話は、検死官から彼の体に残っていた毒物の報告書が戻ってきたときに崩れ落ちてしまいました。警察へ通報した人の言っていたことが正しかったことが判明したのです。

フロイドは、通報によって警察官が駆けつけた時、モルヒネの50〜100倍の効力を持つオピオイドであるフェンタニルを摂取していました。これは摂取すれば命取りにもなりかねないドラッグです。また、この報告書によれば、死亡時にはさらにメタンフェタミンも彼の体内に混入していたことが判明しています。

この事実はおそらく、警官が彼を地面に寝かせて、彼の首に警官の膝を当てて抑え込むずっと前に、ジョージ・フロイドが「息ができない」と口にしていたことの説明になるでしょう。そして、ジョージ・フロイドが最初に「閉所恐怖症なので息ができない」と主張したのは、押さえつけられているときでも何でもなく、彼がまっすぐ立っていたときだったことを、ビデオが証明しているのです。

このような事実があるにもかかわらず、フロイドはアメリカ黒人のヒーローとして祀《まつ》り上げられてしまいました。その一方で、立派に生きてきた老人のデビッド・ドーンは、ポイと打ち捨てられてしまっていたのです。

私はこの事実に、非常に強い嫌悪感を覚えました。なぜなら、これは全くの不正義であり、その根っこに政治的な思惑があるのは明らかだからです。

そして、その根に水を与えているものこそ、現代における黒人の有害な文化なのです。

私の反論ビデオは世界中に衝撃を与えました。

4日間で1億回以上再生され、世界中の人々から私に連絡がきました。何千人もの人々が、自分たちのヒーローの悪口を言った私を非難しましたが、それ以上の数の人々が、勇気を持って真実をすべて語ってくれた、と私に感謝してくれました。

彼らは、警察官が黒人男性に殺される確率は、その逆の場合の18・5倍であるという本当の統計を教えてくれた、と私に感謝しました。私は、アメリカには「警察による黒人への残虐行為」という問題は実際には存在しないことを伝えました。

しかし、アメリカには、「黒人による黒人への残虐行為」という問題は明確に存在するのです。そして、ジョージ・フロイドのような人物が名誉ある黒人として持ち上げられると、この問題を解決することは不可能になるのです。

現在、民主党指導者たちは、都心近接地域の警察予算を削減することを求めています。有名人もこの呼びかけを支持しています。ハリウッドのアイドルや大金持ちの政治家は、門と塀と警備員に守られているゲート・コミュニティに住み、彼らが個人的に雇うボディーガードに払うお金も持っているわけですから、警察の予算を削減することに、もちろん何の異議もないでしょう。

しかし、都心近接地域に住んでいる人々に、そのような経済的な余裕があるでしょうか？　貧困にあえぐ人々にそんな余裕があるのでしょうか？　ジョージ・フロイドが行った犯罪のように、5人の武装した男たちに家を襲われ、お腹に銃を突きつけられて頭を殴られた黒人女性のような人が、警察官の数が減り、警察の力が弱まった世界で無事にやっていけるとでもいうのでしょうか？

黒人文化は、かつては誇りに思えるものでした。しかし、悲しいことですが、もはやそうではなくなってしまいました。それは、嘘を縦糸に、自己満足を横糸にして織られた布として、朽ち果ててしまったのです。

私たちが抱えている病気はいつも同じであり、特効薬である真実を私たちはずっと拒否してきたのです。

今日の黒人社会に存在する問題は、完全に黒人が自由意志に基づいて選択した結果であるということは、厳しいことですが真実です。

私たち黒人は、黒人を破滅させることしか考えていない有害な政治家や有名人と関わらないようにすることもできます。また、崩れた、だらしないものを称賛する現代の黒人文化と交わらないようにすることもできるのです。

孔子は、「知らざるを知らずと為《な》す是知るなり」とも言っています。

この言葉をどう受け止めるかは、あなた次第です。

11

奴隷であるということ
On Slavery

不当な奴隷制については、400年後の今なお残るとされる（極めてあり得ない）影響と併せて、政治的議論が今日《こんにち》でも続いており、絶えることはありません。非常に驚くべきことに、権力の座を狙う白人リベラル派の人々が、最も多くこのテーマを取り上げ、議論しています。

北東部マサチューセッツ州選出の民主党に属する上院議員エリザベス・ウォーレン（1949〜）は、大富豪で白人女性です。彼女は、2020年の大統領選挙への立候補を表明した際、ロイター通信に寄せた声明の中で、すぐに、奴隷制への賠償を支持することを宣言しました。

「私たちは、黒人家族が何世代にもわたってアメリカで富を築く能力を損ねてしまうなど、多くの悪影響をもたらしてきた、この国の奴隷制度と政府公認の差別という暗い歴史に立ち向かわなければなりません」

また、同じく白人の大富豪であるテキサス州選出の民主党下院議員、フランシス・〝ベト〟・オルーク（1972〜）も、アル・シャープトン牧師が設立した公民権団体「ナショナル・アクション・ネットワーク」で講演した際に、奴隷制度と、過去に存在した黒人差別に対する賠償委員会を設置する下院法案への支持を明確に表明しました。

偶然にも、2016年と2020年に民主党の大統領候補の一人だったバーニー・サンダース上院議員も、北東部バーモント州出身の白人大富豪です。彼は「賠償」という言葉を使わないように気をつけてはいましたが、CNN主催の政治集会で、自分が大統領に当選すれば「苦境にある地域に資源を投入し、過去の奴隷制という名の負の遺産によって傷ついた人々の生活を改善するために、あらゆることを行うつもりだ」と宣言しました。

これらのことは、ある明確な事実を示しています。それは、裕福な白人リベラル派の民主党議員は、アメリカの白人が過去に犯した罪に対して罪悪感を感じており、もし自分がアメリカ大統領に選出された場合には、償いのための是正措置を講じようとしているということです。

彼らのこの考えは、知的な意味で破綻した人類史の分析と、時代錯誤の道徳観に頼っているため、左派の取るあらゆるものの見方の中でも、特に腹立たしいものです。

私は、アメリカの奴隷制度に関する議論を、現在の黒人社会が直面している不公平さを示すものとして利用する人は、教育を受けていないか、もしくは人を操ろうとしているか、のどちらかだと思っています。場合によっては、その両方かもしれません。

厄介で、残酷で、そして短い

いくつもの大学のキャンパスを訪れて講演しているうちに、リベラルな学生たちに奇妙な傾向があることに気づくようになりました。講演の最後に私に質問する機会が与えられるのですが、その時に彼らはなぜかアメリカの奴隷制度の話題に固執するのです。

私がこれを不可思議だと感じたのは、奴隷制度が人権を無視した制度であるという彼らの非難に異論があったからではなく、彼らがこの過去における大罪を、例外なく白人男性に押し付ける評価をしていたからです。私は、彼らの世界観がアメリカ合衆国に限定されているのではないかと疑い始めました。アメリカは他の国に比べて比較的若く、歴史的な罪がはるかに少ない国です。

しかしやがて、最初の黒人がアメリカに到着した1619年が世界史の始まりではないということを、今の左翼の多くが本当に知らないとしたら、こう評価するのももっともなことだと思いました。

私はこの説を冗談で言っているのではありません。学問することよりも、社会問題を取り上げることを重視するようになった現在の教育カリキュラムのことを考えてみてください。多くの若い学生は、より実用的な分野の学習に飢えていることがわかります。テクノロジーがますます彼らの世界に大きな影響力を持つようになり、ソーシャルメディア上で閲覧された数や、ハッシュタグのトレンドが日々の重要課題となるにつれ、彼らは世界で起きている重大な出来事に関することよりも、著名人の生活スタイルや考え方に精通するようになっています。そして、そうすることに重きを置くようになっているのです。

最近の例では、２０２０年初頭にアメリカ政府がイランの将軍でイスラム革命防衛部隊の司令官であったガーセム・ソレイマニ（１９５７〜２０２０）暗殺の軍事作戦を承認したことで、ソーシャルメディアを偏重することの欠陥が露呈しました。ソーシャルメディアで流れた噂が、そのまま拡散したのです。ソレイマニ将軍の死の直後、彼の暗殺が第３次世界大戦を引き起こすかもしれないというコメントがソーシャルメディア上で大きな話題になりました。それに対して、特に左翼の反応は異常な反応を見せました。

フェミニズムを過激化させ、アメリカの女性に対する組織的な抑圧の存在を主張し続けてきた彼らが、突然、女性に男性と平等の権利を認めないイランの政治体制を熱心に擁護するようになったのです。この第３次世界大戦の可能性を案じる興奮がピークに達した時には、#MeToo運動の最初の推進者の一人である女優のローズ・マッゴーワン（１９７３〜）が、「イランの皆さん、アメリカ政府はあなたの国、国旗、国民を軽蔑しています。私たちアメリカ人の52％が謙虚にこれを謝罪します。私たちはあなたの国との平和を望んでいます。私たちはテロリスト政権の人質になっているのです。どうやって逃げればいいのかわかりません。どうか私たちを殺さないでください」とツィートしました。

イランは、1979年のイラン革命後に発足したイラン・イスラム共和国が、「女性の命は男性の半分の価値である」、という憲法を制定した国であることは、中東地域のことを少しでも理解している人なら知っていて当然の事実でしょう。

そして、現在のイランの法律では、女性が公《おおやけ》の場で髪と肌の大部分を覆うスカーフであるヒジャブを着用していないと、最高で10年の懲役が科せられることになっています。その他にも女性に対する制限はたくさん存在しています。例えば、女性はスタジアムで男性がプレーするスポーツを観戦することが許されていません。そして、もしこのような女性差別に対して抗議の声を上げれば、投獄されてしまうことも日常的に起きているのです。

しかし、女性問題に対するこのような左翼の異論反論、無視の目まぐるしい立場の変化を理解する間もなく、アメリカンフットボールの元クォーターバックで、2016年に国歌斉唱抗議運動のリーダーとなったコリン・キャパニック（1987〜）のツイートが流れました。

彼のツイートには、すでに明確に否定されている警察による残虐行為の神話に対してこう書かれていました。

「アメリカの帝国主義の拡大のために、アメリカが黒人や褐色の肌をした人々を攻撃するのは、何も新しいことではない。アメリカは常に、国内外を問わず、黒人や褐色の身体を持つ人々を制裁し、攻め立ててきた。アメリカの軍国主義は、アメリカ帝国主義が強制的に非白人世界を取り締まり、そこで略奪を行うために振りかざす武器である」

これは、キャパニックが帝国主義の定義を知らないか、イランの歴史に関して全く無知であるか、ということの決定的な証拠となりました。

なぜなら、もちろんイランはアメリカ合衆国よりも遥か昔から存在しており、1935年まではペルシアと呼ばれていました。ペルシアは多くのことで知られていましたが、アメリカの帝国主義との関係で考えられたことはありませんでした。実際、キャパニックの主張にとってはまずいことに、このペルシアは200年（アメリカが国として成立してからの期間とほぼ同じ！）続いた、まさに文字通り帝国そのものだったからです。古代ペルシャ（アケメネス朝）は、エジプトからインドの手前に至るまでの巨大な版図を誇る大帝国でした。かつては世界最強の国家だったのです。

ペルシア人の歴史は教科書に書かれるだけでは収まりません。彼らの残忍な侵略の歴史はよく知られており、2006年に公開された大ヒット映画「300（スリー・ハンドレッド）」では、冷酷なペルシャの「神王」クセルクセス1世（B.C.519〜468）と彼の軍隊が紀元前480年にギリシャを征服しようとしたことをフィクションとして描いています。果たしてキャパニックは本当にペルシアのこのような歴史に無知だったのでしょうか、それとももっと邪悪な動機があっての発言だったのでしょうか？　彼の人種差別的なツイートの履歴を見てみると、後者の可能性が高いように思われます。

2019年の感謝祭の日、キャパニックは朝からアメリカ先住民の「反感謝祭」の儀式に参加したと発表しました。彼は「アメリカ政府は15億エーカー以上の土地を先住民から盗んだ。先住民の家族に感謝する。私は今日もそしていつもあなたたちと一緒にいる」と、先住民と一緒に祝っている映像とともにツイートしたのです。同様の意図で、同年のアメリカの独立記念日の7月4日には、南北戦争で奴隷制度が正式に廃止される「前」に行われたフレデリック・ダグラス（1818〜1895）の演説をもじって、キャパニックは「アメリカ国民にとっての7月4日は、アメリカの奴隷にとって、何を意味するのでしょう」とツイートしました。

フレデリック・ダグラスとは、元奴隷で、彼の生きた19世紀に最も多く寄稿した奴隷制廃止論者の一人です。キャパニックが元にした演説の中で、ダグラスは「アメリカの制度の素晴らしさ」を語っています。

彼のスピーチは、アメリカが自分の信じる輝かしい国へと前進するために、奴隷制度という恐ろしい習慣をなくそう、という内容でした。

キャパニックの描写とは違い、フレデリック・ダグラスは、熱烈なアメリカ愛国者でした。奴隷制度が廃止されてから100年以上経《た》った現在、当時の言葉を元の文脈から切り離して転用したうえで、奴隷制度を語ることに利用することは、純粋な詐欺行為と言えます。これは、左翼が過去に同じような例があると見せかけようとしていつも行う、時代錯誤の行動と同じものです。

キャパニックのこのツイートは、アメリカを永遠に有罪にします。

彼は、このツイートを通して、アメリカ合衆国は根本的に不道徳な国であり、その建国の歴史の初期の頃に犯した罪は決して赦《ゆる》されないと主張しているからです。

これは、過ちを正すことこそが自らの使命だと考える、多くの左翼やリベラル派の飽《あ》くなき考えそのものです。

しかし、彼らのこうした考えは、全くゴミのようなものです。なぜなら、奴隷制というものはそもそも、アメリカがイギリスの植民地であった時代のヨーロッパ出身の白人から始まったものではないからです。それは人類の夜明けから、世界のあらゆる場所で存在していました。したがって、奴隷制度は不滅の恥とするイデオロギーの一貫性を貫くのであれば、キャパニックはアメリカ先住民と一緒に反感謝祭を祝うべきではなかったのです。

確かに不都合な真実ではありますが、白人ヨーロッパ人の入植前のアメリカの先住民族にも、かつては奴隷を所有する習慣があったからです。

左翼は私たちにそう信じさせようとしていますが、彼らは、焚火を囲み、クンバヤ（Kumbaya＝1950年代以降によく歌われたゴスペル）を歌って生きていたわけではありません。むしろ、彼らはお互いを征服しようと、戦いを繰り返していました。そして、彼らは戦いで捕虜になった人たちを奴隷にして、強制的に労働させたり、多くの場合、宗教儀式の一環として捕虜を拷問にかけたりしていました。さらに不都合な真実もあります。

ヨーロッパ人がアメリカ大陸に上陸する前から、アメリカ先住民は日常的に人肉を食べていました。中でも悪名高いのがメキシコ中央部に栄えたアステカ人ではないでしょうか。

スペイン人の開拓者たちがメキシコシティに到着すると、神の生け贄として捧げられた10万個以上もの人間の頭蓋骨に迎えられたといいます。

ある考古学調査では、雨の神に捧げられた5歳前後の42人もの子どもたちの遺骨が発見されました。

特別な儀式では、さらに多くの犠牲が必要でした。現在のメキシコシティの古名、テノチティトランにあったアステカの巨大な神殿テンプロ・マヨールの落成式では、2万人から6万人の生け贄《いけにえ》が捧げられたと言われています。

作家で宗教社会学者のロドニー・スターク（1934〜）は、2014年に出版された自身の著書『西洋はいかにして勝ったのか』の中で、メキシコ系ハーバード大学の歴史学者デビッド・カラスコの研究を参考に、アステカの儀式の様子を語っています。

儀式は……大勢の人々の前で行われた。犠牲者の成人男性は通常、ピラミッドの上の生け贄用の石の上に押さえつけられ、胸を切り裂かれ、司祭はまだ動いている心臓を奪って太陽に向かって掲げた。犠牲者の頭部は通常、切断されて棚に置かれ、時間の経過とともに頭蓋骨となって儀式のコレクションに加えられた。その後、（残った遺体は）寺院の階段をバタバタと転がりながら下まで降りてきた後で、皮を剝《は》がされ、バラバラにされた。選《よ》りすぐりの切り身は、見物人に配られ、彼らはそれを家に持ち帰って食べた。

初期の植民地主義者たちは、アメリカ先住民たちの野蛮な文化について多くの事実を記録していたにもかかわらず、ポリティカル・コレクトネスの名のもとに、彼らの残したものは捨て去られてしまいました。ヨーロッパから来た白人たちは、自分たちの大量虐殺を正当化するために、アメリカ先住民を残酷な人々なのだと描写する必要があったという作り話が好まれ、受け入れられたのです。

さらには、アメリカ先住民自身が嘘をついていたか、あるいはむしろ、彼らの慣習に関して書かれた聖典が「誤解されていた」とさえ信じられていたのです。

長い期間、科学的な研究が登場するまでは上記のように考えられていました。しかし、科学に基づく人類学的な研究の結果、クリストファー・コロンブス（1451〜1506）や多くの初期入植者たちが最初に報告していたように、アメリカ先住民は日常的にカニバリズムを行っていたことが決定的になりました。

今日では、この事実はもはや議論の余地がありません。左翼的なニューヨーク・タイムズ紙でさえも、コロラド州に居住していた先住民のカニバリズムの科学的証拠を引用した記事を不本意ながら掲載しましたし、スミソニアン博物館もアメリカ合衆国北西部の先住民が奴隷制を行っていたことを正式に認めました。

異文化研究に携わる研究者が使用する標準的な異文化サンプル（Standard Cross-Cultural Files）によると、少なくとも39の先住民社会が奴隷制度を行っており、どの社会でもそれは同じように残忍で非人道的でした。

しかし、何らかの理由で、アメリカ先住民の奴隷制とカニバリズムの両方が、左派にとって問題ではない、少なくとも、白人の奴隷制ほどには問題ではないのです。なぜ左派は、アメリカ先住民の奴隷制とカニバリズムについて、我々に見て見ぬふりをさせようとするのでしょうか？　彼らの見解では、帝国主義、カニバリズム、殺人、奴隷制、その他の紛れもない罪深い行為が、白人によって実行されなかった限り、許されることになるのはなぜなのでしょうか？

私は、アメリカ先住民族の習慣を全面的に非難したり、初期の植民地主義者の行動を正当化したりするつもりは、毛頭ありません。私はここで単に本当のことを語りたいだけなのです。そして、その真実とは、人類の歴史は複雑であり、肌の色のいかんにかかわらず、罪のない人間など存在しないということです。

しかし、今日、アメリカの黒人たちは、例えばペルシア帝国の大量殺人やアメリカ先住民族のカニバリズム、帝国主義で人々を支配した古代エジプト、トルコのセルジューク朝やオスマン帝国、イスラム教のアッバース朝や正当カリフ朝、ユーラシアで言えば、モンゴル帝国、元や明、大日本帝国などの下で行われた残忍な行為を考慮するように言われることは、まずありません。

アメリカ黒人は、歴史的な罪という言葉は、白人という言葉とほぼ同義であり、白人の歴史だけがただただ憎むべきものだと教えられてきているのです。

左翼にとって不都合なもう一つの真実は、大いに軽蔑されている白人が、実は奴隷制度を正式に廃止した最初の人々であったという事実です。1833年、イギリスは世界史上初めて、奴隷制度廃止法を制定しました。続いて、フランスが1848年に自国の多くの植民地をも含めて奴隷制を廃止しました。さらに、1865年にアメリカ合衆国憲法修正第13条が制定されました。

これは、公式に奴隷制を廃止すること、奴隷制の禁止を今後も継続すること、そして、制限のある例外はあるものの、自発的ではない隷属を禁じた憲法の一条です。

何十世紀にもわたって続いてきた人間社会における奴隷制度を、白人が世界に先駆けて廃止したのです。

しかし、このような白人による奴隷制度の終結については、ほとんどまともな議論がなされていません。同様に、今日私たちが享受している近代化された社会とはかけ離れた、17世紀の世界についても、実りある対話はほとんどありません。

17世紀に関しては、イギリスの哲学者で政治思想家のトマス・ホッブズ（1588～1679）が、1651に著した『リヴァイアサン』の中での描写が、当時の生活を最もよく表しているかもしれません。

ホッブズは、「芸術もなく、文字もなく、社会もない。何よりも悪いのは、絶え間ない恐怖と、激しい死の危険である。そして、人間の一生は、孤独で、貧しく、厄介で、残酷で、そして短い」と、当時の世界を描写しているのです。

アフリカへ帰る

私は、「邪悪な白人たちが、我々黒人をもともと住んでいた土地から連れ去ったときに、すべてのものを奪われたのだ」と嘆き悲しむ多くの若い黒人学生たちに出会ってきました。しかし、彼らの中に、今日《こんにち》のアフリカ大陸のどの国に住みたいかを私に答えられる人は、一人もいませんでした。

我々黒人の先祖がアメリカに運ばれてきた理由と手段がいかに醜いものであったにせよ、現在のアメリカに住む自由を受け継いできた私たちは、理屈抜きに恵まれています。このことを彼らは決して認めようとはしませんが、若い黒人学生たちも暗黙のうちに認識しているのです。

さらに奇妙なことには、黒人の若者の中には、自分たちが王や女王の子孫であるように思い込んでいる人が少なからず存在することです。ソーシャルメディアでは、ヨーロッパの白人がやってきて彼らの楽園を破壊する前は、アフリカ人は皆、ファラオのように豪奢《ごうしゃ》な暮らしを楽しんでいたのだという異常な描写を目にすることがよくあります。

ああ、どれほどそれが本当であればいいでしょう。しかし、現実はそうではないのです。真実を言うと、アフリカ人で奴隷となった人は、他のアフリカ人によって奴隷として売られていたのです。そして特にもっと恐ろしいことは、私たちは多くの場合、ジンとか鏡程度のものを得るために売られていたのです。

悲しいことに、我々の先祖の命は、当時のアフリカではほとんど価値のないものでした。そしてそれは、現在のアフリカ大陸においても全く変わっていません。

白人とのハーフとして生まれ、白人の両親のもとで養子として育ったにもかかわらず、コリン・キャパニックは、黒人の犠牲者特権を利用する機会を逃しません。

そのためか、2019年の7月4日には、「私たちの祖先から意図的に独立を奪った日に、どうやって心から独立を祝うことができるのか？　私自身の独立を見つけるために、私は故郷に帰った」とツイートしています。

彼が言っていた「故郷」というのは、もちろんアフリカのことです。

彼自身の説明によると、キャパニックが西アフリカのガーナへの渡航を決断したのは、強制的に連れ去られる前に「自分の同胞が見ていたものを見たかった」からだといいます。

この点をどうしても強調したいので、少し違った視点から考えさせてください。

コリン・キャパニックは、アメリカで独立記念日を祝う代わりに、アフリカに行きました。そこは、彼が独立を祝うのにアメリカよりもふさわしいと思った大陸でした。しかし、独立の話題に触れるのであれば、アフリカで現在進行形の事実を無視するわけにはいきません。

現在のアフリカには、70万人近くのアフリカ人奴隷がいます。驚くべきことに、彼らは他のアフリカ人に奴隷にされているのです。少年兵、人身売買、強制労働……これらは、大西洋を横断する奴隷貿易が始まった場所と同じサハラ砂漠以南の地域に存在する現状です。アフリカ人の体は、当時と同じように今も売られています。しかし、昔のように白人の国に買われているわけではありません。

実際、現在の「奴隷制度」は、非白人の国でのみ行われています。言い換えれば、今日《こんにち》、白人が人口の多数を占める国で奴隷制を制度化している国は一つもないということです。

ヨーロッパの植民地主義がもたらした恩恵については、世界中で検証可能なことがたくさんあります。が、これについて論じるのは別の機会に譲ることにします。

ガーナは、キャパニックがアメリカ独立記念日の祝日から逃れて心を癒《いや》す計画を立てる場所としては、特別に皮肉な国だったと言えます。なぜなら、ガーナでは現在、世界最大の人造湖であるヴォルタ湖沿いの漁業を支えるために、2万人の子供が奴隷にされているからです。左翼のニュースネットワークであるCNNは、2019年にこの国の奴隷制の悲劇を取り上げました。彼らは、奴隷状態から救出された少年に、どのような状態に耐えなければならなかったのかをインタビューし、放送しました。

この少年は囚われている間「みんな、朝から晩まで働かされてたよ。空腹でたまらないから、ちょっとでも魚を釣りに行こうものなら、この世に生まれてきたことを後悔するほどひどくぶん殴られるんだ」と説明しました。

ではなぜガーナは、コリン・キャパニックにとって、それほど居心地のいい国だったのでしょうか？　そして、黒人抑圧問題に関する「勇気あるリーダー」と呼ばれる人たちは、なぜ現在アフリカで起こっている、この恐ろしい状況に触れないのでしょうか？

現在のアフリカ人が置かれている悲惨な経済的、肉体的、物理的な状況を知るだけで、アメリカの若い黒人の多くは、彼らがアメリカで与えられている環境、多くの選択肢、そして自由に感謝するようになるかもしれません。

それにしても、なぜアル・シャープトン牧師やジェシー・ジャクソン牧師のような黒人の「リーダー」たちは、このような事実を紹介して、若い黒人の愛国心を鼓舞しようとしないのでしょうか？

その答えは簡単です。愛国心では儲《もう》からないからです。

一方、黒人の被害者意識は利益を生みます。それは政治家を当選させ、NAACP（全米黒人地位向上協会）のように人種差別を「暴露」（＝搾取《さくしゅ》）することを目的とした組織は、黒人の被害者意識を利用して手数料を取るだけで、巨額な資金を得ることができるからです。

要するに、今、アメリカの黒人は、刹那的な大義のために味方のふりをして何百万ドルも稼ぐ様々な個人やグループに搾取されているのです。

黒人が自分たちをアメリカンドリームに手が届かないと思うことを止《や》め、愛国心を体現するようになれば、人種を利用して生きている多くのペテン師たちは廃業することになるでしょう。

民主党の奴隷農場《プランテーション》

ここで、もう一つ私が好きな聖書の言葉を挙げます。私がこの言葉を好きな理由は、この知恵にはどこにも過不足がないと思うからです。

「すでにあったことは、これからもあり、すでに行われたことはこれから先も行われる。太陽の下、新しいことは何一つない」

（コヘレトの言葉　1：9）

2018年1月、ワシントン・ポスト紙は、「いかにして『民主党の奴隷農場（プランテーション）』が保守派のお気に入りの中傷言葉のひとつになったのか（How the 'Democratic Plantation' became one of conservatives' favorite slurs）」というタイトルで、私を攻撃する記事を掲載しました。

その中で記事の著者は、「家畜奴隷制度と、現代の黒人に関する政治を比較することには大きな欠陥があり、現在の状況を理解するのにはほとんど役立たない……以前の彼らとは違い、黒人の有権者には主体性があり、民主党マシンとしての、心なき歯車ではない」と主張しています。

この記事の目的は、私が広めた「民主党の奴隷農場（Democrat Plantation）」という言葉が、侮辱的で過去の奴隷制との根拠のない比較であり、受け入れられないものである、とほのめかすことでした。しかし、この記事の筆者は私が「民主党の奴隷農場」が単なるキャッチフレーズとして使われることを意図していたわけではない、ということに気がついていません。

私はこの言葉を口にするたびに、文字通りの意味で使っているのです。

ここで、アメリカの奴隷制度が、アメリカに売られてきたアフリカ人にもたらしたものは一体何だったのかを、わかりやすく考えてみましょう。

◆南北戦争が始まる直前の1860年には、400万人の黒人が白人の民主党員によって奴隷にされていました。そして、まずはっきりさせておきたいのは、共和党員で奴隷を所有していた人はほとんどいなかったということです。この野蛮な制度は民主党の白人が経済的な利益を得るために利用されていました。黒人は南部の農場《プランテーション》で動物のように働かされていました。しかし、一生、日の出から日没まで働いても、〝黒人たちには全く何の利益もありませんでした〟。

◆先に述べたように、奴隷制度は黒人家族を崩壊させました。奴隷は愛する人たちと絶えず引き離され、競売にかけられました。

◆奴隷労働は、肉体的虐待の脅威の下で行われました。プランテーションから逃げ出そうとする奴隷には、厳しい罰が与えられました。

例えば、捕らえられた奴隷は、時には、死ぬ寸前まで鞭打たれたり、繰り返し逃亡するのを防ぐために手足を切断されたり、最悪の状況では、他の奴隷たちが決して逆らわなくなるように、見せしめとして殺害されたりもしました。

◆州法では、奴隷が読み書きを学ぶことは違法とされていました。彼らを文盲《もんもう》にしておくことは奴隷制度にとって非常に重要であり、例えそれが白人であっても、黒人に読み方を教えていることが発覚すると、罰金や投獄の対象となりました。このような法律を作った目的は明白で、教育を受け、目覚めた心をコントロールするのは難しいからです。

◆奴隷所有者は、文字を読める奴隷が、北から流通してきた奴隷制廃止論者の書いた文章に出くわすかもしれないということを当然のように恐れていました。自分たちの自由に対するアメリカ国民の共感が高まっていることを知れば、奴隷たちは所有者に反抗するようになるかもしれないからです。

アメリカの奴隷制度は、白人の民主党員によって運営され、黒人の労働力に依存し、黒人家庭の崩壊を前提とし、黒人を虐待の脅威にさらし、そして黒人に文盲でいることを強要する制度でした。

では、過去に民主党が運営していた奴隷制度と、現在の民主党政治と黒人社会との関係は、一体どこが変わったのでしょうか？　もちろん、民主党政治が黒人社会にもたらすものは以前と全く変わっていません。変化したのは、おそらく、民主党員がその結果を達成するための手段です。

今日《こんにち》、黒人有権者が民主党を支えていると見なされていますが、それには理由があります。２０１２年の大統領選で、民主党のバラク・オバマは黒人票の93％を獲得しました。そして、２０１６年の大統領選挙の出口調査では、ヒラリー・クリントンを支持した黒人有権者は88％だったことが明らかになりました。この５％の黒人票の落ち込みが、クリントンがドナルド・トランプに敗れた決定的な要因だったのです。

もし、２０２０年の大統領選で、ここからさらに５％の落ち込みがあれば、民主党は存亡の危機に直面することになるという、彼らにとっては危険な傾向を示しています。そして、もし共和党が黒人票の20％を民主党から奪うことができれば、民主党の勝利は絶対にありえない、ということを否定する専門家は一人もいません。

これらの数字を見れば、民主党が政権を取るために黒人票に頼っている、というのは事実なのです。

また、忘れてはならないのは、奴隷制の時代と同じように、私たち黒人が民主党のために行うことは、私たち自身にとっては何の利益にもならないというだけでなく、むしろ悪くなっている、つまり黒人社会は犯罪数の増加や、経済とモラルの低下に直面し続けているという事実があるということです。

本書では、家族崩壊という問題に関して、1960年代の「偉大なる社会」計画が黒人家族に与えた影響について取り上げてきました。しかし、この疫病とも呼べる制度が、黒人の若者の精神に大きな影響を与えていることは、まだ論じていません。

かつての農園主は、強い奴隷を買い取り、最も弱い奴隷をオークションで売りに出していたわけですが、経済的な動機だけで奴隷の家族を解体していたわけではありません。

フレデリック・ダグラスが1845年の自伝『アメリカの奴隷制度を生きる（Narrative of the Life of Frederick Douglass, an American Slave）』の中で述べているように、奴隷の心理的な影響も農園主にとっては有益なものだったのです。

彼女が、私にとっての癒しの存在だったり、私を優しく見守ってくれたことなど、これっぽっちも味わったことのなかった私は、彼女の死の知らせを、おそらく見知らぬ人の死に感じたのと同じような感情で受け取った……普通の子供たちが持っている家との絆は、私の場合は全く存在していなかった。だから、家を出るときに厳しい試練は存在しなかった。私の家は魅力のないもので、それは私にとって家ではなかった。家を離れるときには、ここに留《とど》まっていれば享受できたはずの何かを捨ててしまったのだ、とは思えなかった。

自分の母の死を知らされたときのダグラスの感情の欠如や、自分が知っている唯一の家である場所を離れるときの感情のなさには、驚きます。家族崩壊が彼にもたらしたものは、人生が変わるほどのトラウマと思われるようなことに接しても、少しも心を動かされないという結果でした。人間ではない何かに変えられてしまったようなものです。

これを見れば、農場主が自分の所有している奴隷に対して、環境がどんなに変わろうと感情を持たないままにしておきたいと思うなら、幼児期に可愛がったり愛情を与えないことが一番重要であるということは、明白です。

また、家族制度の崩壊によって早期に人間性を失わせるという同じ戦略が、いかに犯罪と不道徳の文化をもたらすのかということも明らかになっています。

民主党の洞窟の比喩《ひゆ》

識字率の問題については、6章で、公立の教育制度が黒人学生のためになっていないことや、教育の欠如が、文化的な羊——好きなラッパーや歌手の言うとおりに投票したり考えたりする人——を創り出すのだ、ということを説明しました。

私は、奴隷制維持のために奴隷を文盲にしておく必要があったことを考えるとき、古代ギリシャの哲学者プラトン（B.C.427〜347頃）の代表作『国家（The Republic）』の中に登場する有名な「洞窟の比喩」の寓話を思い出します。

この寓話は、まず読者に子供の頃から洞窟に監禁されている囚人たちの姿を想像するように促《うなが》します。

囚人たちは鎖でつながれていて、お互いの姿も、自分の姿も、目の前の壁以外は何も見えません。囚人たちの背後には火が燃えていて、その明かりが囚人たちの前の壁に影を落としています。囚人の後ろを人が歩くときに、その人の持っている様々な物が、それぞれ違った影を作って壁に投影されています。プラトンは、洞窟の中で目の前に現れる影以外の存在を知らない囚人たちにとって、時間の経過とともに、影こそが現実となっていくことを示唆しています。

簡単に言えば、人間にとっての現実とは、その人が何を知っているのか、もしくは知らないかで決まるということです。

プラトンは、この囚人のうちの一人が解放されたらどうなるかを想像します。洞窟の中で何年にもわたって、壁に映る影だけによって作られた「現実」だけを見てきた囚人が、洞窟の外の光に向かって逃げ出したとしたらどうなるでしょうか？

プラトンは、当然ながらその囚人は光を拒絶すると考えます。太陽の光は、囚人の目に痛みをもたらし、恐ろしいくらい彼を怒らせ、彼の目をくらませ、彼は自然と快適な暗い洞窟の中に戻っていくだろうと考えます。

この怒り、目がくらんだ囚人の状態こそ、多くのアメリカ黒人が、どう考えても理屈には合わないけれど、民主党という名の洞窟に留まり続け、完全に封じ込められている姿そのものなのです。居心地がいいとか馴染みがあるという以上の感覚です。洞窟の外にある巨大な世界は、最初は気が遠くなるように感じられることでしょう。ですから、黒人のために慎重に構築された「影の世界」だけで成り立つ暗い洞窟の中に引きこもっているほうが簡単なのです。

しかし、プラトンは別のシナリオを考えます。囚人が自分の意思に反して洞窟から出ることになり、心地よい洞窟の中に戻ることができない状態になったとしたらどうでしょう？　プラトンはこう考えます。

囚人は洞窟を出ても、すぐには太陽の光に圧倒されて目が見えませんが、「ゆっくりと目が太陽の光に順応していきます。最初は影しか見えません。しかし、だんだんに水に映る人や物を見ることができるようになり、次には、人や物そのものを見ることができるようになっていきます。やがて、夜に星や月を見ることができるようになり、最後には太陽そのものを見上げることさえできるようになります」そして、その時初めて彼は「（太陽について）それが何であるかを推論することができるのです」

次に、洞窟の外の世界について、もっとたくさんのことを学んだこの元洞窟の囚われ人は、自由の恵みに圧倒され、自然と洞窟の中に残っている人々を光の元に導きたいと思うようになるだろう、とプラトンは推測します。

言うは易く行うは難し。

なぜなら、洞窟に残った囚人たちは、真実を目の前に突きつけられると、それを語る人を嘲笑するからです。

プラトンは、洞窟の生活から自由の身となった元囚人が、長い間外の光にさらされた後で洞窟に戻ると、すぐには洞窟の暗闇に目を戻すことはできないだろうと言います。そうすると、洞窟に残された人たちはそれを見て、「（彼は）外に行ったが、目がダメになって洞窟に戻ってきたのだ。だから、外に行くのは絶対に割に合わない」と結論づけます。そして、プラトンは、洞窟に残された囚人たちは、自分たちが外に出て同じようにまばゆい太陽を浴びることになるくらいなら、自分たちを洞窟の中の生活から引き離そうとする人を殺してしまうだろう、と結論づけています。

これは、時代を超えた真実を指摘する優れた物語です。紀元前360年頃に書かれたにもかかわらず、この物語は、それからおよそ2000年も後に、アメリカの奴隷主がなぜ奴隷に与える教育を制限しようとしたかという理由を示しています。

なぜなら教育とは、洞窟の外に存在するまばゆい太陽の光のようなものだからです。

今日《こんにち》、米国で最もリベラルな州だと言われるカリフォルニア州では、黒人少年の実に75％が州の識字率試験に合格できないと言われています。このように、識字能力が社会的統制と抑圧の手段として再び利用されている今、黒人保守派、つまり洞窟から出て光を見た私たちが、洞窟に残る同胞を現実の世界に連れ出すためには、さらなるハードルがあります。

ある人が一つの集団を支配しようとする場合、集団が遭遇する可能性のある全ての局面で辻褄の合う筋立てを考え、管理しなければなりませんが、民主党は、メディア支配やプロパガンダを含めてその努力を怠りません。ですから、民主党の支配下では、黒人たちは、この世界で別のやり方もあると考えることさえできなくなっているのです。

比喩的に言えば、多くの人は、自分が今いるのとは別の状態に置かれるのを想像するくらいなら、プラトンが言うように、変化をもたらす人を殺してしまうだろうということです。

現代のリンチ

家族や教育といった制度の崩壊が、奴隷制の時代を彷彿とさせるような結果を生むことは多くの人にとって明らかですが、刑罰のことはそれほど話題にはなりません。

奴隷制度の廃止に伴って、誰であれ黒人に体罰を与える法的権利はなくなったわけですが、民主党にとっては、それは単にもっと工夫しなければならないというだけのことでした。長く白い衣と頭布を身にまとったKKKの団員は、黒人の政治的、経済的平等を目指す共和党の再建期の政策に抵抗することを目的にしていました。

彼らは、黒人や白人の共和党活動家、さらには新しい移民やカトリック教徒、ユダヤ人に対しても、さまざまな脅迫手段を用いていました。民主党のテロリスト集団であったKKKは、白人至上主義の「道徳的利益」を守るという名目で、3446人の黒人共和党員と1297人の白人共和党員をリンチしたのです。

しかし、おそらく、公民権法が成立したことで、このような事態はすべて収束したと思われているのではないでしょうか。


「太陽の下、新しいことは何一つない」


現在、全世界は近代化され、アップデートされ、より発展してきたように見えるかもしれませんが、そこには何も新しいものはありません。実際には、またしても民主党がさらに創造的になっただけなのです。

自由というのは、私たちの選択に対し罰がない場合にのみ存在しえます。前述のワシントン・ポストの記事が示唆するように、黒人が民主党に投票することが、単に自由意思からくる行為であるならば、民主党ではない党に投票した黒人たちに罰が与えられることはないはずです。

しかし、残念ながらそうではなく、罰は与えられています。それどころか、アメリカで黒人が民主党から離れようと決意し、その理由を公表すると、主流メディアの手によって厳しい処罰が待っているのです。もちろん、民主党が黒人逃亡者を奴隷制度の存在した時代のように公然と鎖で縛り、鞭で打つことはできません。現在の彼らの手口は、誹謗中傷《ひぼうちゅうしょう》をしたり、悪評を流すなど、あまり目立たない手段です。しかし、彼らはこのような手を使って、黒人の保守派の言論活動や、時にはプライベートに関することも、小さなことまでネチネチ攻撃してきます。

このことを、私ほど知っている人間は少ないでしょう。

私の名前を入力すると、Google の検索エンジンで1000万件以上ヒットします。私は黒人保守派であることを公表して以来、公の場において、ますます奇妙で耐え難いやり方で、私の人格や生活全てを解剖されてきました。ジャーナリストたちは、2017年に私が招かれて講演したイベントごとに、私にいくら支払われたかを詳細に説明することに時間を費やしました。私が黒人男性とデートしたことがあるかどうかを問う記事もあれば、私の夫や純資産、80歳の祖父が私のことをどう思っているかについての記事もあります。

もしあなたが、私の名前を検索して、そこに上がったさまざまな記事を読み、総合評価をすればキャンディス・オーウェンズは、自分が属する黒人社会の苦悩を理解することができないほどの特権を与えられた、手に負えない保守主義者、となるでしょう。
もちろん、そのような結論に確信を持って到達するためには並外れたイデオロギーの飛躍を必要としますが、私に関する最悪の説明は、私は不都合なことにたまたま黒人として生まれた白人至上主義者、と決めつけるものでしょう。

左派のジャーナリストたちは、私を私ではない誰かに仕立て上げるためにはどんな手段も厭わないようです。左派は、黒人保守主義という、より論理的な存在よりも、白人至上主義を支持する黒人の存在、のような超常現象の存在を信じたがっています。

これと同じように、ベン・カーソン博士（「文字通りの」脳外科医）のことをなんとなく「バカ」だと罵《ののし》ることは、彼が単に黒人で、「そして」、共和党員であるという単純な事実を受け入れたくない左派の批評家たちの間で、支配的な理論となっています。

実際、現代の最も優れた黒人男女である、政治家で政治学者のコンドリーザ・ライス博士（1954〜）、経済学者のトーマス・ソウェル博士（1930〜）、クラレンス・トーマス最高裁判事、ラリー・エルダーなどが、メディアの誤った報道によって、単に自分の肌の色を憎んでいる黒人として、日常的に攻撃されています。これは、今日の社会が道徳的に好んで採用している戦略です。

黒人の共和党員というだけで依然として恐怖を起こさせますが、攻撃は昔と違って目立たないように進められるのです。

左翼ジャーナリズムの役割は、黒人保守派への日常的な攻撃や非人間化するような報道を通じて、いかなる手段を用いても私たちを攻撃することです。公の場で恥をかかせたり、排斥や無視、そして、時には暴力までも左翼ジャーナリズムは正当化するのです。

それに私たちは耐えなければなりません。

ジャーナリストは、社会的な恩赦を与えることもできますし、民主党の意向に従わない黒人を、悪意を持って追いかけることも容認されているのです。

昔、逃げ出した奴隷の手足を切断したように、このような中傷の目的は、比喩的な意味で黒人保守派の手足をもいでしまうことです。左派の意図は、発言力のある黒人保守派が、実績をそれ以上積めないようにすることなのです。

こんな状況で、私たちはどこでどんな風に活動すればいいのでしょうか？ 誰が私たちに足場を与えてくれるのでしょうか？ メディアから、白人至上主義のような悪辣《あくらつ》なデマによって告発された個人を、いったい誰が信じ、歓迎してくれるのでしょうか？

幸いなことに、これまでの多くの保守派の人々と同様に、私はあらゆるメディアによる暗殺の試みを生き延びてきました。しかし、メディアが望んでいたとおり、アメリカ国内におけるテロリスト集団である極左のアンティファ（Antifa）による私への脅迫は増えました。彼らの精神的な先達であるＫＫＫ団員の白ずくめのファッションを現代風にアレンジした、全身黒ずくめの服を身につけ、黒い布で顔を覆ったアンティファのメンバーは、公共の場で保守派をいじめ、嫌がらせをし、脅し、暴力を振るうために大挙してやってきます。

２０１８年8月、私は同僚で保守派の政治活動家、チャーリー・カーク（１９９３〜）とフィラデルフィアのカフェで朝食を食べていました。

レストランにいる私たちを見つけて、40人ほどのアンティファのメンバーがレストランの外に集合してきました。そして、そのうちの数人がレストランに入ってきて、私たちに出て行けと叫び始めたのです。このため、私たちを安全にレストランから連れ出すために、警察官が現場に呼ばれました。

私たちが外に出ると、彼らは私たちに卑猥《ひわい》な言葉を浴びせ、卵や水を投げつけてきました。幸運なことに、私たちはこのような一部始終をカメラに収めることができました。

そして、この事件は多くのリベラル派の人々への警鐘となり、自分たちの信じる政党がどのようなものになっているかについて目を覚ますきっかけとなりました。

民主党は、党の価値観を守るという名目を掲げた白人ギャング集団が、黒人の共和党員をレストランから追い出すような行動を取るような政党に成り下がってしまったのです。

「すでにあったことは、これからもあり、すでに行われたことはこれから先も行われる」

人々は、もしこのような露骨な偏見と暴力が日常的に起きているのであれば、すべてのメディアが一斉に非難すると思うかもしれません。しかし、現実はそうではありません。むしろ、アンティファは左派メディアから英雄的なグループとして称賛されています。実際、今日の主要メディアは、ＫＫＫ団員が黒人を残虐に扱ったときと同じ言い訳をしています。ある種の暴力は社会全体の道徳的な利益のために是認されるべきである、と言うのです。

政治が家業になっているクオモ家の人間で、父親と兄がニューヨーク州知事を務めた、当時ＣＮＮのアンカーだったクリス・クオモ（１９７０〜）は、生放送中にアンティファの活動による無法状態を擁護するような発言をしました。

「法の下《もと》で正しいかどうかではなく、道徳的な意味での善悪を知らなければなりません。だからこそ、偏見を持つ者に対抗する人々は、もし彼らがそれと闘うためにちょっとした暴力に訴えたとしても、偏見を持つものが振るう暴力と同じように判断されるべきではないということなのです」

クオモは、彼自身の道徳観によれば、「本当の」問題を抱えている人々に対する暴力は正当化されると言っているのです。そして、彼のこの言い分を借りれば、アンティファは、昔のＫＫＫ団員のように、正しい道徳の謙虚な守護者として行動していることになるのです。

このように民主党は、彼らの考える奴隷農場《プランテーション》の枠組みから外れた黒人への虐待を止めたわけではなく、誹謗中傷したり、あの手この手で悪評を流したり、メディアによる制裁という形での暴力を使うなど、単にその方法をアップデートしただけだということが明確になりました。

クラレンス・トーマス最高裁判事は、１９９１年に行われた、彼が最高裁判事になるための上院の承認審査で、この現実を最もよく表現していたかもしれない。

彼に対する根拠のないセクハラ疑惑が都合よく浮上し、彼は最高裁判事の指名を辞退するように圧力をかけられたのです。トーマスは、こう証言しました。

「アメリカ黒人としての私の立場から言えば、これは自分で考え、自分で行動し、他とは異なる考えを持つような生意気な黒人に対する最新式のリンチであり、古い秩序にひれ伏さない限りこうなるぞというメッセージだ、と私は考える。木に吊るされたりするのではなく、リンチされ、打ち砕かれ、風刺画にされたりするのである」

自由という幻想とは裏腹に、アメリカの黒人は、私が言ったように、まだ奴隷農場《プランテーション》にいるのです。そして、北部の奴隷制廃止運動のニュースを伝える黒人保守派が人気を得れば得るほど、メディアはその存在を消し去ろうと躍起になります。民主党の黒い思惑は、単に形を変えただけなのです。

フリーダム

政治活動家で革命思想家のトマス・ペイン（1737〜1809）による小冊子『コモン・センス』（1776）は、イギリス王政から独立するために武器を取って戦うようにと、当時はまだ英国の植民地であったアメリカの人々を勇気づけ、アメリカ合衆国の基礎を築く道を開きました。私はこの本が、現代に生きるすべてのアメリカ黒人の手に渡り、過去に『コモン・センス』がそうであったように、革命への道を切り開いてくれることを願っています。

真の自由と真の変革は常に可能なのです。

プラトンの囚人たちを光の中に連れ出すことにどんどん成功してきているのではないかと、私は毎朝、新たな希望をもって目を覚まします。

私は、フレデリック・ダグラスに憧れて、忍耐力、粘り強さ、楽観性を身につけました。ダグラスは、「私は人がどのようにして奴隷にされていったのかを見てきた」と書いています。彼の言葉は、私の中で時を超えた鐘のように響きます。

なぜなら、私も人がどのようにして奴隷にされたのかを見たことがあると思うからです。私は、アメリカの黒人がいかにして人種に関する議論を通じ奴隷にされてきたかを見てきました。民主党支配層の指導のもと、リベラル派や左派の人々が、どのように私たちの家族や信仰、そして将来を奪ってきたのかを見てきました。

しかし、ダグラスのこの引用文には、明るい将来を予感させるような言葉が続いています。

「そして今、奴隷がどのようにして人間になったのかを見るだろう」

そうです、そうするのです。

おわりに
CONCLUSION

2016年の大統領選挙が終わった後、アメリカのリベラルたちは、一斉にヒラリー・クリントンの敗北を嘆きました。興味深い事後分析ですが、多くの著名なリーダーたちは、投票を棄権した黒人たちに非難を浴びせたというのです。曰《いわ》く、彼らのせいで当選ほぼ確実だったヒラリーが負けたのだと。

投票に行かなかった人たちは、祖先の痛みや苦しみによって与えられた特権を当たり前のものだと考えている、と咎《とが》め立てました。

私はこの当てこすりに愕然《がくぜん》としました。裕福なエリート層キャリア政治家の思い通りにならなければ、それは黒人のせいだというのです。

黒人に選挙権の行使を呼びかけることとは、ほど遠いわけですが、ここから学ばなければならないのは、私たち黒人の票は、〝黒人自身のため〟にあるのではなく、〝全知全能のリベラルエスタブリッシュメントのため〟にあると見なされているということです。

この考えが意味していることは明白です。投票所に行く黒人は、自らの選択を求められているのではありません。民主党に対して、その〝永遠なる権力の座を盲目的に保証するよう〟求められているのです。

これでは、黒人の先祖たちが、男も女も、子供までも自らを犠牲にしたのは、まるで現代を生きる黒人たちに民主党の永遠なる支持者になる機会を与えるためだったかのように見えてしまいます。

しかし、私たちの祖先が流した血は、私たちの自由のために流されたというのが真実なのです。投票権を行使する自由、そして、自分が選んだ候補者を誰でも支持することができる自由。この二つが揃って初めて、本当の自由と呼べるのです。

私たちには権利、いや「義務」……リベラルエスタブリッシュメントが私たちに課した前提に縛られることなく、自分でものを考える「義務」があるのです。

私が戦うのは、アメリカの黒人たちがこの自由に目覚めるためです。それは、一人の人間や、政党が国民である私たちのために働かなくなったときには、立ち去る勇気を持つということです。

2018年末、私はBLEXIT（Black + Exit）を立ち上げました。

これは、保守の原理原則を黒人の社会に浸透させることを目的とした運動です。私の使命はシンプルで、人々が自分の可能性に挑戦するのを応援することです。流れに逆らって泳ぐことは、必ずしも容易ではありません。しかし私は、今一度民主党の奴隷農場《プランテーション》から脱出する勇気を持てば何が起こるのかを示す、歩く証人なのです。

世の中のほとんどの人があなたに反対しているような場合は特に、自分の信念を貫くことは本当に難しいものです。
私に対する批判は、ありとあらゆる角度から寄せられます。マイノリティの聴衆に向けて講演をすると、多くの人が私にこう言います。「キャンディス、あなたの保守的な考えには賛同できるけれど、トランプ？ 『マジで？』」
いや、マジで。なぜなら、それができるのは、彼以外、他の誰でもなかったからです。
この遠慮のないニューヨーカー以外の誰が、アメリカのリベラルな体制全体に立ち向かう勇気を持っているというのでしょうか？ ドナルド・J・トランプ以外の誰が、アメリカの黒人の顔を覗き込んで、「何を失うというのですか？」と問いかける勇気を持っているでしょうか？

「アフリカ系アメリカ人ほど、ヒラリー・クリントンが行ってきた政策の被害を受けたグループはない」

とトランプは言いました。

「もしヒラリー・クリントンの目的がアフリカ系アメリカ人の社会全体に苦痛を与え

ることだったとしたら、彼女はこれ以上ないほど良い仕事をしてきた。恥辱的なことだ。今夜、私は、より良い未来を望む、この国のすべてのアフリカ系アメリカ人に、私に投票することをお願いする。……民主党政権下で、アフリカ系アメリカ人の社会がどれだけ苦しんできたかを見てほしい。苦しんできた人たちに、私は次のように言いたい。トランプのような新しい人間を選んでみたとして、何を失うというのか？……有色人種を、より良い未来に値する人間としてではなく、ただの票田としてしか見ていない、ヒラリー・クリントンの偏見をアメリカは拒絶しなければならないのだ」

トランプの言葉で、私はハッと目が覚めました。私は、トランプの礼儀のなさ、つまり真実を語るためのこの悪びれない態度に度肝を抜かれました。その瞬間、私はあることに気づいたのです。それは、過去60年間以上にわたって大きな問題となり続けている黒人社会における貧困、教育の欠如、家庭崩壊などの諸問題を黒人が解決するとしたら、彼しかいないのです。

このような、長期にわたって存在する根深い問題の解決ができるのは、政治的経験のない人でなければなりませんでした。我々の政治の世界に外界から猛烈な勢いで入ってきた、迷惑な粗忽者《そこつもの》でなければならなかったのです。この方法以外の従来のアプローチでは、黒人にはうまく働きかけられないのです。

なぜなら、民主党がやってきたように、家庭の中から権威や体制を組織的に取り除いてしまうと、伝統的なリーダーシップにうまく対応できない人々が生まれてしまい、現在では多くの黒人がそのようなタイプになっているからです。

正直に言うならば、黒人はお行儀のいい、悪いなんてことに反応しないのです。私たち黒人は、アメリカで最もポリコレの真逆をいく集団です。ヒップホップを生み出し、アメリカ文化を堅苦しいものから遠ざけた集団なのです。

このような私たちが、誰かのマナーのなさに文句を言うでしょうか。

結果として、私たち黒人は同じように礼儀やしきたりなどを気にせずに、現状に逆らう人を必要としていました。私たちがこれまでやってきたことと反対のことをする人です。時代の流れに逆らい、見せかけの圧力に惑わされずに前に進み続けられる人です。

黒人社会は、ポリティカル・コレクトネス（政治的正しさ）によって、ゆっくりと死を迎えようとしていました。長い間、私たちは、オープンで正直な対話よりも、事なかれと見かけを気にした対話をしてきました。私たちは、真実を見つめることによって勝者となることを学ぶよりも、都合のいい嘘や被害者であり続けることを受け入れることのほうを学んだのです。ですから、私たちは誰かに本来の厳しい現実と向き合わせてもらうことが必要だったのです。

私がドナルド・トランプを好きなのは、彼が図太いからです。中傷され、名誉を傷つけられ、脅され、発言を撤回するように言われても、かまわず人々に真実を伝えようとするその図太さこそ彼の魅力なのです。その大胆さでトランプは、中西部の北のほうで行われた演説で、すべての黒人に対して、自分たちは大丈夫ではないのに大丈夫だというふりをするのはもうやめよう、と呼びかけました。

オバマがホワイトハウスにいて大統領だったからといって、私たちが黒人として勝利したわけではありません。実際、ほぼすべての指標において、私たちは負けていたのです。トランプは都市部の学校における惨状や、黒人の高い失業率について言及をしました。それに加えて、事実としてオバマ政権時代に黒人はかなりの富を失ったのです。

左翼系シンクタンクの人民政策プロジェクト（People's Policy Project）の創設者であるマット・ブルーニッグ（1988〜）と、ジャーナリストのライアン・クーパーは、社会主義の季刊誌であるジャコバン誌（Jacobin）に発表した2017年12月7日のエッセイ「How Obama Destroyed Black Wealth（オバマは黒人の富をどう破壊したか）」でこの問題を論じています。

オバマ大統領の時代は、アメリカの中流階級にとっては災難続きとなった。2007年から2016年の間に、下位99%、つまりアメリカの99%の人々の資産は、平均で4500ドル（約50万円）減少しました。しかし、同じ期間に、残りの上位1%の人々の資産に関しては、平均で490万ドル（約5億4000万円）も上昇したのだ。

この落ちこみは、アフリカ系アメリカ人の住宅資産に特に大きな打撃を与えた。住宅資産以外の部分では、黒人の財産は2016年までに2007年の水準を回復した。しかし、黒人の住宅資産の平均額は1万6700ドル（約184万円）と低いままだったのだ。

この落ち込みの原因の多くは、オバマ元大統領にあると私は考えている。彼の住宅政策は、何百万もの家族が家を失うことに直結した。さらに言えば、オバマは、差し押さえの危機を大幅に改善するための資金、立法手段、法的手段などの力を持っていた。しかし、彼はその力を使わなかったのだ。

多くの人が、ヒラリーこそ2016年の大統領選挙で勝利するべきだったと思うのは、それが善だと信じていたからです。初のアメリカ女性大統領を選出したと言えれば「良かった」し、その選択の素晴らしさは進歩的な栄光の象徴として確実に世界中に響き渡っていたことでしょう。同様に、自由世界初の黒人男性リーダーとして、バラク・オバマ大統領を選出したのも「良い」選択でした。これを見てもわかるように、真実は、「善」の二の次に来る単なる〝願望〟として扱われてきたので、黒人なのに、黒人を失望させたバラク・オバマ大統領の真実を議論することは許されません。彼が大統領になったのは善だからです。しかし、最終的には真実が善に追いつきます。

社会主義による「善」の約束にもかかわらず、ベネズエラが混沌とした状態に陥ったのもこのためです。また、アメリカでは60年にわたって政府が「善い」政策をとり、左派政治家による「善良」な約束がなされてきたにもかかわらず、黒人の生活があまり改善されていないということにも説明がつきます。現実には、勤勉に勝るものは存在しないのであり、福祉やアファーマティブ・アクションの善は、この壁に必ず突き当たるのです。

そして、「善良」なものすべてを支持すると主張する主流メディアから卑劣な扱いを受けているにもかかわらず、ドナルド・トランプが、私たちの記憶にある最近のどの政治家よりも、黒人のために多くのことを成し遂《と》げたのは、このためです。

トランプ大統領の真実

私は、多くの黒人がトランプに難色を示しているのは、単に彼が本当はどんな人物かを理解していないからだと確信しています。

主流メディアは、まるで自分たち左派が本質的に聖なる存在であるかのように、トランプの欠点や軽率な行動について非難する情報を流し続けていますが、彼が大統領職にもたらす真の価値には決して光を当てようとはしません。私は、黒人社会のみならずアメリカ全体の真の発展のためには、トランプの攻撃的な性格は必要だと考えています。しかし、それが一部の人々の心を傷つけてしまうことも理解できます。

その結果、多くの人が自分の無知のために真実が見えなくなってしまうのです。

そこで、トランプ大統領が実際にはどのような人物なのかを考えてみましょう。彼が不動産王であり、テレビスターになり、アメリカ大統領になったことは誰もが知っています。しかし、それ以上に、私は、トランプは民《たみ》が起こす社会変革の最高の形を象徴しているのだと信じます。

それは、ヘブライ人が古代エジプトから脱出したのとも、イギリスからの独立戦争を経へてアメリカ合衆国が誕生したのとも、連合国がナチズムを、そして自由主義圏がソ連を打ち破ったのとも異なる、今の世の中を激しく揺さぶるものです。

冷戦の終結以来、グローバリスト、新自由主義政策は、政治家だけに奉仕するシステムを具体化させました。なぜなら、それは政治家によって政治家のために構築された仕組だからです。そして、トランプは政治の表舞台に劇的に登場して以来、自己の利益にのみ執着するエリート・グローバリストのために作られ、長い間定着してきた秩序を覆すために勇敢に働いてきました。

もちろん、この動きに対するそれなりの反応が起こりました。化学反応と同じで、望ましい結果が得られたとしても、好ましくない副産物が残ることはよくあるのです。

第1の副産物は、左翼が明確な攻撃対象を定めて否定的なレッテル張りをしたことです。人種差別主義者で、外国人排斥を進め、女性を蔑視しており、同性愛者を嫌悪している、などの非難は、実は黒人やその他のマイノリティグループを人質にしたうえで、保守派を侮辱し誹謗中傷するためのキャッチフレーズに過ぎないのです。彼を攻撃することを通して、保守派を攻撃しているのです。

第2の副産物は、主流メディアが、左派の操り人形となり、人々を心理的そして感情的に操作する達人と化したことです。

そして第3の副産物は、全く意外なことではありませんが、トランプの大統領就任に対する民主党の反応です。過去に権威を奪われたすべての支配者たちがそうであったように、左派はいかなる手を使おうとも、大統領選の正統性を否定しようとしました。

しかし、窮地に追い込まれた虎は、最も大きな声で吠え、最も激しく戦います。

全くもって、真の #TimesUp 運動（時間切れだ運動）と呼ぶべきは、セクハラに対して反対するハリウッドの運動ではなく、トランプが、今までのこのような政治のやり方に「ノー」を言う動きのほうでした。彼は、左翼からのくだらない攻撃の矢面に留まり、自由、正義、真実のために、そして最も重要なことには、リベラルな政治マシーンによって長い間無視されてきた人々のために戦い続けることを約束したのです。

ほんの一部の人々の個人的な利益のために形骸化し、長い間利用されてきた黒人社会にとって、トランプの行動は歓迎すべき救いの手なのです。

もし、たとえ黒人社会が長年の民主党への忠誠心を捨てると誓ったとしても、ミット・ロムニー（1947〜）やポール・ライアン（1970〜）、ジョン・マケイン（1936〜2018）といった共和党の大統領や副大統領候補者たちの求めに応じて彼らに投票することはありませんでした。なぜなら、この候補者らは自由の名の下に既成概念を覆す粘り強さを持っていなかったからです。

黒人が必要としているのは、文化的に人々を先導できるような人物でした。それは、有権者や敵対勢力の目を見て、彼らが必要としていること、つまり真実を正確に伝えることを恐れずにできる人物だったのです。

今日、黒人社会はようやく、アメリカの黒人が直面している最悪の問題は、白人至上主義ではなく、「堕落してしまった学校制度」であり、警察による人種差別ではなく、「家庭での父親不在」であり、人種差別的な雇用市場ではなく、「勤勉さと自立への道を阻害する福祉制度」である、と演台の前で厭わずに言うことのできる大統領を得ました。

トランプは、自分の大統領就任に対する議論の紛糾にもかかわらず、長年にわたって黒人を欺いてきた左派の嘘を暴こうとし、それによって我々のコミュニティの大覚醒をもたらしたのです。

さらに、トランプが合衆国憲法を国の最高法規として尊重し、これを守り、アメリカ人ひとりひとりの権利と自由を守ることは、まさにアメリカを再び偉大な国にする（Make America Great Again）ことを意味します。私は文字通りこれを意味していると思います。

トランプのこの素晴らしい選挙スローガンに対し、黒人を含む多くの人々が「アメリカはいつから偉大だったのか」と反論しているという事実は、左翼のプロパガンダの有効性を物語っています。

繰り返しになりますが、私は黒人がこの国で直面してきた残虐行為を否定しているわけではありません。しかし、合衆国憲法のもとで根本的に自由な発想から生まれるイノベーションがなければ、私たちはいまだに奴隷として扱われていた可能性が高いのです。

確かに、この国の建国の理念は、神の下におけるすべての人の自由と解放であり、建国の父たちがそれに従わないことを選んだ生活をしていた時、道徳的な羅針盤の役割を果たしてきました。そしてこれらの理念があったからこそ、奴隷であった黒人たちが解放されてからわずか数年後に、素晴らしい成功を収めることができたのです。

特に黒人にとって、自由であり続けるためには、憲法を維持することは不可欠です。なぜなら、世界中の多くの憲法がそうであるように、もしアメリカ合衆国憲法が踏みにじられ、廃棄されれば、私たち黒人が最も重い負担を負うことになるのは間違いないからです。行き過ぎたフェミニズム運動の最初の犠牲者となった黒人男性や、不十分な学校制度のせいでひどく苦しんでいる黒人の子供たちがいる中、アメリカ黒人にはもう、権利と自由が奪われるのを指をくわえて見ている余裕などないのです。

トランプは大統領就任演説の中で、アメリカを再び偉大な国にするという決意を、一部の人々のためだけではなく、忘れ去られてきた人々や、アメリカという国の偉大さを忘れてしまった人々を含む「すべて」のアメリカ国民に直接語りかけました。

わが国において、忘れられてきた男女は、もはや忘れ去られることはない。今、すべての人々があなたの声を聞いているのだ。世界がかつて経験したことのないような歴史的な運動の一部となるために、何千万人もの人々が集まってきた。この運動の中心には、「国家は国民に奉仕するために存在する」という重要な信念がある。

アメリカ人は、子供たちには素晴らしい学校を、家族には安全に暮らせる環境を、そして自分自身には良い仕事を求めている。これらは、善男善女である国民が求める公正で正当な要求だ。

だが、あまりにも多くの国民が、異なる現実を目の当たりにしている。都心部近隣地域で貧困にあえぐ母子、国中に墓石のように点在する錆びついた工場、潤沢な資金があるにもかかわらず、若く優秀な生徒たちに知識を与えない教育システム、そして、ありとあらゆる犯罪やギャング、麻薬などがあまりにも多くの命を奪い、まだ気づかれていなかったたくさんの可能性が、試される前にこの国から奪われてきたのだ。

彼のこの言葉の力は、全米の人々を団結させ、アメリカを再興させるという共通の目標に向かわせます。そして、病んだ古いリベラルな体制を一掃する世界的な市民革命の動きへと私たちを結びつけるのです。

この本の第1章で、私はアメリカの黒人であることの意味を問いかけました。その答えは？　それは、白人、ラテン系、アジア系、ユダヤ系のアメリカ人とまったく同じです。すべてのグループにはそれぞれの物語があり、私たち黒人の物語は、苦しみと悲劇、そして私たちの強さで手に入れた勝利を特徴としています。

現代のアメリカでは、すべての人に同じ機会が与えられています。自分の力で何かを成し遂げるチャンスがあり、自分の人生を変えることのできる可能性が誰にでもあるのです。どんなに恵まれない生い立ちであっても、それがどんな形であったにせよ、自分の人生を意義あるものに変えることのできる可能性があるのです。

それがこの国の憲法の根底に流れるビジョンであり、建国の父たちの描いたアメリカの未来図であり、信条や肌の色を問わず、アメリカの若者が抱くべき大志でなければならないのです。

あまりにも長い間、私たちはこのような夢や希望を、私たちを精神的な奴隷にしようとする人たちの手によって勝手にされるがままにしてきました。

聖パウロは、ガラテヤ人への手紙の中で、「キリストが私たちを自由にしてくださったのですから、私たちは信念を持ち、何者にも屈することなく、再び奴隷のくびきに服すべきではない」と書いています。この言葉は書かれてから何千年も経った今でも何と力強く響くことでしょうか。

現代に生きる私たち黒人の多くは、鎖や束縛といった物理的なものから解かれ、自由を手にしました。しかし今度は、もっと深い意味での奴隷として、精神的な鎖に繫《つな》がれることを自ら選んでいるのです。

この精神の奴隷と主《あるじ》の関係は、ある種の歪《ゆが》んだストックホルム症候群のようなものです。主人が奴隷に4年ごとに〝この関係に依存し続けるよう〟要求してきます。ガタガタと檻《おり》を揺らし、囲い込みながら永遠の犠牲者であることを誓わせようとしてきます。

「我々に一票を。それで、あなたの人生は豊かになります。あなたは犠牲者なのです」と。

人々は私のことを戦士だと言うので、私はここにあなた方を招集します：アメリカに暮らす黒人よ、自由になり、後ろを振り返るな。ますます多くの人が約束の地に踏み込んでいる。彼らに加わるのだ。

あなたは自分自身と神にのみ責任があり、どの政治家もあなたを所有することはできない。これに気づけば、驚くべき力を手にすることができます。ポリティカル・コレクトネスの考えに支配されることもなく、どんなイデオロギーに服従することもなく、歴史に縛られることもないのだということを理解してください。

そして、そう、どの政党もあなたの投票行動を支配することはできないのだということを理解してください。その時こそ、あなたは自由を手に入れたと言えるのです。

もし、黒人が自由な声を見つけたならば、もし、黒人がリベラルな体制から脱却《ブラックアウト》できれば、もし、ほんの時折しか聞こえてくることのない左派の精神的奴隷制度から解放された人々の声が、大合唱になったならば。

その時、黒人はついにその苦しみから抜け出すことができるのだということに気づくのかもしれません。そうすれば、私たち黒人社会が直面している本当の問題に答えが出され、私たちは自分たちの歴史の美しさと豊かさを知り、未来への約束と展望を持つことができるのでしょう。トランプ大統領と共に、それはもう始まるのです。

リベラル城に続いている門は攻撃を受けています。私たちは今、その門を打ち破り、リベラルが作り上げてきた秩序の要塞を襲撃し、破壊しなければならないのです。

今すぐイデオロギーの戦いに参加するのです。

ともにアメリカリベラル城の電気を消し《ブラックアウト》、そこを出て、リベラルの世界に通じるドアを封印してしまいましょう。

そして、このブラックアウトを現実のものにしようではありませんか。

が及ぶ時代だ。グローバリストによる情報統制、コミュニケーション空間の取り締まりが厳しくなればなるほど、勇気を出して真実を語ろうとする人の数は少なくなる。現今では、よほど勇敢な人でない限り、ほとんど無表情で黙って頷いているだけだ。あるいは、すでに真実に気づかないための洗脳が完了してしまっているのかもしれない。

我々が今生きている時代は、真の表現の自由があった時代の人から見れば、暗黒に包まれたように見えるに違いない。

しかし。夜が暗ければ暗いほど、そのなかで輝く灯火は眩《まぶ》しく見える。

恐怖や迫害が蔓延《はびこ》るこの時代、世界にはピカピカと光る二人の女性がいる。

二人とも、恐れ知らずの武士だと私は評価している。二人は、ともに、他の人々が身を伏せてグローバリストの暴虐から隠れている中、倒れた旗を摑《つか》み、戦いの最前線まで走っては、あえて一番強そうな敵を選んで合戦に取り掛かるタイプ。

二人とも、自分の国だけでなく、我々の運さえ良ければ全世界を救ってくれるジャンヌ・ダルクになってくれるのではないかと期待している。

今回、Owens 氏が書いた『ブラックアウト』という画期的な処女作の日本語翻訳プロ

ジェクトで、その二人が運命的に出会った。困難な時代の中、顔を上げ、目を見開いて真実を語り続ける二名の武士が陣営を合併して前に進んでいる。

もし私がグローバリストだったとしたら、震え始めていると思う。

これから二人が残していく成果については、心から楽しみにしている。

その二人が、どうやってここまで辿り着いたのか、少し振り返ってみよう。

Owens 氏は、決して平坦な人生を歩んで来たわけではない。曲がりの多い道を経て、今日《こんにち》の鋭い政治分析者、アメリカの希望になった。

『ブラックアウト』で彼女が書いているとおり、Owens 氏は貧しい家庭に生まれた。育ちながら、いくつかの失敗や試練、妨害などを乗り越えて目覚め、ついに、アメリカで民主党が常に推《お》している「黒人=被害者」という悪質なナラティブを拒否するに至った。

彼女が自分の力、自分の判断力に任せて人生を再出発した結果は、ご覧のとおりだ。

しかし、その背景には最愛のおじいさまが常にいた、と彼女は書いている。

『ブラックアウト』は、Candace Owensの記念すべき精神的自叙伝であり、今後のアメリカ黒人のみならず、アメリカ社会が進むべき方向性を示唆する優れた思想ガイドでありながら、なにより、彼女が愛し、尊敬するおじいさまに向けられたパーソナルな感謝文でもある。

人生でどんなに大変なことがあろうと、〝自分が真実を見つめることこそが最も大切なことだ〟と教えてくれ、常に陰から応援してくれるおじいさまがいたからこそ、今のCandace Owens氏の存在があるといえよう。

今回、出版を前にして行われた我那覇真子のインタビューで、そのおじいさまが他界された事実を初めて知った。心からご冥福を祈るとともに、「あなたのマインドを受け止めた孫のCandaceは、こんなにも世界から期待されていますよ」と祝福したい。

そして、この本の翻訳者である我那覇真子。

我那覇氏は、翻訳作業が進む間も、世界中で「現場」を動き回っていた。

日本語翻訳版についてミーティングを開くと、アルメニアを走行中のバスから接続することもあったし、コロンビア、パナマ、アメリカからのやりとりもしばしばだった。

全世界を舞台にするジャーナリストとして、我那覇氏は、日本のトップだ。

海外からでも、日本国内でも、グローバリストが隠そうとする本当の出来事を、我那覇氏は常に暴き、発信してしまう。

毎日のように中華人民共和国の攻撃を受けている尖閣諸島について、沖縄からでも、ギャングによる暴力や人身売買が頻繁に起きているメキシコとアメリカの国境からでも、2021年1月6日の米国ワシントンの議事堂前からも、我那覇氏は自分の目で見た事実を、ありのままに伝える。自分が感じたことを語る。全く恐れない。そして、いつも現場にいようとする。


私が初めて我那覇氏に会ったのは、およそ5年ほど前だったが、最初に感じたのは、彼女が真心を持った人だということだった。「真心」というのは美しい日本語だ。

その後、ふるさとの沖縄県で我那覇氏がやっている活動を知り、その行動力に感銘を受けた。さらにある日、我那覇氏が自衛隊で予備自衛官として厳しい訓練を受けている写真を見た。ちょっと待て、私は勘違いしていた。我那覇氏は、好奇心溢れる才能ある研究者というだけでなく、偉大な愛国者ではないか。そのことが遂にわかった。

その我那覇氏自身が、最も注目し、敬愛していたOwens氏の本を日本語訳する決断を

するのに、どれほどの勇気と自信が必要だったのか。しかも、これは神様のはからいなのか、この二人は奇しくも同年生まれなのである。

これは私見だが、Owens 氏と我那覇氏は、精神的姉妹だと勝手に思っている。二人こそ、我々をもっと明るい将来に導いてくれるリーダーであると固く信じている。

その我那覇氏から、監訳者としてこのプロジェクトに参加してほしいと頼まれ、こうして携わることができたことは、誠に名誉だと思っている。

アメリカ人の歴史研究者である私が理解している米国史、米国黒人史、そしてキリスト教をめぐる宗教観、米国人の本音や実感といった部分が、微力ながら翻訳に反映できていたとすれば、望外の幸せである。

そして特筆したいのは、一緒に仕事をしたメンバーたちのことだ。

下訳を担当したベルリン在住の福島朋子《ふくしまともこ》は聡明で、ドイツ語だけでなく、英語もとても堪能だ。ひじょうに敏感な耳と目で Owens 氏のテキストに心を通わせ、一行一行を丁寧に汲み上げて、その深い意味を見事に流暢な日本語に直してくれた。

Owens 氏は、正直、英語の達人だ。リズムも、選ぶ言葉も、文章の構成も美しい。

時に発するシニカルなブラックユーモアも、彼女の知性の証《あかし》だ。

演説の名手として、またコメンテーターとしても全米の人気を集める所以《ゆえん》だろう。

福島が、その優れた英語を、そのまま美しい日本語に溶かすことができたのは、魔法のようなことだと思う。

私は、このプロジェクトで「監訳」という役割を仰せつかっていたというのだけれど、本当は、福島の弟子であったというのが一番的確な言い方だと思う。

福島の素晴らしい仕事に、心からの敬意とお礼を表したい。

チームリーダーであった編集者・小野琢己《おのたくみ》は、全ての軸であり、基盤でもあった。

「Owens氏の記念碑的な著作の翻訳者は、我那覇真子しかありえない」という、プロデューサーとしての彼の信念から、このプロジェクトはスタートした。

『ブラックアウト』翻訳チームとしての打ち合わせは、ベルリンの福島と、沖縄か世界のどこかにいる我那覇、東京の小野、千葉の私という四都物語で、時差を勘案しながら行われるのが常だったが、ミーティングを重ねるにつれ、脱線ばかりする小野の愉快なリーダーシップと、師匠的な編集の能力が、私たちを一つの部隊としてまとめていった。

彼の経験とビジネスセンスがなければ、このプロジェクトは一歩も前に進めなかった。

私は南部の人間だ。アメリカ南部では、本当に尊敬している男に対するときだけ「ジェントルマン」の言葉を使う。私は小野を「ジェントルマン」と呼びたい。

Owens氏の『ブラックアウト』は、今のアメリカの本当のこと、リアルをイキイキと説明してくれる一冊だ。２０２０年の米国大統領選挙の直前に出版され、選挙結果は予想とは違ったわけだが、それは本書の価値をいささかも減じない。むしろ、ここで喝破された本質は、予言的な価値を高めるばかりである。

長年、民主党は、黒人をはじめ、たくさんの人々の人間性を否定してきた。それが事実だ。だが、そのことを誰もきちんと語ってこなかった。その事実を、勇気満々、大声で語って、悪を悪と呼ぶOwens氏は、まさにアメリカの宝物である。彼女と同じ国籍を持っていることは、私にとって誇りだ。

「ブラックアウト」は、これから本格的に動き出すのである。

できるだけ数多くの日本人に、本書を読んでほしい。

きっとあなたも、アメリカ人であるとか、黒人であるとか女性であるとか、そうしたこ

とは全く関係なく、自分がOwens氏と同じ時代を生きる人間であること、そして人間であることの素晴らしさを誇りに思えるようになるだろうと、私は信じている。

「自分が自分の人生の主人公になること」の素晴らしさを感じることができるだろう。

Owens氏と我那覇氏を見習って、これからは、恐れずに事実を大きな声で語ろう！

闇に輝くこの二人の女性と、歴史に残るこの本は、全世界に今こそ必要なのだ。

２０２２（令和４）年　３月吉日　柏市にて

CANDACE OWENS キャンディス・オーウェンズ

1989年生まれ。Twitterフォロワー数304万超。絶大な影響力を持ち、2022年現在、最も注目を浴びるアメリカ保守系の作家・政治評論家・政治活動家。「キャンディス・オーウェンズ・ショー」の司会者で、ソーシャルメディアのスター的存在。かつては民主党支持者だったが、保守に転向。現在は、民主党やBLMを舌鋒鋭く批判し、トランプと共和党を支持。民主党のバラマキ福祉によるマイノリティ保護政策は、新たな奴隷制であると主張、アメリカ黒人たちに自立を促す「#Blexit運動」を創始した。自分の番組にサシでトランプを呼び、議論ができる稀有な存在。直近の選挙で副大統領候補として推す声もすでにある。コネティカット州スタンフォード出身。

装　丁　　八田さつき
DTP　　山口良二

ブラックアウト
アメリカ黒人による、"民主党の新たな奴隷農場"からの独立宣言

2022年4月28日　第1版第1刷発行
2022年5月6日　第1版第3刷発行

著　者　　キャンディス・オーウェンズ
訳　者　　我那覇真子
監訳者　　ジェイソン・モーガン
発行人　　宮下研一
発行所　　株式会社方丈社
〒101-0051
東京都千代田区神田神保町1-32 星野ビル2階
tel.03-3518-2272 ／ fax.03-3518-2273
ホームページ https://hojosha.co.jp

印刷所　　中央精版印刷株式会社

ISBN978-4-908925-93-1

監訳者　あとがき

ジェイソン・M・モーガン

今日《こんにち》ほど〝真実を語ること〟が、大切になっている時代は、歴史上ない。

全世界を覆う、いわゆるコミュニケーションネットワークは、実際にグローバリストという反人類エリートの手に握られ、エリートが作り出すナラティブ（ストーリー）しか発信することが許されない状態になってしまった。

本当の意味での言論の自由は、すでに世界から失われている。

不当な権力への抵抗の仕方といえば、ソ連時代に存在していた、発禁になった書物を手製で流通させるサミズダート（地下出版）とか、ローマ帝国下で迫害を受けたキリシタンたちが、カタコンベ（地下墓所）に集まって御ミサを捧げていたことなどを思い出す。

日本人の多くは気づいていないようだが、香港に限らず、異常な権力のもとで「あたりまえの真実」を語ろうとすれば、単に自分のキャリアを失うだけでなく、生命にすら危険

たこと。

クリエイティブ・ディレクターのジェシー・グレインジャー、あなたは他の誰も信じてくれない時でも、私のビジョンを信じてくれた。ありがとう。

最後に、アソシエイト・パブリッシャーのジェニファー・ロングをはじめとするスレッショルド・エディションのチームの皆さん、そして何よりも、私のロックスター編集者であるナターシャ・サイモンズに感謝します。ナターシャ、あなたは思いやりに満ちているわ。あなたの優しさと寛大さに、私は永遠に感謝します。

皆さんに神の祝福がありますように……

そして、２０２０年の「ブラックアウト」に乾杯！

謝辞

この本は代償を求めない人々による愛の結晶です。「何かを成し遂げるには、いろいろな人の協力が必要である」という意味のことわざ、「村が必要だ」を証明するものです。

まず、祖父に感謝したいと思います。道徳、信仰、そして愛をもって、すべてを生き抜く勇気を与えてくれたことに感謝します。

私の兄弟、アシュリー、ブリタニー、ダンテにも感謝します。私たちは悪循環を断ち切りました。育った環境とは違う道を選んだ私たちを、日々誇りに思っています。いとこのキミア、私が誰であるか、そして他の誰にもなる必要がないことをいつも思い出させてくれてありがとう。

夫のジョージ、毎日私のそばにいてくれてありがとう。私を選んでくれたこと、愛してくれること、そして私と私たちが進んでいるこの全く未知の世界へと続く道を信じてくれ